Tempo & Espaço
As dimensões gêmeas

Géza Szamosi

Tempo & Espaço

As Dimensões Gêmeas

Tradução:
Jorge Enéas Fortes
Carlos Alberto Medeiros

Revisão técnica:
Maria da Conceição S. Vieira

Jorge Zahar Editor
Rio de Janeiro

Figura 4-2 Zeus (Prometeu), cortesia da República da Grécia, Ministério da Cultura.
Figura 4-3 Barqueiros egípcios – de JANSON, p. 44.
Figura 4-4 Afrodite, de Praxíteles, cortesia do Monumenti Museie Gallerie Pontificie, Vaticano.
Figura 6-1 Albrecht Dürer, *Desenhista esboçando um nu reclinado*, de K. A. Knappe, *The Complete Engravings, Etchings and Woodcuts* (Nova York: Abrams), p. 373.
Figura 9-4 Pablo Picasso, *Retrato de Daniel Henry Kahnweiler*, cortesia de The Art Institute of Chicago.
Figura 9-5 René Magritte, *O espelho falso*, cortesia do Museum of Modern Art, Nova York.
Figura 9-7 Jackson Pollock, *Catedral*, cortesia do Dallas Museum of Art.

As figuras mencionadas abaixo são da *The McGraw-Hill Encyclopedia of Art*, da qual todas as ilustrações têm seus direitos autorais registrados em 1958 pelo Institute per la Collaborazione Culturale, Roma, de acordo com a Convenção Universal de Direitos Autorais 4-1 (estátua cúbica de Saqqarah, Museu Egípcio, Cairo [IV, gr. 354]); 4-5 (*A Vitória de Samotrácia:* Louvre, Paris [VII, gr. 177]); 6-2 [XI, gr. 91]; 6-3: Donatello, *A festa de Herodes*, Batistério, Siena [IV. gr. 242]; 6-4 (Cidade ideal: Galleria Nazionale delle Marche, Urbino [XI, gr. 88]); 6-5 (Rafael, *A escola de Atenas*, Vaticano [XI, gr. 426]); 9-1: Velásquez (*Vista do jardim da Villa Medici em Roma*, Prado, Madri [XIV, gr. 323]); 9-2: Monet. (*Tanque de nenúfares*, Louvre, Paris [X, gr. 130]); 9-3 (Braque, *Os portugueses*, Kunstmuseum, Basiléia [II, gr. 348]); e 9-6 (Mondrian, *Composição em vermelho, amarelo e azul*, Gemeentemuseum, Haia [X, gr. 123]).

Todas as citações apresentadas nas Notas e na Bibliografia têm permissão, exceto quando foram infrutíferos os melhores esforços de identificar os direitos autorais.

Título original:
The Twin Dimensions – Inventing Time and Space

Tradução autorizada da primeira edição norte-americana
publicada em 1986 por McGraw-Hill, Inc., de Nova York, EUA

Jorge Zahar Editor Ltda.
rua México 31 sobreloja
20031 Rio de Janeiro, RJ

Ficha Técnica
Revisão de texto: Carlos Alberto Medeiros. Diagramação: Celso Bivar. Capa: João da França. Revisão: Nair Dametto, Lincoln Natal Jr., Carlos Nayfeld, Carmen Moreno. Composição: Terezinha Lösch. Arte-final: José Geraldo de Lacerda. Impressão: Tavares e Tristão Gráfica e Editora de Livros Ltda.

ISBN: 85-7110-049-7

Sumário

1
Introdução

Dos milhões de criaturas que vivem na Terra, os seres humanos são as únicas que querem saber o que existe além de seu ambiente imediato; são as únicas que se preocupam com o que aconteceu antes de nascerem e que especulam sobre o que acontecerá depois que se forem. Em outras palavras, são as únicas criaturas interessadas no espaço e no tempo.

Este livro é sobre tempo e espaço e sobre o interesse que os seres humanos têm a respeito deles. Já que sou um físico que se interessou pelo assunto durante toda a vida, não surpreende que este livro contenha capítulos sobre o tempo e o espaço em larga escala da cosmologia contemporânea, assim como sobre tempo e espaço na outra extremidade da escala cósmica, nos mundos menos descritos, embora não menos distantes, das partículas elementares. Originalmente, eu pretendia que o livro fosse sobre isso e mais nada.

Mas, quando comecei a escrever, tive de enfrentar outros aspectos do meu assunto que não pertenciam nem à física nem à astronomia. Problemas referentes não tanto ao espaço e ao tempo "lá fora", mas ao espaço e ao tempo de nossa mente. Como e onde, por exemplo, podia o cérebro humano, que é tão pequeno em volume e tem existência tão breve, tornar-se capaz de acomodar e lidar com enormes extensões de tempo e espaço? Como e onde essa habilidade começou? Como e quando os seres humanos realmente "descobriram" a *existência* do tempo e do espaço? Como nossos cérebros evoluíram para perceber e organizar o mundo sempre dentro da estrutura do tempo e do espaço? E como exploramos essas dimensões gêmeas através de nossa história?

Ao tentar encontrar respostas para tais perguntas, não apenas terminei com mais perguntas, mas também aprendi uma quantidade de coisas fascinantes, e isso me permitiu ampliar a finalidade do livro. Embora ainda referente ao tempo e ao espaço da física e da astronomia, ele também contém muito do que aprendi sobre tempo e espaço em outros contextos: da evolução biológica, dos trabalhos do cérebro e da história sócio-cultural de nossa espécie. Este livro tornou-se um esboço do modo como o espaço e o tempo foram "inventados" nas percepções das formas primitivas de vida e evoluíram para o espaço e o tempo da civilização contemporânea.

Para tentar juntar tudo isso, apresentarei primeiramente uma visão geral sobre para onde estamos indo e por que caminho. Nossa jornada começa no próximo capítulo com a biologia; como a vida, no processo de se adaptar ao ambiente, encontrou as propriedades de espaço e tempo.

Fui envolvido pelos aspectos biológicos de tempo e espaço quando comecei a imaginar como a mente humana inicialmente "descobriu" o tempo e o espaço. Logo descobri, contudo, que muito antes do aparecimento do *Homo sapiens* outras formas de vida já haviam explorado o tempo e o espaço, e que nossa espécie havia herdado muito daquilo que nossos mais primitivos ancestrais tinham aprendido. Assim, a evolução biológica equipou-nos com um domínio do espaço e do tempo que ainda é, de várias maneiras, superior a qualquer coisa que tenhamos aprendido a partir da física.

Faça a uma pessoa normal, inteligente, com base de instrução normal, mas sem treinamento especial em física, a seguinte questão: uma bola é atirada de certa distância, com determinada velocidade e certo ângulo, contra uma parede. Onde estará a bola após tantos segundos? Em regra, tal pessoa não será capaz de calcular a resposta. Sem um conhecimento bastante bom das leis da mecânica, ele ou ela não encontrará a resposta correta. Mas ponha uma bola na mão dessa mesma pessoa e lhe peça para lançá-la na parede e apanhá-la, e não haverá problema algum. Apenas por perceber a velocidade inicial, o ângulo e a distância (os dados fornecidos no exemplo), ela saberá exatamente onde e quando a bola estará (a pergunta feita), e poderá até ser capaz de levar em consideração os efeitos da gravidade e da resistência do ar. A solução de um jogador competente é, sob todos os aspectos, tão boa como a solução de um físico competente. Ambos obtêm, a partir das mesmas condições dadas, a mesma resposta correta – exceto que o jogador a consegue muito mais depressa que o físico.

Em situações mais complexas, a competição torna-se desesperada – para o físico. Juntando insulto à injúria, não só qualquer cérebro humano saudável pode resolver problemas práticos de espaço e tempo mais depressa e melhor que um físico treinado, mas até um animal pode fazer o mesmo. Imagine os problemas que uma raposa tem de resolver quando persegue um coelho, ou que o coelho enfrenta quando tenta escapar da raposa. Os cérebros dos dois animais recebem informações, através dos respectivos sentidos, sobre as velocidades, posições, direções e acelerações de cada um, assim como sobre alguns aspectos freqüentemente muito complicados do meio ambiente, tais como obstáculos e itinerários alternativos, bem como uma enorme quantidade de dados irrelevantes. Seus cérebros suprimem as irrelevâncias, selecionam e processam os dados relevantes, "computam" as velocidades e posições instantâneas de cada um, fazem predições, se necessárias, enviam sinais ao sistema motor para executar movimentos complexos apropriados à situação, e tudo isso em uma fração de segundo.

Todo o processo é tão intrincado e exige uma capacidade tão extraordinária de computar rapidamente padrões em mutação no espaço e no tempo que não apenas um simples físico, mas um completo conjunto de pensadores, com uma bateria de computadores, seria lamentavelmente inadequado para a tarefa. Dizer, como muitas vezes fazemos, que os animais fazem isso "instintivamente" é apenas dar um nome a um processo que ainda não compreendemos. Dar-lhe um nome, é lógico, não o explica. O fato é que muitos seres vivos, inclusive os humanos, têm uma capacidade inata, antecipadamente montada, de apreender o sentido imediato de complicados padrões de tempo e espaço que são, até agora, demasiadamente complexos para um processo intelectual consciente. Esse fato sugeriu-me que um caminho útil para conduzir uma pesquisa sobre tempo e espaço deve começar com a evolução biológica.

A ferramenta mais poderosa e versátil para auxiliar no processo de adaptação é o cérebro. O terceiro capítulo é dedicado a parte de sua história, seguindo as idéias de Harry Jerison, da Universidade da Califórnia em Los Angeles. Jerison propôs uma teoria para descrever como e por que o cérebro dos mamíferos – dos quais o humano é a variante mais desenvolvida – evoluiu para ter a propriedade de perceber o mundo exterior segundo a estrutura do espaço e do tempo. A teoria começa com o reconhecimento de que o modo pelo qual uma criatura viva sente o mundo exterior depende de dois fatores: as informações que os sentidos da criatura podem detectar no meio ambiente e o modo pelo qual o sistema nervoso processa essas informações. A teoria de Jerison descreve o modo como, durante o último quarto de bilhão de anos, o sistema nervoso dos mamíferos, ao se adaptar ao ambiente, evoluiu para analisar e organizar as informações recebidas pelos sentidos de tal forma que o mundo conhecido se tornou um mundo de objetos distintos e permanentes em um espaço e um tempo ampliados. Os mamíferos, e os humanos portanto, só vêem e podem ter sentido do mundo segundo essa estrutura. O mundo de objetos permanentes no espaço e no tempo ampliados é sua visão do mundo, determinada pela evolução biológica – esse é o único mundo que eles podem vir a conhecer; isso, em suma, é a cosmologia mamífera[1]. E isso é também até onde a biologia, por si mesma, pode levar-nos em nossa pesquisa do significado do espaço e do tempo.

Um novo e exclusivo mundo humano de tempo e espaço começou com a evolução da linguagem. Alguns exemplos simples tornarão isso claro. Um animal inteligente, como um cão, pode entender onde está sua comida. Pode também ser treinado para esperar, por meio de sinais, que sua comida esteja em um certo lugar. Mas nenhum cão pode jamais ser treinado para compreender que "a comida estava ali ontem" ou que "estará naquele outro lugar amanhã". Um gato pode ser treinado para ir a um certo lugar, e com freqüência irá explorar voluntariamente novos lugares. Mas nada o poderá fazer jamais compreender a existência de um lugar que não viu nem sentiu. Nenhum cérebro animal tem a capacidade de compreender qualquer espécie de referência a épocas anteriores ao seu nascimento ou a tempos após sua extinção ou a lugares onde nunca esteve. O mundo animal de tempo e espaço é, portanto, restrito.

Em contraste, a evolução da linguagem permitiu que nosso mundo mental de espaço e tempo se tornasse ilimitado. Mas esse mundo não é perceptível. É puramente simbólico. Quando descrevo onde estive há uma hora ou há um ano, quando Homero escreveu sobre a Guerra de Tróia ou quando Einstein calculou o movimento do periélio do planeta Mercúrio, tudo foi feito com o uso de símbolos: palavras, números e coisas assim. Quando medimos o comprimento de um objeto ou estimamos algum período de tempo, os resultados são expressos em unidades e números que são, também,

[1] Usarei a palavra "cosmologia" não apenas no seu sentido técnico, significando a ciência do universo, mas também, metaforicamente, para caracterizar o conhecimento geral do mundo por um organismo, ou a "visão do mundo" de determinada civilização humana. É nesse sentido que se fala de uma "cosmologia reptiliana" ou de uma "cosmologia do início da Idade Média européia".

símbolos humanos. Assim, podemos falar de *tempo e espaço simbólicos*, acessíveis apenas à mente humana.

Há uma grande variedade de tempos e espaços simbólicos na cultura humana. Nem todos são caracterizados por palavras ou números. Pinturas, estátuas, edifícios, mapas, lugares santos, eternos campos de caça e outros mundos do além são todos exemplos de espaços simbólicos. Ritmos, melodias, histórias, peças de teatro, rimas poéticas, dias santos e eternidade, todos significam tempos simbólicos. Todos são diferentes uns dos outros e diferentes, digamos, do tempo simbólico que um relógio digital indica com números. Nenhuma dessas dimensões simbólicas tem qualquer sentido para qualquer animal. Mas, quando os seres humanos se referem a "espaço e tempo", em geral estão se referindo a espaço e tempo simbólicos em uma de suas muitas formas. A segunda parte do Capítulo 3 contém algumas especulações sobre as origens evolutivas do tempo e do espaço simbólicos humanos.

Um símbolo é apenas um símbolo e nunca uma coisa real. A palavra "água" não é molhada e não corre. No entanto, os símbolos têm grande poder e podem provocar um tremendo impacto no mundo real. O aparecimento do simbolismo humano foi um dos maiores eventos evolutivos de toda a história da vida. Já mudou grande parte do meio ambiente da Terra e está se encaminhando para impor sua marca no sistema solar e talvez ainda mais além. O Capítulo 4 trata de alguns antigos conceitos simbólicos de espaço e tempo.

Uma vez que os símbolos são criados por culturas humanas específicas, diferentes civilizações construíram diferentes cosmologias simbólicas e, assim, viram e descreveram o mundo segundo a estrutura de tempos e espaços simbólicos diferentes. Um antigo mito egípcio é baseado em uma imagem-tempo diferente daquela que John Milton usou em *Paraíso perdido*, no século XVII, que é diferente da que encontramos no romance *Ulisses*, de James Joyce, do século XX. Mas não são apenas os conceitos abstratos que são diferentes. As próprias percepções de tempo e espaço, o modo pelo qual o povo vê e sente o mundo, também evoluíram diferentemente nas diversas civilizações. Compare-se, por exemplo, o espaço tal como é representado num relevo babilônio com o que se vê numa pintura do holandês Jan Vermeer, contemporâneo de Milton. Os dois são diferentes um do outro, como ambos o são do espaço pintado por um artista do século XX.[2] A história dos tempos e espaços simbólicos

[2]Em contraste, o domínio biológico congênito do tempo e do espaço pelos seres humanos é, e provavelmente sempre foi, muito semelhante em todo o mundo.

humanos parece tão rica quanto pouco conhecida. Entretanto, exceto pelas discussões de biologia e a incursão, no Capítulo 4, em algumas idéias pré-científicas de tempo e espaço, trataremos aqui exclusivamente dos tempos e espaços da civilização ocidental. É, modestamente falando, um tópico bastante grande.

Uma importante idéia nova de tempo e espaço simbólicos, e com ela uma nova cosmologia humana, evoluiu no século XVII com o nascimento das ciências experimentais: a revolução científica. As primeiras ciências experimentais descreviam o mundo em tempo e espaço com símbolos numéricos matemáticos e admitiam que esses números podiam ser determinados por *experimentação e observação cuidadosas*. O "método experimental", como ficou conhecido, era baseado na idéia de que os sentidos humanos, usados judiciosamente, são capazes de obter informações confiáveis do mundo exterior e que a linguagem e a matemática podem ser usadas para formular leis gerais do tempo e do espaço simbólicos. Essa foi uma idéia extraordinária, e nada semelhante a ela havia sido tentado de modo consistente anteriormente.

A idéia de usar os sentidos para encontrar a lei e a ordem numéricas no tempo e no espaço deu origem às ciências.[3] Mas a idéia propriamente surgiu não das ciências, mas das artes. Cerca de quatro séculos antes do nascimento do método experimental em física, a música polifônica evoluiu na Europa Ocidental e trouxe consigo o sistema de notação para ritmos musicais medidos. Esse sistema tornou possíveis as primeiras medidas de tempo simbólico precisas na história, baseadas em números e independentes do ambiente. Seu sucesso mostrou, convincentemente, que era possível usar números para descrever a passagem do tempo, medindo pequenos intervalos de tempo de maneira precisa e confiável. Portanto, muito antes que o tempo métrico ou matemático tivesse sido inventado, definido, usado e estudado na ciência, já havia sido inventado, definido, usado e estudado por músicos. No Capítulo 5, descrevo o papel da música na evolução do conceito moderno de tempo.[4]

---

[3]Para evitar mal-entendidos, a palavra "ciência" neste livro *sempre* se refere às ciências naturais apenas, embora não haja definições satisfatórias separando as ciências naturais, humanas e sociais. "Ciência", neste livro, significa, toscamente falando, os domínios da física, astronomia, química e biologia fundamental, bem como as áreas em que esses domínios se sobrepõem.

[4]O "método experimental" não foi, naturalmente, inventado em um determinado ano. A bem da simplicidade, vou referir-me ao ano de 1600 como a data em que começou a ciência experimental. Essa data está bastante arredondada e corresponde, aproximadamente, à das primeiras experiências mecânicas d Galileu.

As artes visuais, por sua vez, foram instrumento para a descoberta de leis capazes de descrever a percepção de espaço. Alguns séculos antes do estabelecimento do método experimental na ciência, regras numéricas sofisticadas foram estabelecidas para o mais importante sentido espacial humano: a visão. Os artistas da Renascença italiana aplicaram as leis da geometria às leis da visão, o que permitiu, pela primeira vez na história, a criação de pinturas altamente realistas. Esse resultado implicava a poderosa sugestão de que a visão humana pode perfeitamente obedecer a leis matemáticas exatas em sua percepção do espaço e das propriedades espaciais. Um esboço desse desenvolvimento é tratado no Capítulo 6.

Uma das poucas coisas em que os historiadores culturais da civilização ocidental parecem todos concordar é que três desenvolvimentos importantes ocorreram, enraizaram-se e floresceram apenas na civilização ocidental. De várias maneiras, eles caracterizam nossa civilização: música polifônica, pintura perspectiva e ciência experimental. É notável, embora raramente notado, que todos três tenham vindo a existir quando as pessoas lutavam, basicamente, com o mesmo problema técnico: como usar os sentidos para encontrar medidas confiáveis de intervalos de tempo, distâncias espaciais e suas diversas relações. Em outras palavras, como impor a ordem matemática do mundo do perceptível. É também notável – e igualmente raramente observado – que, nesse empreendimento crucial, as artes tenham precedido a ciência experimental.

Soluções bem-sucedidas para esses problemas na arte e na ciência ocidentais foram sendo encontradas, vagarosa mas progressivamente, desde cerca da metade do século XIII (início da polifonia) até o tempo de Isaac Newton (fim da revolução científica), ao terminar o século XVII. Esses novos desenvolvimentos deram origem a um novo e poderoso sistema de tempo e espaço simbólicos, que conduziu a um novo meio de perceber e compreender o mundo. Como mencionei anteriormente, essa nova cosmologia evoluiu quando as pessoas conscientemente começaram a confiar em seus sentidos e as impressões sensoriais diretas se tornaram a principal fonte de informações sobre a natureza do mundo exterior. Isso aconteceu, durante esse período, pela primeira e única vez na história conhecida. Em todas as outras explicações humanas do mundo, em todas as outras cosmologias simbólicas, a função das impressões sensoriais sempre foi secundária e, quaisquer que fossem os fatores julgados importantes nas atividades do mundo exterior, a necessidade de expô-los aos controles dos sentidos nunca surgiu.

O início da moderna civilização européia quebrou essa tradição muito longa, e isso teve importantes conseqüências. Introduziram-se novas e sofisticadas noções que refletiam aquilo que era percebido pelos sentidos. Como resultado, uma nova visão do mundo, uma nova cosmologia simbólica, evoluiu gradualmente, tornando-se compatível com nosso quadro congênito do mundo exterior: a cosmologia mamífera do cérebro humano. Agora o mundo era visto, e também considerado, como consistindo em objetos individuais e permanentes, movendo-se em um espaço e um tempo expandidos. Em vez de serem governadas por deuses residentes em mundos mitológico-religiosos do além, as atividades do mundo eram agora determinadas por leis causais, regulando processos previsíveis e perceptíveis, tanto na natureza como na sociedade. Foi nessa nova estrutura mental de espaço e tempo que se formulou a física clássica, se criou e se compreendeu a arte européia, e evoluíram a história, a literatura, a filosofia, a música e a matemática ocidentais.

Vou referir-me a toda essa estrutura de tempo e espaço simbólicos como "clássica". Esse nome é apropriado não somente porque essa estrutura está associada com a física e a arte clássicas, mas também, como se mostra no Capítulo 4, porque algumas de suas idéias se originaram na antigüidade – nos conceitos espaciais dos antigos gregos e nas noções de tempo da Bíblia hebraica. O espaço e o tempo clássicos da Europa são o assunto do Capítulo 6.

O restante do livro é devotado ao tempo e ao espaço simbólicos de nosso próprio século. Embora ainda experimentemos o mundo diretamente observável através de uma cosmologia mamífera, nossa cosmologia simbólica, durante os últimos 80 anos, tem-se livrado da estrutura clássica, tanto nas artes como nas ciências. Foi no princípio do século XX que um novo tempo e um novo espaço foram inventados e, com eles, uma nova cosmologia humana. A emergência dessa nova estrutura mental foi um evento histórico de primeira magnitude.

Enquanto a evolução da estrutura mental do tempo e espaço clássicos foi lenta, sua substituição foi rápida. Em vez de precisar de séculos para evoluir, a nova visão do mundo, as "modernas" noções de tempo e espaço surgiram na primeira década deste século, quase simultaneamente em trabalhos de física, pintura e música.

Vemos agora, numa compreensão tardia, que no princípio deste século a física atingiu um estágio em que o mundo de dimensões humanas, o mundo conhecido por meio das impressões sensoriais diretas, tornou-se mais ou menos compreendido. O interesse transferiu-se para camadas mais profundas, para fenômenos que ocorrem nos mundos do muito pequeno ou do muito grande, ou para os que acontecem muito rapidamente. Sobre esses mundos, só podemos obter informações de segunda mão, ou informações sensoriais indiretas. As informações vindas dessas dimensões extremas continham novidades chocantes. A maioria dos fenômenos desses mundos não podia ser compreendida segundo a estrutura mental do espaço e do tempo clássicos, e muitas vezes era totalmente estranha à cosmologia intuitiva congênita de nosso cérebro.

Investigando o velocíssimo fenômeno de propagação da luz, em 1905, Albert Einstein criou a teoria especial da relatividade. Essa teoria tornou obsoletos muitos dos conceitos básicos de tempo e espaço clássicos, substituindo-os por uma nova estrutura simbólica de tempo e espaço. O trabalho de Einstein marcou um longo período de descobertas físicas e astronômicas que fizeram época, todas relacionadas com a estrutura de tempo e espaço. A teoria especial da relatividade foi seguida, dez anos depois, pela ainda mais profunda teoria geral. Mais outros dez anos viram a descoberta da expansão do espaço do universo e, com ela, a possibilidade de observar diretamente acontecimentos do passado distante. Cada década produziu pelo menos uma nova idéia importante relativa ao tempo e ao espaço, e muitas vezes essas foram as mais importantes descobertas do período. O presente não é exceção. Grande parte da pesquisa fundamental na década de 80 relaciona-se com dimensões ocultas do espaço e como isso influi na atividade do universo.

A primeira década deste século também presenciou um ataque bem-sucedido a outros elementos da cosmologia congênita de nosso cérebro. Em 1900, Max Planck descobriu que a continuidade que julgamos perceber no mundo exterior não existe nos processos fundamentais da natureza. Em 1905, Einstein criou uma hipótese referente à natureza da luz que não apenas contradisse a física clássica, mas era completamente contrária a toda experiência anterior referente à natureza do mundo. Essas descobertas conduziram, em outros 20 anos, à evolução da mecânica quântica e a uma totalmente nova visão científica do mundo, não somente incompatível com todas as idéias anteriores, mas também colidindo frontalmente com nossas experiências sensoriais diretas, nossa intuitiva e congênita cosmologia mamífera. Os Capítulos 7, 8 e 10 são sobre esses desenvolvimentos.

As artes visuais passaram por uma revolução semelhante. Pintores do início do século XX também estavam preocupados com problemas de espaço e aparência visual. Eles sentiram que as formas então aceitas de representar o espaço e as formas espaciais eram inadequadas para acomodar suas novas idéias. Esse sentimento resultou numa explosão de atividade depois de 1907, ano em que um grupo de artistas pioneiros, tendo à frente Pablo Picasso e Georges Braque, rompeu radicalmente com as antigas formas de pintar. Esses artistas representaram as aparências visuais em formas totalmente novas e criaram aspectos que semelhantes nunca haviam sido vistos antes. Seu método e seu estilo tornaram-se conhecidos como "cubistas".

Foi a maior revolução na pintura desde a Renascença, e foi o primeiro passo de toda uma série de inovações e descobertas radicais. Uma série de outras escolas de pintura seguiu o cubismo. Sua influência espalhou-se rapidamente a todas as formas de artes plásticas. Virtualmente cada década do século XX apresentou novos métodos e idéias em todas as artes visuais. A maioria tinha pouco em comum com o cubismo, exceto no abandono das idéias clássicas de percepção do espaço e das formas espaciais. O cubismo foi, contudo, o detonador do processo que substituiu o espaço simbólico clássico nas pinturas por uma série de outros espaços simbólicos e introduziu noções totalmente novas sobre a natureza da visão humana e do mundo visível. O Capítulo 9 contém alguns detalhes desses desenvolvimentos.

Quanto ao sentido de tempo, foi também desafiado e transformado – com as mudanças que se realizaram na música ocidental. Tal como na física e na pintura, as mudanças no século XX foram radicais, talvez as mais radicais na história da música. O acontecimento fundamental aqui foi a introdução do que se tornou conhecido como "atonalidade". O lançador dessa ousada inovação foi Arnold Schoenberg e a data foi 1908. Apesar de uma forte (e, até hoje, de modo algum vencida) oposição, a atonalidade tornou-se a fonte da maioria das novas idéias na teoria e na prática musicais do século XX. No Capítulo 9, argumentarei que a música atonal corresponde a um sentido de tempo que é diferente e virtualmente incompatível com todas as ordens musicais anteriores. A música atonal, portanto, representa um novo tipo de tempo simbólico.

A civilização de hoje tem estado sob a forte influência dessas revoluções culturais dos primeiros anos do século XX. A nova estrutura mental do tempo e espaço simbólicos criou um novo mundo, com novos desafios e oportunidades. A literatura é um bom exemplo: já nas duas primeiras décadas do século, escritores como Marcel Proust, James Joyce e Franz Kafka fizeram uso de imagens de tempo e espaço na mente humana que teriam sido inimagináveis antes do nascimento de nosso século. Assim, uma nova e moderna estrutura simbólica de tempo e espaço tornou as formas de toda arte e ciência do século XX radicalmente diferentes de qualquer coisa que tenha existido anteriormente. Ela foi a fonte de muito daquilo que veio a ser chamado de "modernismo" pelos historiadores culturais.

O último capítulo nos traz ao presente e a um rápido olhar à pesquisa em andamento na física e na astronomia. Uma nova compreensão que vem surgindo a partir da pesquisa atual é que as propriedades das partículas elementares podem conter indícios muito importantes para uma compreensão das propriedades em larga escala do universo. Essa é uma idéia espantosa e que terá, provavelmente, conseqüências extraordinárias. Presentemente, grandes aceleradores de partículas estão sendo construídos em muitos países com o objetivo de estudar o comportamento da matéria em intervalos de tempo e espaço muito pequenos. Esses aceleradores estão servindo, de certa forma, como supermicroscópios que permitem a observação dos processos que se realizam profundamente dentro de regiões do mundo muito pequenas. Pensa-se, atualmente, que esses mesmos aceleradores poderiam também ser usados para o estudo do estado do universo em seu mais longínquo início. Como espelhos mágicos em uma mitologia particularmente imaginativa, esses instrumentos podem permitir-nos investigar a estrutura original da qual nosso universo em espaço e tempo evoluiu, há cerca de 15 bilhões de anos, e verificar como se realizou esse processo. Mas aqui não estamos nos perdendo em mitologia, nem mesmo em filosofia. Essas idéias foram inspiradas por experiências e observações; podem conduzir a predições que podem novamente ser testadas por novas experiências e novas observações. Depois de muitas mitologias encantadoras e coloridas, estamos chegando, agora, cada vez mais perto da coisa real.

Os mundos do muito pequeno e do muito grande, e o modo como foram uma vez reunidos na história do universo, são, assim, os assuntos do último capítulo deste livro. Nosso ponto de partida, por outro lado, é um fenômeno que pode parecer mais modesto, mas que, de fato, é não menos impressionante. Voltamos agora às origens de nossas orgulhosas realizações, ao primeiro reconhecimento adaptável de espaço e tempo da vida.

2

A Vida Adapta-se ao Tempo e ao Espaço

(A descoberta dos padrões)

Pois agora o tempo fez de mim seu mostrador de relógio.
SHAKESPEARE, *Ricardo II*

Todos os seres vivos do nosso planeta experimentam mudanças ambientais segundo padrões periódicos, cíclicos. Esses padrões são criados pela mecânica interna do sistema solar. Todos os componentes do sistema solar movem-se periodicamente – isto é, em ciclos recorrentes. Eles giram em torno de um eixo, orbitam em volta de um centro ou, na maior parte, executam as duas coisas. Para as criaturas da Terra, esses processos se manifestam em eternas seqüências ordenadas. O dia segue-se à noite que se segue ao dia, sempre; a Lua continua em seu ciclo mensal, agora e sempre; as estações repetem seu ritmo; a maré baixa segue-se à alta em sucessão infinita. Essas mudanças têm um efeito poderoso sobre o ambiente. Conseqüentemente, todos os seres vivos as experimentam e, para sobreviver, devem adaptar-se a elas.

A estratégia de se adaptar a esses padrões é essencialmente a mesma em todas as formas de vida. Consiste na evolução de algum mecanismo fisiológico interno para regular o comportamento temporal do organismo. Esses mecanismos são normalmente chamados de relógios "biológicos" ou "internos" e estão presentes virtualmente em todas as formas de vida, em todos os níveis de organização. Todos os relógios biológicos, não importa a diferença de sua estrutura ou a forma pela qual trabalham, têm uma função em comum: sincronizar os padrões de comportamento de um organismo ao meio externo. Presentes, provavelmente, desde o início da vida na Terra, os relógios biológicos foram, então, os primeiros organizadores do tempo na vida – os primeiros a dar à vida uma estrutura temporal.

Para a maioria dos seres vivos, o mais poderoso ritmo da natureza é o ciclo de 24 horas do dia e da noite. Não é de surpreender que esse período governe uma grande variedade de padrões de comportamento temporal nas criaturas vivas, dos protozoários à espécie humana. Para ver como funcionam esses processos, vamos dar uma olhadela em alguns exemplos.

O paramécio é um tipo de protozoário que troca material genético por meio de conjugação. Nesse processo, duas células se juntam e se inseminam mutuamente. A conjugação ocorre uma vez por dia e, em circunstâncias normais, somente durante o dia. Mas, surpreendentemente, não é a luz solar ou a temperatura mais quente do dia que desencadeia o processo. Se os paramécios forem mantidos constantemente no escuro e em temperaturas noturnas, eles ainda se unirão uma vez por dia e durante o dia, com ou sem sol, com ou sem calor. A conclusão lógica é que os paramécios têm relógios internos que regulam seu comportamento de modo totalmente independente do meio ambiente.

Todos nós já experimentamos nossos relógios biológicos subjetivamente. Mas eles já foram investigados de modo mais objetivo em experiências relativamente simples com voluntários humanos. Em um tipo de experiência, os pacientes eram mantidos em um ambiente controlado, em cavernas profundas ou edifícios, em total isolamento. Todos os indícios externos dos ritmos diários foram eliminados. Os voluntários não sabiam se era dia ou noite, quanto tempo haviam dormido ou quanto tempo se havia passado. A temperatura, a umidade e a iluminação eram mantidas constantes. Essas cobaias humanas eram isoladas de visões, sons ou cheiros que, nos ambientes sociais normais, assinalariam os ritmos do "tempo social". Em todos os casos, os pacientes de tais experiências mantiveram seus ritmos dia-noite. Dormiam, acordavam, ficavam com fome, comiam, faziam suas necessidades, em suma, executavam suas funções corporais em um ciclo de aproximadamente 25 a 27 horas. Algum desvio da periodicidade exata de 24 horas era a regra, mas esses desvios raramente eram maiores do que cerca de 10 a 15 por cento.

Os seres humanos têm grande número de cronômetros internos. Virtualmente cada fator fisiológico humano que foi investigado sobre a periodicidade diária mostrou possuí-lo. Esses cronômetros internos manifestam-se de vários modos. Há mudanças rítmicas na temperatura do corpo, na química endócrina, nas atividades nervosas e no metabolismo. Há evidência de um ritmo diário na sensibilidade humana (e animal) a drogas, venenos, agentes biológicos e alérgenos. Grande número de ritmos diários foi observado nas células individuais de nossos vários órgãos. Uma disciplina médica em rápido crescimento tem evoluído recentemente, tentando utilizar essas respostas rítmicas do corpo humano para finalidades terapêuticas. É realmente interessante que tantos mecanismos de tempo possam todos trabalhar em fase, auxiliando-se, em vez de se cancelar, uns aos outros. Para que assim façam, há necessidade de um extraordinário grau de ordem em toda a nossa organização mantenedora do ritmo de tempo.

Os ritmos diários dos organismos são muitas vezes chamados de "circádios". A palavra deriva do latim *circa* (cerca de) e *dies* (dia). A razão para o nome composto é que o período dos ritmos circádios é de 24 horas na presença de tais "indícios ambientais", como o nascer e o pôr-do-sol, mas, na ausência de tais indícios, é de apenas aproximadamente 24 horas.

Há também relógios biológicos não-circádios que governam outros padrões temporais. De fato, com exceção do ciclo de aproximadamente 11 anos de atividade do sol, todos os acontecimentos periódicos que influenciam o meio terrestre têm relógios biológicos correspondentes com períodos equiparados.[1] Um exemplo famoso é o relógio que governa o padrão extraordinário da movimentação de desova do *grunion*.

O *grunion* é um peixinho comum que vive nas águas costeiras da Califórnia; a única razão de sua fama é que a evolução o habilitou a sincronizar seus hábitos de desova com as atividades favoráveis da maré. Na maré mais alta, ou maré de "primavera", seja na lua cheia ou na lua nova, durante seus períodos de reprodução, estes peixes são capazes de atingir a mais alta linha d'água na praia, onde fertilizam e enterram seus ovos. Fazem isso no curto espaço de tempo entre duas ondas. Durante as duas semanas seguintes, os ovos são incubados em segurança, fora do alcance das ondas, mesmo na maré alta. Duas semanas constituem o período de incubação necessário e são, naturalmente, a duração de tempo para que ocorra a próxima maré de primavera. Os ovos se abrem e os peixinhos são carregados para o mar. A exata regulação de tempo de criação do *grunion* é particularmente impressionante porque o padrão da desova se tornou sincronizado, não apenas com o período de altas e baixas marés diárias, mas com o período da mais alta maré, que é de 14 dias e 7/10.

[1] O inverso não seria verdadeiro. Os mecanismos temporais que regulam, por exemplo, os períodos de nossas batidas cardíacas, de nossa respiração, ou as descargas de nossos neurônios evoluíram em resposta às necessidades do nosso ambiente interno. Não há processos recorrentes com períodos equiparados no mundo exterior.

Mas a habilidade de prever e explorar acontecimentos periódicos está muito difundida. Grande número de organismos marítimos costeiros, por exemplo, sincroniza seu comportamento com as marés – que estão separadas por menos de 12 horas e meia –, e esse comportamento persiste quando as criaturas são mantidas em laboratório, muito longe da influência das marés.

A hibernação anual também é uma atividade periódica. Experiências com esquilos hibernadores mostraram que seu padrão de hibernação anual persiste por mais de três anos, mesmo que seu habitat seja mantido em temperatura constante, tenham amplos suprimentos de comida e água e a luz artificial elimine o encurtamento dos dias. Parece, então, que existem relógios internos cujo período é de aproximadamente um ano. Nisso assemelham-se a calendários, mas não obstante trabalham como relógios.

A maioria das observações leva à conclusão de que os ritmos biológicos são congênitos. Os relógios que disparam o comportamento rítmico de um organismo são geneticamente programados para serem sintonizados sempre para o mesmo período de tempo. Esses períodos, certamente, evoluem em adaptação ao ambiente, mas, uma vez estabelecidos, os relógios internos trabalham de modo autônomo. São disparados, não por acontecimentos ambientais, mas pela memória genética. Se essa suposição for verdadeira, então os relógios biológicos devem trabalhar no mesmo período, mesmo em uma espaçonave viajando em regiões muito distantes dos acontecimentos da Terra. Até agora tais observações ainda não foram realizadas a bordo das espaçonaves, mas uma experiência impressionante, levada a cabo em 1962 por K. C. Hamner, da Universidade da Califórnia em Los Angeles, chegou bem perto. Hamner e seus companheiros levaram cricetídeos, moscas-das-frutas, baratas, plantas de feijão e fungos de pão para o pólo Sul. Todos esses organismos eram conhecidos como apresentando ritmos circádios nos ambientes normais – os cricetídeos em seus hábitos de correr, as moscas-das-frutas no surgimento das ninfas, as plantas de feijão nos movimentos das folhas e o fungo do pão no crescimento. No pólo Sul, foram colocados em uma mesa giratória que rodava com a mesma velocidade da Terra, mas em direção oposta. Admitiu-se que, assim, todos os efeitos da rotação da Terra – padrão dia-noite, mudanças do campo magnético, mudanças periódicas de umidade, pressão do ar e temperatura – tinham sido eliminados. Em tais circunstâncias, parecia que os padrões de tempo do sistema solar seriam suspensos, que não haveria indicações terrenas do tempo diário. Mas os ritmos circádios das atividades de todos os organismos na experiência continuaram imutáveis. Além disso, todas as suas atividades permaneceram as mesmas, quer a mesa giratória fosse girada ou não.

Já que os *períodos* dos relógios biológicos evoluíram geneticamente, não podem ser mudados. Mas a *fase* desses relógios pode ser alterada. Nós sentimos justamente tais alterações, chamadas de descompensação, depois de vôos de longa distância, leste-oeste ou oeste-leste. Verificamos, ao chegar, que a rotina da vida está fora de fase com nosso ambiente. Depois de algum tempo, o novo ambiente conduz nossos relógios biológicos para a fase certa. Nossos relógios ainda obedecem ao ritmo dia-noite, e seus períodos se mantêm imutáveis, mas com uma nova fase correspondendo agora à fase real do ambiente.

Os relógios de todas as criaturas podem ser orientados de maneira semelhante se os expusermos, com o auxílio de luz artificial, a qualquer padrão dia-noite com uma freqüência de 24 horas. Os relógios biológicos dos organismos trabalharão, dentro de algum tempo, de acordo com o novo ritmo, artificial, do ambiente.

Parece que a maioria dos relógios biológicos é controlada por processos bioquímicos. Entre os animais vertebrados, a glândula pineal, um pequeno órgão do cérebro, parece estar muito envolvida no problema do tempo em geral. Mas os detalhes dos processos enormemente complexos, associados com o trabalho dos mecanismos de relógio individuais ou com a sincronização de um grande número de tais relógios, ainda não foram realmente compreendidos. Os relógios individuais provavelmente trabalham em nível molecular e devem ser construções extraordinárias. O comportamento de uma criatura marinha – por exemplo, a alga unicelular chamada *Gonyalna polyedra* – é controlado por nada menos que quatro relógios diferentes, cada qual provocando mudanças periódicas uma vez por dia. Os quatro mecanismos agem em tempos diferentes durante o período de 24 horas e governam o início de atividades tão diversas quanto a fotossíntese, a divisão celular, a luminescência e o flamejamento. E toda essa maquinaria, todo o acerto de tempo e as instruções para ação localizam-se em uma única célula microscópica.

Todos os relógios biológicos têm de ser capazes de comunicar informações às partes relevantes de um organismo, de poder absorver combustível para se darem força e de possuir um mecanismo para se recomporem, de tal forma que, depois do tempo necessário, estejam aptos a trabalhar novamente. Os relógios também possuem algum mecanismo para se encarregar da descompensação e, além de tudo isso, são bastante robustos para resistir a mudanças normais de temperatura, umidade, pressão do ar ou da água, e outras. Fazer evoluir tão complexa maquinaria foi uma tarefa formidável, e nada indica melhor a importância dos relógios biológicos do que o fato de eles evoluírem apesar de tudo.[2]

Embora a noite inevitavelmente siga o dia, suas durações relativas mudam ligeiramente durante o ano, oferecendo outro padrão previsível de tempo. A evolução não perdeu a oportunidade de usar tais variações. Há relógios biológicos que, em vez de trabalharem em períodos geofísicos fixos, são ajustados às sutis mudanças das durações relativas do dia e da noite. O comportamento controlado por tais relógios é chamado de fotoperiodismo. Esse fenômeno foi descoberto em 1920 por dois botânicos americanos, W. W. Gardner e H. A. Allard. Eles observaram que a floração das plantas é influenciada pela duração relativa do dia e da noite. Essa foi uma descoberta totalmente inesperada. Ninguém poderia sequer suspeitar de que a relação entre as durações da luz e da escuridão pudesse ser um fator ambiental que governasse o comportamento sazonal de plantas e animais. Entretanto, acompanhando as mudanças diárias na relação das horas do dia e da noite, podem-se prever mudanças sazonais.

Em suas experiências originais, Gardner e Allard estavam trabalhando com uma planta de tabaco criada artificialmente, que tinha folhas grandes e atraentes, mas, como não florescia no campo, não podia ser utilizada para reprodução. Verificaram, contudo, que a mesma planta podia florescer no inverno, em uma estufa. Experiências posteriores estabeleceram que era a duração do dia que determinava a presença ou ausência da floração. Então, Gardner e Allard puderam impedir sua planta de tabaco de florescer na estufa durante o inverno, usando luz elétrica para aumentar artificialmente o período diurno, e, inversamente, puderam induzir a floração da mesma planta no verão, no campo, protegendo-a da luz do sol durante uma parte de cada dia.

O fotoperiodismo veio a se tornar bastante difundido na vida. Está presente não apenas nas atividades das plantas, tais como a floração e a germinação da semente, mas também no comportamento animal.[3] Acasalamento, crescimento de pele, nidificação e hibernação de insetos, tudo isso é tido como manifestações de fotoperiodis-

---

[2] A existência de relógios internos parece ter sido descoberta pelo astrônomo francês De Marian, já em 1729. De Marian notou que, em algumas plantas, o movimento das folhas que se voltavam para o sol durante o dia continuava quando a planta estava em uma sala escura. Sua descoberta não despertou muita atenção na época.

[3] Agora pensamos que esse processo também funciona nos seres humanos. Sugeriu-se, por exemplo, que a tendência relativamente nova à antecipação da puberdade nos países desenvolvidos se deve à maior presença de iluminação na vida.

mo. Os relógios biológicos que associamos ao fotoperiodismo são influenciados pelos "indícios de luz" do meio ambiente. Seu funcionamento pode ser influenciado, a qualquer momento, pela variação das durações relativas da luz e da escuridão.

Parece que os mecanismos dos relógios fotoperiódicos são pelo menos parcialmente controlados por relógios circádios, que podem ser regulados segundo períodos fixos de luz e escuridão. Os relógios fotoperiódicos seriam, então, ativados sempre que o padrão ambiental de luz-escuridão se desviasse de um padrão fixo.

É óbvio que ambos os tipos de relógios biológicos ajudaram no processo de adaptação mantendo os processos vitais dos organismos em sintonia com as mudanças do meio ambiental. Esses relógios são tão precisos quanto a adaptação quer que o sejam, a qual não é terrivelmente precisa. São apenas "aproximadamente" ou "cerca" precisos, como seus nomes indicam. Mas eles tornam possível a várias formas de vida prever e preparar-se para acontecimentos ambientais importantes, como a aproximação da noite ou a chegada da primavera. Esses programas genéticos são as primeiras manifestações de previsão e planejamento na vida. E o que tornou possível essa previsão foi que esses acontecimentos ambientais sempre foram tão regulares e previsíveis que a evolução podia ler seus padrões e programar as respostas apropriadas no aparelho genético até mesmo do mais simples organismo vivo.

O céu também apresenta padrões espaciais que ou se mantiveram os mesmos ou mudaram muito pouco durante as eras de evolução biológica. O caminho aparente do sol, movendo-se vagarosamente pelo céu, é tão previsível quanto os padrões ainda mais lentamente mutáveis das constelações. Algumas criaturas utilizaram esses padrões fazendo evoluir não somente relógios biológicos ajustados a mudanças periódicas, mas também sistemas mais complexos que fizeram uso muito sofisticado tanto da duração como da periodicidade para ajudá-los na orientação espacial e na organização temporal. Esses relógios são muitas vezes chamados de "relógios continuamente consultados", e suas manifestações são observáveis nas migrações animais.[4]

Se o comportamento de uma ave migratória fosse regulado

---

[4]Essas, naturalmente, têm sido observadas e admiradas desde tempos imemoriais. O mais antigo comentário existente, parece, está em Jeremias: "(...) a cegonha nos céus sabe a hora combinada; e a rola, e a andorinha e o grou observam o Tempo de voltarem para casa (...)".

apenas pelo tipo de relógio previamente descrito, ela saberia quando migrar. Mas essas aves não somente sabem quando ir, mas também para onde. Devem possuir relógios internos que as ajudam a se orientar tanto no tempo quanto no espaço. O trabalho real desses relógios foi observado pela primeira vez, não em aves, mas em formigas, desde 1911, pelo naturalista suíço F. Santschi. Mais tarde, a orientação das abelhas foi observada com grandes detalhes pelo zoólogo austríaco Karl von Frisch e outros pesquisadores. O que as habilidades de orientação desses insetos têm em comum com os de outras espécies é que as abelhas usam o sol como um marco para encontrar fontes de comida ou, ao regressar, sua própria casa. Isso é deveras extraordinário, uma vez que o sol não é um marco fixo em absoluto, mas algo que se move continuamente através do céu durante o dia. As abelhas, porém, são capazes não apenas de se lembrar da posição do sol, mas também de corrigi-la em seu movimento. Se uma abelha encontra comida durante alguma parte da manhã, voando em ângulo de 30° a oeste do sol, então, cerca das 4 da tarde, suponhamos, deve voar 40° a leste do sol para encontrar a mesma fonte. As abelhas não apenas podem fazer isso em condições normais, mas também o podem se, entre os vôos da manhã e da tarde, forem mantidas em uma sala escura. As pequenas navegadoras têm, obviamente, um relógio biológico que não somente é um cronômetro sofisticado, mas também pode acompanhar o movimento do sol. Não é nada mau para animais cujos cérebros não têm mais que uma centena de milhar de células cerebrais – número pequeno comparado aos nossos 10 bilhões.

As aves migratórias orientam-se de maneira semelhante. G. Kramer, do Instituto Max Planck, na Alemanha, notou que, quando chegava o tempo da migração, os estorninhos tendiam a partir em certo ângulo em relação à posição do sol. Se a posição aparente do sol fosse mudada por espelhos, as aves tendiam a partir numa direção que guardava o mesmo ângulo relativo à posição do sol no espelho que a direção inicialmente selecionada em relação à verdadeira posição do sol. Os pássaros eram também capazes de se orientar dessa maneira em diferentes partes do dia. A experiência foi então ampliada para mostrar que outras marcas visuais não tinham influência na orientação das aves, nem a tinha a ligação de um campo magnético, o que excluiu a possibilidade de as aves se orientarem pelo campo magnético da Terra.

Migrantes noturnos parecem orientar-se usando os indícios celestes das constelações. Ainda está em aberto a questão, contudo, de o céu noturno oferecer indícios suficientes para a migração ou outros fatores, ainda desconhecidos, estarem também envolvidos. Em todo caso, a maioria das habilidades de orientação é inata – muitos pássaros jovens, que nunca haviam migrado antes, também são capazes de se orientar com precisão suficiente.

Os campeões de navegação são os pássaros que são capazes de se guiar para casa através dos oceanos. Numa experiência espetacular, realizada pelo ornitologista britânico G. T. V. Matthews, um pássaro oceânico, a cagarra, foi tirado de seu ambiente de procriação, na ilha de Skockholm, a alguma distância de Pembrokeshire, na Grã-Bretanha. Foi marcado, levado de avião a Boston, Massachusetts, e ali solto. O pássaro regressou à sua toca em Skockholm, a cerca de 4.900 quilômetros de Boston, em 13 dias. A cagarra não tinha possibilidade de estar familiarizada com a costa leste da América do Norte ou com qualquer característica do Atlântico ocidental. Tudo isso está muito além do limite de vôo da cagarra normal. Contudo, ela encontrou seu caminho para casa, sem hesitação, em um tempo muito curto. Como um contraste irônico, a carta anunciando a soltura do pássaro em Boston chegou dez horas depois do próprio pássaro. A cagarra não é única em sua habilidade de navegação. Outro pássaro oceânico, uma procelária de Leach, voou para casa de Sussex, na Inglaterra, até o Maine, nos Estados Unidos, em 14 dias, enquanto um albatroz de Laysan cobriu o Pacífico, do Estado de Washington até sua base natal na ilha Midway – uma distância de 5.120 quilômetros –, em dez dias.[5]

Por mais complexos que os relógios internos nos possam parecer, a adaptação a um padrão espaço-temporal regular e previsível, tal como o do ambiente cósmico, é, não obstante, uma tarefa relativamente fácil. Os organismos vivos enfrentam problemas muito mais difíceis para se adaptar ao ambiente espacial de pequena escala. Nosso ambiente espacial imediato mostra muito menos ordem e previsão do que a dinâmica em larga escala do sistema solar. O ambiente espacial de pequena escala é quase sempre *ad hoc*, irregular e, muitas vezes, muda sem aviso. Os problemas enfrentados por um organismo vivo em se adaptar a ele são, por isso, muito mais complexos.

---

[5]Muitos animais não-voadores também podem encontrar seu caminho através de um espaço muito grande. Entre eles há muitas espécies de peixes, baleias, tartarugas marinhas e animais terrestres, como o caribu. Muitas dessas criaturas se orientam bastante precisamente enquanto cobrem distâncias enormes. Muitos desses feitos de navegação também dependem de relógios biológicos mais complexos; outros são conseguidos por outros meios. O regresso do salmão a casa, por exemplo, parece ser orientado pelas percepções do sentido do paladar desse peixe.

As criaturas vivas adaptam-se ao espaço passiva ou ativamente. As passivas, como a maioria das plantas, esperam que a comida venha a elas e movem apenas suas sementes e esporos pelo espaço. As ativas, como a maioria dos animais, vão tentar encontrar o que precisam para sobreviver. Os animais são empreendedores e são todos predadores, alimentando-se de outras criaturas vivas. Para encontrar alimento, os animais têm de se movimentar ativamente, observar o mundo exterior e reunir informações sobre ele. Os princípios da percepção e adaptação ao espaço e às propriedades espaciais devem, portanto, ser encontrados na compreensão e no processamento das informações recebidas.

Essas atividades começaram provavelmente muito cedo na história da vida, com criaturas unicelulares desprovidas de nervos ou qualquer equipamento sensorial específico. A quimiotaxia das bactérias e o comportamento das amebas são bons exemplos. As amebas, pequenas criaturas unicelulares, movem-se e se alimentam projetando partes de seus corpos flexíveis para fora. Criam, como se fossem verdadeiros, seus próprios pés e mãos, chamados "pseudópodes", a palavra grega para "pés falsos". Se, em laboratório, um indivíduo toca gentilmente o lado de uma ameba, a criatura responde lançando um pseudópode na direção do estímulo. Se o toque se torna mais severo ou muito insistente, os pseudópodes são recolhidos e a ameba pode estender um novo pseudópode de outra parte de seu corpo, na direção contrária do objeto ameaçador. Em outras experiências, observamos que as pequenas criaturas tendem a se mover para regiões onde a concentração de alimento é maior e tendem a se movimentar para longe de produtos químicos que constituam ameaça aos seus processos de vida. Portanto, sentidos como o tato e o paladar, que podem dar informações apenas sobre a vizinhança imediata, podem provocar um comportamento que já discrimina direções espaciais. Além disso, as amebas podem fazer tudo isso em todas as direções no espaço tridimensional.

Mas a exploração em grande escala do espaço só pode ter começado com a evolução dos sentidos de longo alcance – aqueles que podem obter informações de cercanias mais distantes. Para a maioria dos mamíferos, a visão, a audição e o olfato são os sentidos de longo alcance predominantes.[6] Para que seja útil, a informação obtida

---

[6]Há criaturas que também desenvolveram sentidos para campos elétricos ou campos magnéticos estáticos. São também sentidos de longo alcance, mas parecem relativamente raros.

por esses sentidos tem de ser "processada". Os dados irrelevantes devem ser suprimidos e os relevantes, interpretados ou "compreendidos". Esse processo é excessivamente complexo e não pode ser executado sem um sistema nervoso para agir como processador de informações. Não podemos, portanto, falar em visão, por exemplo, como um sentido explorador do espaço, antes da evolução de organismos multicelulares há cerca de 700 milhões de anos. A visão, que é para nós, talvez, o mais importante sentido, é um advento relativamente tardio na evolução, e mais de 4/5 da história da vida se passaram antes do aparecimento da visão. Nem tudo era escuridão, contudo, pois, muito antes da visão propriamente dita, muitas criaturas vivas desenvolveram alguma sensibilidade à luz. Essa sensibilidade oferecia a essas criaturas algumas vantagens competitivas habilitando-as, entre outras coisas, a responder a um padrão de luz-sombra criado por um predador que se aproximasse – mas era muito distante da visão.

O desenvolvimento da habilidade de ver, coligir e processar informações detalhadas vindas de longe foi um dos acontecimentos mais surpreendentes da evolução. Ser capaz de "ver" realmente significa que um organismo pode interpretar informações contidas na luz que lhe chega. Isso não é uma coisa fácil, pois na visão a informação a respeito do mundo exterior é recebida somente em um código abstrato. A informação pode referir-se a um objeto importante, mas não é, física ou biologicamente, o mesmo que o próprio objeto. A luz refletida por uma zebra que atinge o olho do leão é apenas um padrão de luz, isto é, um conjunto de fótons distribuídos de uma certa maneira; é meramente uma imagem da coisa real. E, como R. L. Gregory observou para salientar justamente esse aspecto: "Uma pessoa não pode comer uma imagem ou ser comida por uma (...)." Mas, embora a luz que atinge o olho do leão não seja a própria zebra nem qualquer parte dela, contém informações sobre a zebra, codificadas em padrões de fótons. Em outras palavras, é uma representação abstrata da zebra. Para fazer uso da informação desse código, o sistema nervoso do leão deve conter algumas prescrições, alguns programas ou processos, que traduzam o código na percepção de uma certa combinação de formas, texturas e cores que, reunidos, significam "comida" para o leão, acionando a resposta apropriada do motor. Esses programas parecem ser genéticos, mas podem ser aperfeiçoados pelo aprendizado.

Perceber um objeto já é, então, um processo muito complexo. Mas o reconhecimento da zebra não é, de modo algum, tudo que tem de ser decifrado a partir do *input* ótico. O leão tem de saber também, por exemplo, a que distância está a zebra e a velocidade com que se movimenta. A única informação que o leão tem sobre a distância é o tamanho aparente da zebra na retina e a proporção em que o tamanho aparente está mudando por causa do movimento relativo dos dois animais. Essa informação é suficiente para permitir ao sistema nervoso do leão realizar um rápido cálculo e decidir o que fazer.

Raramente pensamos na visão como um processo complexo porque, desde que nosso aparelho visual não esteja enfraquecido, não temos de fazer qualquer esforço consciente para ver. Mas, na realidade, nada é simples no que se refere à visão. Talvez seja o processo mais complexo em todo o universo conhecido.[7] A audição está, provavelmente, em um nível semelhante de complexidade. Nesse caso, são os padrões nas variações de pressão de ar (ou água) que o sistema nervoso tem de decodificar. São, novamente, padrões abstratos, novamente não são "nem comestíveis nem perigosos", e novamente nenhuma parte da fonte atinge os receptores sensoriais. Como a visão, a audição é um sentido abstrato.

A informação obtida pelo olfato parece ser menos abstrata porque, em sua forma primitiva, o olfato não é muito mais que um "paladar de longa distância" altamente evoluído. Os estímulos são pequenas partes dos *próprios* objetos, transportadas pelo ar ou pela água. Conseqüentemente, referem-se diretamente à natureza biológica do objeto. As mensagens não estão em um código e não são tão

---

[7] A enorme complexidade da visão nunca foi compreendida. Uma história – talvez apócrifa – conta que, no princípio da década de 60, um dos pioneiros da pesquisa sobre a inteligência artificial deu a um estudante um projeto simples para o verão: resolver o problema da visão, criando o modelo de um computador capaz de ver. Depois de mais ou menos 20 anos de pesquisa intensiva (amplamente apoiada pela indústria e pelos militares em todo o mundo), um levantamento recente cita a estimativa de que em outros dez anos talvez se possa produzir um robô capaz de se movimentar em um terreno desconhecido sem parar para cálculos prolongados. E essa habilidade estaria muito longe, por exemplo, da capacidade de ler uma escrita manual desconhecida. É, portanto, bem possível que mesmo os atos mais simples de percepção visual possam envolver processos bem mais complexos do que alguns raciocínios lógicos muito complicados. Computadores capazes de jogar adequadamente xadrez ou de encontrar provas de teoremas lógicos, por exemplo, já existem há algum tempo.

A opinião corrente parece compreender a sofisticação do processo visual e o fato de que reconhecer uma pessoa em um desenho pode ser um processo mental muito mais sofisticado do que entender uma frase. "Os processos de dedução presentes nos atos diários de ver podem ser mais profundos e mais sutis do que os exercidos por um Einstein na execução de seu trabalho científico, mas, como nós todos evoluímos brilhantemente em matéria de visão, mas não, infelizmente, em física, tendemos a ficar maravilhados apenas em relação à última", escrevem N.S. Sutherland e H.C. Longuet-Higgins em uma introdução aos registros de uma discussão sobre visão realizada em 1979 na Royal Society (Londres).

abstratas nem tão ambíguas como na visão e na audição. Mas o sistema olfativo tornou-se, em outros aspectos, muito importante durante a evolução. A direção e a velocidade do movimento da fonte podiam ser detectadas com o seu auxílio e, para alguns animais, o olfato veio a suplantar todos os outros sentidos em matéria de utilidade. Para os seres humanos, porém, seu significado como sentido de exploração do espaço é negligenciável. O olfato, como o paladar, envolve sensações que podem ser prazerosas ou não. Pode também avisar de um perigo, como fumaça ou veneno, e pode evocar lembranças. Mas as mensagens permanecem diretas e o cérebro não tem muito trabalho para interpretá-las. Talvez seja essa uma razão por que não podemos criar ou interpretar formas simbólicas pelo olfato ou pelo paladar, como é o caso com a visão ou a audição, e por que não possuímos atividades mentais mais elevadas associadas com qualquer desses sentidos.

Com a evolução dos sentidos de longo alcance, o fluxo de informações do meio ambiente aumentou tremendamente e sua qualidade também mudou de maneira drástica. Tornou-se necessário desenvolver mecanismos capazes de arranjar-se com todos esses novos dados, capazes de processar a informação recebida e dela obter um sentido biológico. Então, a estrutura mais sofisticada que já evoluiu, o cérebro, começou a se desenvolver. A evolução do cérebro foi paralela à dos sentidos de longo alcance, pois um não tem muita utilidade sem os outros. A evolução biológica, contudo, parece capaz de promover esses desenvolvimentos paralelos. A evolução dos sexos é um exemplo óbvio. Nesse caso, também, um não tem muita utilidade sem o outro, e no entanto ambos se desenvolveram.

A força do cérebro, humano ou animal, está em sua habilidade de desenvolver modelos abstratos do ambiente externo. A palavra chave aqui é "abstratos", pois a faculdade de abstração é o que parece distinguir o cérebro de outros órgãos. "Modelar" é uma propriedade fundamental de vida, com ou sem cérebro. A própria palavra "adaptação" envolve modelar, empregando ou complementando algumas das características do que alguém estiver adaptando. Os relógios biológicos, por exemplo, são um auxílio apenas se seus funcionamentos são modelados de acordo com o meio ambiente. Um relógio interno que provocasse mudanças de comportamento a cada três horas e 20 minutos não seria nenhum auxílio para adaptação a um ritmo dia-noite. Obviamente, todos os relógios biológicos periódicos devem "modelar" alguma característica periodicamente mutável do ambiente externo ou interno. Somente assim eles podem ajudar a manter os processos vitais.

Alguns modelos de um organismo podem ser diretos, como o modelo direto da rotação da Terra nos relógios circádios, mas os modelos do cérebro são quase certamente indiretos e abstratos. "Reconhecer" um círculo, por exemplo, significa que temos um modelo interno, nesse caso uma memória, na forma de um círculo. Mas não é provável que esse modelo consista em uma organização em forma de círculo de um número de células cerebrais. Também é extremamente improvável que, quando percebemos alguma coisa verde, uma quantidade de nossas células cerebrais realmente se torne verde. O cérebro não modela diretamente as características do ambiente. Ao contrário, os modelos são em forma de códigos abstratos. Como tais códigos são estabelecidos, não se sabe bem, mesmo no caso de cérebros simples. Alguns códigos parecem consistir em padrões em conexões de células cerebrais; outros são aparentemente construídos dentro de certas células cerebrais isoladas.

Além disso, alguns desses códigos são congênitos ou geneticamente determinados; outros são estabelecidos pela aprendizagem. Quando um bode de um dia de idade ou um bebê de seis meses tenta evitar, em laboratório, o que parece ser um profundo precipício, esse comportamento é, evidentemente, congênito. Quando, por outro lado, um rato, depois de tentativa e erro, encontra o caminho para a bola de alimento em um labirinto artificial, ele aprendeu o modelo espacial do labirinto. Também parece certo que, quanto mais desenvolvido um organismo, maior é a percentagem de seu "conhecimento" que é aprendido. Mas, seja congênita ou aprendida, a informação é obviamente arquivada no sistema nervoso, e existe alguma forma de conhecimento interno do meio ambiente. É esse "conhecimento" que nós livremente chamamos de "modelo".

Os modelos no cérebro, como todos os outros em um organismo, só são úteis se correspondem ao mundo em que o animal vive. Quando essa correspondência é interrompida, o animal fica em dificuldades. No fim da década de 40, Roger W. Sperry, do Instituto de Tecnologia da Califórnia, realizou uma série de experimentos sobre o sistema visual da rã. O experimento de Sperry fez uso do fato de os neurônios (células elementares dos nervos) do sistema nervoso da rã serem capazes de se regenerar. Então, era possível cortar o nervo ótico da rã, virar seu globo ocular ao contrário e então religá-lo. A visão da rã decerto se regenerou, mas, pelo resto da vida, a rã procurou comida na direção errada. Se uma mosca estava movendo-se perto do teto, a rã respondia golpeando o chão, e vice-versa. A rã nunca foi capaz de modificar seu comportamento. O infeliz animal tinha todas as informações visuais de que necessitava, mas, por causa de seus ligamentos errados, seu modelo interno não se adaptava ao mundo real. Além disso, a rã não tinha inteligência para se adaptar a essas modificações – isto é, adquirir novos modelos que provocariam novo comportamento.

Os humanos são mais espertos e podem adaptar-se a um mundo revirado de forma relativamente fácil. Numerosos experimentos mostraram que, se uma pessoa normal usa óculos que invertem a imagem ótica do ambiente (isto é, mostram o mundo de cabeça para baixo), depois de alguns dias difíceis, consegue adaptar-se perfeitamente ao seu mundo revirado e viver uma vida normal. No correr de tais experimentos na Universidade de Innsbruck, na Áustria, por exemplo, um estudante voluntário que usou constantemente prismas invertidos fez um passeio de bicicleta no quarto dia do experimento e esquiou nos Alpes no sexto dia. Quando os óculos foram retirados, o paciente novamente experimentou um período de dificuldade, enquanto se readaptava à percepção normal do espaço, mas em breve recuperou sua orientação costumeira.

Os modelos animais do mundo desenvolveram-se em sucessão com a evolução do cérebro. A cada estágio da evolução, as criaturas vivas desenvolveram seus próprios modelos do mundo exterior. Esses modelos são, para usar a metáfora de Z. J. Young, suas "cosmologias", e os vários graus de sofisticação das cosmologias correspondem aos vários estágios de evolução; seu desenvolvimento corre paralelo ao desenvolvimento dos mecanismos coletores de informação dos sentidos e aos mecanismos processadores de informação do sistema nervoso central.

Pensou-se, durante longo tempo, que nunca nos seria possível aprender qualquer coisa sobre as cosmologias animais, sobre como um animal vê o mundo, porque só podemos perceber o nosso próprio. Mas essa suposição demonstrou ser muito pessimista. Um dos fascinantes resultados de pesquisa em neuropsicologia foi a descoberta de que podíamos, mesmo de maneira limitada, aprender algo sobre a "visão de mundo" de alguns animais. A primeira tentativa bem-sucedida nesse sentido foi feita no fim da década de 50 por uma imaginativa equipe de psicólogos do Instituto de Tecnologia de Massachusetts: J. Y. Lettvin, H. R. Matturana, W. S. McCulloch e W. J. Pitts. A cosmologia que eles resolveram explorar foi, mais uma vez, a da rã. Verificaram ser um mundo fascinante, com características espaço-temporais peculiares.

A maneira para conseguir chegar dentro do cérebro da rã foi usar os seguintes fatos: todos os órgãos sensoriais têm células "receptoras" que são sensíveis a certa espécie de estímulos. Ao receber um estímulo, que é sempre alguma espécie de energia absorvida, as células receptoras enviam sinais elétricos ao cérebro através das fibras nervosas. No caso da audição, por exemplo, são as ondas de pressão do ar que atingem as células sensoriais do ouvido. Elas geram sinais elétricos em padrões que caracterizam a informação recebida; os sinais propagam-se, então, pelo nervo até o cérebro. Esse processo é conhecido, diga-se, como "codificação neural". As células cerebrais recebem os sinais elétricos e de alguma forma os decodificam. Os detalhes dos processos de decodificação não são bem conhecidos mesmo nos animais simples, mas o que se sabe é que as células cerebrais envolvidas no processo de decodificação tornam-se eletricamente ativas. E esse é o ponto importante, pois tal atividade elétrica – ou, mais precisamente, descarga elétrica – é mensurável. Durante a década de 50, pequeninos eletrodos, chamados de microeletrodos, foram desenvolvidos e, com seu desenvolvimento, a descarga elétrica de uma simples célula cerebral tornou-se realmente mensurável em laboratório.

O experimento clássico realizado no ITM foi executado usando-se justamente essa técnica. Os resultados foram publicados sob o excêntrico mas significativo título de "O que o olho da rã diz ao cérebro da rã". Lettvin e seus colegas inseriram um pequenino eletrodo no nervo ótico da rã para registrar sua reação aos estímulos externos. Os olhos da rã foram então expostos a vários estímulos óticos e se registraram os impulsos elétricos das fibras do nervo ótico do animal. Os resultados foram uma revelação. Verificou-se que a "visão" real da rã não era, de modo algum, um processo mecânico, como o de uma câmara. Os diferentes grupos de fibras não reagiam a toda luz ou mesmo a toda luz padronizada. A retina da rã é muito mais que o equivalente biológico da emulsão fotográfica. Processa a informação recebida de forma altamente sofisticada, ampliando algumas características, suprimindo outras e separando a informação relevante da irrelevante. Conseqüentemente, só houve uma resposta a padrões significativos. Algumas células reagiram, por exemplo, se um pequeno objeto passasse pelo campo visual. A equipe de pesquisa escreveu: "Fomos tentados a chamá-las 'detectoras de insetos'." Naturalmente, o olho da rã precisa reagir a pequenos objetos voadores – insetos. Os insetos são um dos alimentos da rã. Outra classe de fibras reagia quando uma grande sombra passava repentinamente pelo seu campo visual. Essas fibras poderiam ter sido chamadas de "detectoras de cegonhas". Detectar aves predatórias que se aproximam repentinamente é tão importante para a rã como detectar insetos. Significativamente, se os pequenos objetos ou as grandes sombras não se estavam movendo, as células óticas paravam de reagir; moscas e mosquitos não ficam parados no ar, nem uma cegonha em mergulho.

Esses exemplos são suficientes para chegarmos ao ponto. Mesmo um cérebro primitivo como o da rã pode interpretar estímulos específicos com um padrão espaço-temporal bem-definido. Mas o universo da rã, como toda a cosmologia animal, é determinado pela história evolutiva. A rã percebe principalmente as coisas que são importantes para a sua sobrevivência, para as quais desenvolveu um modelo, para as quais a evolução escreveu um programa. Quando a rã reage a um inseto voador, o processo é muito diferente de uma reação mecânica, como a de uma câmara a um estímulo ótico. Para uma câmara, a fonte do estímulo ótico é irrelevante. Mas a rã poderia morrer de fome, embora rodeada de um exército de moscas mortas. E não é porque houvesse algo errado com seus olhos; é simplesmente porque seu cérebro não está equipado para interpretar esse padrão particular. O padrão ótico de moscas paradas apresenta uma linguagem estranha para o cérebro da rã porque este nunca desenvolveu um modelo para moscas mortas. No momento em que a mosca pára de se movimentar, ela desaparece do universo da rã. Para uma rã, qualquer mosca que pare de se mover desaparece em algo que lhe é equivalente ao moderno buraco negro da astronomia. E a rã nem se surpreende; ela não espera que os objetos persistam no tempo e no espaço. A rã tem uma cosmologia estroboscópica; seu universo é de padrões luz-escuridão que se movem rapidamente e de contrastes totais: a mosca e a cegonha. A rã, portanto, não apreciaria pinturas impressionistas. Se pudesse falar, iria chamá-las, talvez, de uma "confusão sem sentido, completamente louca, grotesca...", usando as mesmas palavras que alguns críticos humanos usaram ao ver tais pinturas pela primeira vez, em 1874. Como as rãs, esses críticos evidentemente não tinham modelos para o modo impressionista de ver o mundo. Mas os seres humanos podem aprender rapidamente a construir novos modelos. A rã, como recordamos pelo experimento de Sperry, não pode.

3

Adaptação ao Caos

(Espaço e tempo no cérebro dos mamíferos)

Da ameba a Einstein há apenas um passo.

KARL POPPER

A evolução biológica caminhou dos suaves espaço e tempo do protozoário aos consideravelmente mais agitados da rã em cerca de 3,25 bilhões de anos, com diferença de alguns milhões para mais ou para menos. A estrada evolutiva do mundo da rã para o espaço e o tempo de Newton e Einstein e Rembrandt e Beethoven consumiu, em contraste, apenas 1/4 de bilhão de anos para ser trilhada. Essa aceleração deveu-se a dois fatores: o desenvolvimento do cérebro dos mamíferos em geral e do cérebro humano em particular e, por outro lado, a evolução cultural humana. Nossas preocupações aqui são os eventos evolutivos que contribuíram para o desenvolvimento da capacidade peculiar mamífera e humana de sempre perceber o mundo em termos de espaço e tempo. Há alguns anos, Harry Jerison, da Universidade da Califórnia em Los Angeles, apresentou uma teoria que dá uma explicação possível de como e por que esses eventos vieram a ocorrer.

A hipótese de trabalho dessa teoria é que a principal função do cérebro durante toda a evolução tem sido dar sentido biológico aos estímulos que ele recebe por meio dos sentidos. Os estímulos chegam ao cérebro sob a forma de impulsos nervosos. Dizemos que o cérebro dá sentido biológico a essa informação, ou processa essa informação de maneira biologicamente útil, se ele detecta nesses estímulos uma informação que seja útil para adaptação. Um modo eficiente de fazer isso é construir um modelo interno de algumas características relevantes do mundo exterior. O cérebro de uma rã, por exemplo (como no caso da rã do ITM), processa a informação de maneira especificamente "à moda da rã" e constrói para si um modelo de um universo "estroboscópico". Esse modelo habilita-a a apanhar moscas ou a escapar de cegonhas; em outras palavras, dá sentido biológico à informação que a rã recebe e, assim, aumenta suas possibilidades de sobrevivência. Agora surge a questão de como esses mecanismos funcionaram na história evolutiva recente e, em particular, na evolução humana.

Já se sabe há muito tempo que a tendência geral da evolução do cérebro tem sido no sentido de um aumento gradual de tamanho. Apenas o tamanho, porém, não é uma medida útil do desenvolvimento geral do cérebro. Os animais maiores necessitam, obviamente, de cérebros maiores para manter a ordem em seus corpos. Mas isso não significa que sejam necessariamente mais inteligentes que animais menores. Uma medida mais relevante para caracterizar o grau de desenvolvimento do cérebro dos mamíferos parece ser um número chamado "quociente de encefalização". Para qualquer espécie, esse número é a relação do tamanho do cérebro dessa espécie com o tamanho médio do cérebro de mamíferos com o mesmo tamanho corporal. Portanto, quando falamos de aumento do cérebro, sempre queremos significar o aumento do quociente de encefalização.

Jerison propõe que o aumento do cérebro acompanhou *pari passu* a evolução de um modelo interno do mundo exterior, no qual objetos permanentes e distintos são percebidos em termos de espaço e tempo. Obviamente, um cérebro grande e complexo é necessário para perceber o mundo exterior como consistindo em "objetos no tempo e no espaço". Mas, além disso, Jerison argumenta que foi a criação de um modelo interno do mundo como objetos no tempo e no espaço que, em si, provocou a evolução do cérebro e da inteligência.

Jerison acompanha a evolução do cérebro desde o início de sua história registrada, cerca de, como ele declara, "425 milhões de anos atrás, quando peixes encouraçados, sem mandíbula, vivendo em estuários de água doce, deixaram suas cabeças para a posteridade". Jerison baseia sua teoria em dados paleoneurológicos (a paleoneurologia é um ramo da paleontologia que recolhe informações sobre os sistemas nervosos de animais extintos a partir de seus remanescentes fósseis). Para os nossos propósitos, será suficiente começar em uma era em que algo como a visão que a rã tem do universo constituía a cosmologia mais avançada – a era dos anfíbios e dos répteis. Mais precisamente, começamos a história da evolução do cérebro em um tempo em que se realizou a invasão da terra seca por vertebrados semelhantes a répteis. Esse evento – o início da vida terrestre dos vertebrados – teve lugar cerca de 1/4 de bilhão de anos atrás, no período geológico que chamamos de Mesozóico.

Os répteis adaptaram-se à vida terrestre de várias maneiras. Seu principal sentido de longo alcance era a visão. A visão inicial dos répteis, tal como supomos pelas observações dos répteis dos dias atuais, era muito diferente do posterior e mais complexo sentido visual dos mamíferos, do qual a visão humana é um exemplo. A informação visual no olho reptiliano era processada principalmente na retina, a qual era rica em células receptoras fotossensíveis, e o pequeno cérebro do animal não exercia qualquer papel mais importante na interpretação e no processamento da informação visual. A visão reptiliana era, de modo geral, provavelmente semelhante à da rã. Não podia acompanhar o movimento de objetos por qualquer duração de tempo, nem funcionava bem no crepúsculo ou no escuro. Mas era bastante adequada para os répteis, que eram, de qualquer modo, inativos durante a noite.

Os mamíferos mais antigos eram pequenos animais que evoluíram como um ramo resultante da adaptação dos répteis à vida terrestre e que não eram, no princípio, muito diferentes de seus predecessores reptilianos. Essas novas criaturas foram forçadas a se tornar ativas durante a noite a fim de se esconderem de seus perigosos primos, os grandes répteis que mandavam na terra firme durante o dia. Os répteis de "sangue frio" só podiam ser ativos quando o sol aquecia seus corpos. Em contraste, os antigos mamíferos já possuíam um mecanismo de controle do calor que lhes permitia serem ativos à noite. Mas quando esses mamíferos começaram a evoluir para criaturas noturnas, sua visão ainda era da variedade reptiliana, adaptada à luz do dia, e naturalmente não lhes era de grande ajuda na escuridão da noite. Como resultado, só poderiam sobreviver se substituíssem a visão pela audição e/ou o olfato como seu sentido de longo alcance.

Por serem forçados a usar a audição ou o olfato em vez da visão para obter informação a distância, houve um duplo efeito no cérebro dos mamíferos. O primeiro, argumenta Jerison, foi que um sistema totalmente novo de neurônios interligados, junto com um grande número de células cerebrais capazes de interpretar informações auditivas e olfativas, teve de ser "empacotado" no cérebro. Simplesmente não havia lugar em qualquer ponto da periferia. Um aparelho visual elaborado poderia evoluir em torno da retina, mas nos sistemas auditivo e olfativo não havia lugares análogos bastante grandes para acomodar o aparelho nervoso necessário para interpretar a informação oriunda desses novos sentidos de longo alcance. Então, um novo sistema de processamento, um novo circuito neural, teve de evoluir dentro do cérebro, tornando-o maior. O segundo efeito, embora mais uma vez envolvendo um aumento do cérebro, correspondia também à evolução de um cérebro mais sofisticado. Esse efeito refere-se à natureza da informação auditiva (e olfativa).

Para a maioria de nós, a visão é o principal sentido de distância, e por isso temos de estender nossa imaginação para apreciar as maneiras puramente auditivas com que a informação a distância pode ser interpretada. O olfato é apenas um sentido fraco e rudimentar nos seres humanos (poucos de nós, por exemplo, poderiam perceber, pelo sentido do cheiro, o movimento de um objeto distante) e, por essa razão, vamos considerá-lo apenas de passagem.

A audição funciona diferentemente da visão como um sentido de distância. A visão é muito apropriada para lidar com informações vindas simultaneamente de várias fontes em diferentes lugares. A audição, ao contrário, é melhor para tratar informações que se estendem, não no espaço, mas no tempo. As informações auditivas chegam em sucessões temporais. Isso é ótimo quando ouvimos música ou um discurso ou, geralmente, quando necessitamos de uma informação de ordem temporal. Mas uma informação temporal não é aquilo de que necessita um animal noturno. Ele precisa principalmente é de informação espacial. A informação temporal só é útil até o ponto em que contribui para o conhecimento, pelo animal, da situação espacial, ou para a construção de um "mapa" espacial. Isso não pode ser feito, a não ser que o animal seja *capaz de traduzir uma seqüência temporal em uma ordem ou mapa espacialmente organizado*. Tal mapa descreve o comportamento espacial da fonte do estímulo e é capaz de responder questões biologicamente relevantes, tais como: Onde está? Está se movimentando? Em que direção? A que velocidade? É difícil obter todas essas informações a partir de uma seqüência de sons. Jerison usa o exemplo a seguir para ilustrar o problema.

> Se tentamos fotografar um panorama com um conjunto de breves exposições de sucessivas frações da cena total, com um segundo ou mais entre as exposições, percebemos o problema de usar uma informação temporal quando a integração espacial é a abordagem mais "natural". Dizendo de maneira mais simples: a fim de interpretar uma informação auditiva vinda de longe, o cérebro tem de desenvolver a habilidade de "traduzir" os padrões temporalmente codificados dos impulsos do nervo auditivo em mapas espaciais equivalentes.

Isso não é fácil. Um mecanismo capaz de fazer isso deve ser tão sofisticado quanto uma câmara de TV que executa aproximadamente a mesma tarefa. Mecanismos biológicos de tal complexidade não se desenvolvem facilmente. Mas a vantagem evolutiva foi para essas criaturas, cujos cérebros se tornaram grandes e complexos, o bastante para poderem usar os sinais auditivos e olfativos a fim de perceberem corretamente, por exemplo, um predador em movimento. Essa espécie de processamento da informação envolve o uso de intervalos de tempo para representar dimensões espaciais. É razoável presumir que essa foi uma das mais significativas maneiras pelas quais o "tempo", como uma dimensão de existência, entrou inicialmente nos processos interpretativos do cérebro.

Mais ou menos ao mesmo tempo em que seus sentidos auditivo e olfativo se estavam desenvolvendo, a visão reptiliana dos mamíferos primitivos foi também sendo forçada a mudar e evoluir. Gradualmente, tais características da visão dos mamíferos posteriores, como a habilidade de ver no crepúsculo ou ao luar, começaram a se desenvolver. Os mamíferos estavam, portanto, recebendo informações da mesma fonte por meio de dois ou, algumas vezes, três formas sensoriais: visão, audição e olfato. Foi importante aprender a conciliar todas essas percepções, e isso também teve novas conseqüências para o cérebro.

A fim de dar sentido à complexa ordem dos dados, tornou-se necessário perceber a fonte das diferentes experiências sensoriais como sendo "a mesma". Portanto, era necessária a evolução, no cérebro, de algumas conexões neurais específicas, ou alguma espécie de código; o código integraria a informação recebida em diferentes modalidades sensoriais e *a interpretaria como vinda da mesma fonte espacial.* Foi essa espécie de processamento sofisticado que abriu caminho a um novo mundo perceptual. O que antes eram meramente padrões incoerentes de estímulos sem relação tornaram-se agora fontes de informação, ou "objetos". Assim se originou a percepção de objetos permanentemente existentes no espaço e no tempo. As vantagens evolutivas de tal desenvolvimento serão apresentadas adiante. Mas está claro que, a partir desse ponto, os mamíferos passaram a viver em um mundo perceptual que se estava tornando cada vez mais diferente do da rã. O cérebro da rã, como mostra Jerison, não usa um modelo de objetos permanentes no espaço e no tempo como estágio intermediário entre estímulo e resposta. O cérebro da rã reage imediatamente a qualquer estímulo. Se acontecer de a mesma mosca passar várias vezes por seu campo visual, a rã vê isso meramente como uma série de eventos desconexos e age independentemente para cada um. Seu cérebro é uma "máquina de reflexos complexos".

Uma segunda e totalmente independente aceleração evolutiva da visão ocorreu, ao que se presume, no fim da "era dos répteis", cerca de 60 milhões de anos atrás, quando os dinossauros e outros répteis dominantes, junto com uma grande quantidade de outros organismos marinhos e terrestres, extinguiram-se. As causas dessa rápida e dramática extinção em massa não são conhecidas com certeza. Muitos supõem que tenha sido provocada pelos efeitos de alguns fatores extraterrestres no meio ambiente, talvez a queda de um enorme asteróide, que provocou a mudança das condições de vida de modo tão abrupto que muitas formas de vida se tornaram incapazes de se adaptar e pereceram. Nesse ponto, Jerison demonstra incidentalmente que, ao contrário das crenças científicas, os dinossauros não tinham cérebro pequeno, mas normal pelos padrões dos répteis. Seja o que for que tenha acontecido, estamos entre os beneficiários a longo prazo desse acidente cósmico, pois a extinção dos répteis dominantes abriu novas oportunidades para a vida dos mamíferos. Depois do desaparecimento dos grandes répteis, os modestos mamíferos encontraram-se em um ambiente mais favorável, com menos competição e perigo durante o dia, e muitos deles abandonaram o estilo de vida noturno e se tornaram ativos durante o dia. Como resultado, tornou-se vantajoso novamente ver bem à luz do dia.

A adaptação do sistema visual a essa nova exigência não foi, porém, um mero retrocesso à antiga visão reptiliana diurna. Nessa época, os mamíferos já possuíam cérebros bem desenvolvidos, com mecanismos para o processamento de informação auditiva. Jerison argumenta que era mais simples e mais eficiente modelar o novo sistema visual pelo auditivo, já desenvolvido, do que restaurar a – então perdida – visão reptiliana baseada principalmente na retina. Essa suposição é plausível nos aspectos evolutivos gerais. Quando surge a necessidade de novas funções, a evolução raramente cria novas estruturas na possibilidade de modificar as existentes. Isso é conseguido mais facilmente porque as mudanças mais simples podem acontecer com maior probabilidade que as complexas. François Jacob, do Collège de France, explica isso: "A evolução", escreve, "assemelha-se não à engenharia, mas ao remendo." Um engenheiro "trabalha de acordo com um plano preconcebido.(...) Tem à sua disposição materiais e máquinas especialmente preparados para essa tarefa", e "os objetos produzidos se aproximam do nível da tecnologia do tempo". A evolução biológica, ao contrário, "não produz novidades sem conhecimentos prévios". Não tem objetivos de longo alcance bem definidos, não tem materiais especialmente preparados; trabalha com o que já existe, e usa quaisquer sobras disponíveis. O processo evolutivo age "como um remendão que, por muitas eras, modificasse lentamente seu trabalho, incessantemente retocando-o, cortando aqui, aumentando ali, aproveitando a oportunidade para adaptá-lo progressivamente ao seu novo uso". Em tal processo, era mais apropriado que a nova visão mamífera evoluísse, não para ser algo radicalmente novo, mas antes para ser um mecanismo modelado de acordo com os sistemas já bem desenvolvidos da audição e do olfato.

Por causa disso, a "nova" visão podia não apenas mapear o espaço, mas, como a audição, manipular da mesma forma amplas seqüências temporais. Podia integrar os estímulos que chegassem em intervalos de tempo mais longos na percepção de um único evento. Essa habilidade é chamada de "ligação do tempo". Um exemplo dela na audição é a percepção humana da sucessão de sons desconexos em uma melodia. Em ligação do tempo visual, um animal pode seguir alguma coisa que se mova em seu campo visual e percebê-la como um único objeto. Para que o animal faça isso, o cérebro tem de ser capaz de arquivar imagens visuais, recuperá-las e compará-las com imagens anteriores e, finalmente, desenvolver um código que "intitule" as fontes de todas essas imagens, de tempos diferentes e de pontos diferentes do espaço, como sendo "a mesma". Todas essas funções complexas requerem novos neurônios, mais conexões neurais, mais tecido cerebral – em suma, um cérebro maior.

Como veremos, houve maiores vantagens de adaptação em toda essa complexidade. O cérebro dos mamíferos recebia, através de seus diversos sentidos, uma quantidade de informações maior do que os animais menores. Como resultado, o "mundo" dos grandes mamíferos tornou-se não apenas muito mais rico, mas também muito irregular e de rápidas mudanças. Era muito mais difícil adaptar-se a esse mundo do que a um que só possuía características regulares ou pouco mutáveis, como os ritmos dia-noite ou as variações normais de temperatura. Organismos primitivos bem-sucedidos já se haviam adaptado a essas características, mas só os animais mais desenvolvidos podiam adaptar-se a um mundo em constante e irregular mudança. Mas essa quantidade de informação impingida aos sentidos dos mamíferos é, em si mesma, quase completamente desorganizada e destituída de um sentido óbvio. Para compreender isso, temos apenas que imaginar o que aconteceria se substituíssemos nossos órgãos dos sentidos por uma quantidade de aparelhos eletrônicos, os quais contassem os fótons recebidos, registrassem as variações na pressão do ar, medissem as mudanças na composição química das moléculas flutuantes no ar e outros. Vamos também imaginar que, após algum tempo, quiséssemos ver que informações esses aparelhos teriam registrado. Iríamos, certamente, encontrar um enorme caos nos registros. Uma vez que os aparelhos apenas registram, indiscriminadamente, tudo que os atinja, eles registram o barulho aleatório do mundo exterior. Mas é precisamente esse barulho aleatório, essa cacofonia, que atinge nossos sentidos e os de qualquer mamífero; o barulho aleatório é a matéria-prima recebida pelos nossos sistemas nervosos a todo instante de nossas vidas. Os animais avançados são, portanto, confrontados com o problema muito difícil de extrair sentido do barulho desconcertante que vem de seu ambiente e de se adaptar a esse caos aparente.

Para sobreviver, o animal tem que extrair sentido biológico da corrente caótica de estímulos. Tem de detectar informações na aparente desordem, de descobrir padrões no barulho e de processar, de forma biologicamente significativa, qualquer informação que possa obter. Parece que, nos mamíferos, as pressões adaptativas resultaram na evolução de um método particular de processamento da informação. Esse método é baseado no fato de que o manejo de um fluxo contínuo de informações pode ser simplificado, separando-se as informações em peças menores, mais manejáveis, e organizando-as em um sistema coerente. É isso, precisamente, o que faz o cérebro de um mamífero. Ele separa os estímulos recebidos em agregados, que são então rotulados no cérebro de "objetos", e os organiza em um modo perceptual de espaço e tempo. O grande valor adaptativo desse modo é que dá estrutura ao mundo perceptual, tornando-o estável e confiável, e fazendo com que a adaptação seja possível.[1]

Essa estrutura, a cosmologia de "objetos permanentes no espaço e no tempo", permite ao cérebro organizar as informações com o auxílio de "sub-rotinas" de processamento (para usar a linguagem de computador) chamadas *constâncias perceptuais*. Um exemplo de tal processamento é o que acontece quando vemos uma pessoa afastando-se de nós. A pessoa emite uma série de imagens cada vez menores em nossa retina, mas nós não vemos nem pessoas sucessivas de diferentes tamanhos nem uma única pessoa encolhendo. Para dar outro exemplo, quando viramos a cabeça e todo o mundo visível se move em nossa retina, não sentimos o mundo exterior se movendo.

---

[1] O modo pelo qual usamos a audição oferece um simples exemplo de "formação de objetos a partir do caos". Ficamos em uma sala cheia de sons de pessoas conversando. Uma gravação, feita com um microfone sensível que registre as menores variações da pressão de ar que são capazes nossos ouvidos, retransmite uma perfeita cacofonia. Quando estamos lá, contudo, podemos conversar com um vizinho, porque nosso sistema nervoso processa os *inputs* auditivos de tal forma que podemos selecionar apenas os sons que nos interessam e abandonar o restante. A visão pode fazer o mesmo tipo de processamento quando ocorre a necessidade.

Há no cérebro mecanismos poderosos, principalmente inatos, que corrigem nossas percepções e nos fazem perceber o tamanho de um objeto que some da vista como constante e o mundo exterior como estando em repouso.

Há, obviamente, muitos desses mecanismos agregados ao nosso cérebro, e eles são de extraordinária importância. São os mecanismos – programas evolutivos já organizados, tão simples quanto engenhosos – que nos permitem manter o mundo exterior como algo estável e confiável. Permitem-nos interpretar uma mudança no "*input* sensorial" do mundo exterior (por exemplo, uma imagem que se transforma em nossa retina ou mudanças naquilo que ouvimos, causadas pelo movimento da fonte sonora) como *uma mudança em nossa percepção e não como um mundo exterior em mutação*. Raramente notamos conscientemente essa faculdade particular de nosso cérebro porque esses mecanismos são construídos dentro de nossos sistemas nervosos e funcionam automaticamente. Mas essa extraordinária capacidade do cérebro faz do caótico mundo exterior uma coisa estável e previsível. Parece, então, que o cérebro dos mamíferos organiza os *inputs* sensoriais, a percepção do mundo, numa estrutura de espaço e tempo para ser capaz de deles extrair sentido. A estrutura de espaço e tempo simplifica o mundo, dá-lhe uma ordem coerente e, assim, o torna capaz de ser vivido.

Os modelos congênitos da cosmologia mamífera não estão, necessariamente, prontos para serem usados desde o nascimento. Precisam, primeiro, ser treinados, ativados e estabilizados. São muitas vezes potenciais, mais do que planos preparados para a ação. Parece mesmo que a própria percepção do espaço e dos padrões e objetos nele existentes tem de ser aprendida antes que os modelos congênitos possam funcionar apropriadamente. Um físico alemão, M. von Senden, colecionou várias histórias de casos de pacientes que haviam nascido cegos, mas cuja visão foi posteriormente restaurada através da cirurgia de catarata. Aconteceu que esses pacientes não podiam, no princípio, em absoluto interpretar suas novas sensações visuais. Não eram capazes de avaliar distâncias; não podiam reconhecer formas e muitas vezes falhavam também em reconhecer a distinção dos objetos. Não podiam correlacionar suas experiências visuais e táteis. A maioria dos pacientes mais jovens aprendeu tudo isso após algum tempo, mas muitos dos mais velhos tiveram grandes dificuldades em se adaptar ao seu mundo visual, mesmo após um longo período.

Há também evidência de que, nos animais recém-nascidos, a percepção de padrões espaciais simples precisa de treinamento antes de se tornar automática. Colin Blakemore, da Universidade de Cambridge, manteve gatinhos recém-nascidos em um ambiente visual em que tudo era listrado, vertical ou horizontalmente. Quando cresceram, esses animais eram bastante capazes de reconhecer listras verticais ou horizontais, mas eram muito ruins no reconhecimento de outros padrões visuais. O bebê humano, para usar outro exemplo, também tem de aprender muito antes de saber usar os modelos congênitos de seu cérebro. De acordo com as experiências do falecido Jean Piaget, da Universidade de Genebra, por exemplo, um bebê não tem conhecimento de uma característica tão fundamental da cosmologia mamífera como a permanência de objetos até que aprenda por experiência. A habilidade de perceber objetos permanentes não é usualmente estabelecida antes que a criança esteja com perto de um ano de idade.[2] A mensagem aqui é que a cosmologia perceptual humana deve, de certa forma, ser aprendida por cada criança, mas o caráter geral dessa cosmologia é predeterminado para a espécie como um todo.

Tudo isso tem conseqüências interessantes, não apenas para a interpretação do tempo e do espaço, mas também para o contínuo debate sobre o antigo mistério filosófico: Como é que a mente humana aprende a respeito do mundo exterior? Ao discutir tal questão, a maioria dos cientistas – isto é, a maioria dos que se deram ao incômodo de pensar sobre isso – tem aceito, pelo menos até bem recentemente, o ponto de vista *empirista*. Os empiristas afirmavam que tudo que sabemos é aprendido através de nossas experiências individuais. O cérebro humano, de acordo com essa visão, nasce como uma lousa limpa. Está em branco – não contém coisa alguma – e somente com a experiência acumulada é que vem a possuir informações sobre o mundo. Aprendemos enquanto avançamos. Um bom número de escolas filosóficas concordou com isso, mesmo aquelas que discordaram da maioria de outras coisas. Desde a Renascença, filósofos tão diferentes em outros aspectos como John Locke, David Hume, enciclopedistas franceses como Denis Diderot e Jean d'Alembert, assim como Karl Marx, Ernest Mach e Bertrand Russell, compartilharam, entre outros, essa idéia. A idéia de que o cérebro humano possuía propriedades inatas – além de sua capacidade de pensar – ou de que continha modelos congênitos do meio ambiente que não tinham conexão com as experiências do indivíduo era considerada pelos empiristas insensata.

[2]Piaget também observou que os próprios filhos de cada leitor sempre aprendiam tudo em uma idade mais antecipada, mas a média se mantinha toda vez que essa experiência era realizada.

Os cientistas provavelmente consideravam atraente esse ponto de vista porque propunha um modelo para o desenvolvimento do cérebro que acompanhava o desenvolvimento da ciência e do método científico. A própria ciência evoluiu, afinal, por meio de observações do mundo exterior, de experiências com ele. De fato, a crescente primazia da experiência sobre a especulação e os preconceitos foi uma característica fundamental da evolução científica.

Alguns filósofos, contudo, opuseram-se ao ponto de vista empirista desde os primeiros tempos. Esses pensadores sustentavam que grande parte da ordem que observamos no mundo exterior é, na verdade, produto de nossa própria mente. Esses pontos de vista *racionalistas* foram mantidos, desde a Renascença, por René Descartes, Baruch Spinoza, Gottfried Leibniz e Immanuel Kant, para mencionar apenas os mais famosos. Kant, em particular, propôs que a própria estrutura perceptual de espaço e tempo era uma propriedade de nosso próprio aparelho mental e que, portanto, não há sentido em se falar sobre espaço e tempo como sendo propriedades objetivas do mundo exterior.

As motivações das filosofias racionalistas eram muitas vezes religiosas. Alguns racionalistas argumentavam que, se a mente humana tinha propriedades congênitas, estas só podiam ter sido postas ali por agentes sobrenaturais. Foram essas associações religiosas que se tornaram ainda outra razão pela qual muitos cientistas rejeitaram as escolas racionalistas de pensamento. É, por isso, uma ironia que a moderna teoria da evolução – uma teoria que não é vista favoravelmente pela maioria das religiões organizadas – dê algum apoio às idéias dos pensadores racionalistas. Um dia, talvez, saberemos até onde seus pontos de vista estão corretos; certamente não o sabemos agora.

Parece certo que, quando o cérebro cria modelos internos, estes devem estar de acordo, pelo menos em parte, com o mundo real. Temos, certamente, modelos congênitos para o tempo, assim como para o espaço e para os objetos nele, mas esses modelos são formados pelo processo de adaptação ao mundo real. Uma cabra das montanhas nasce, provavelmente, com um modelo pronto de precipícios em seu cérebro, mas isso não faz com que os precipícios do mundo exterior sejam nem um pouco menos reais. De fato, uma cabra que se comportasse como se os precipícios estivessem "apenas na sua cabeça" teria pouca probabilidade de propagar tais suposições a suas crias. O cérebro dos mamíferos organiza os estímulos recebidos de acordo com seus modelos internos. Isso só pode ser biologicamente bem-sucedido se houver coisas no mundo exterior que correspondam de alguma forma a esse modo particular de organização. Assim sendo, mesmo sem conhecer com muitos detalhes as relações entre os modelos interiores e o mundo exterior, é possível concluir cautelosamente que os pontos de vista empirista e racionalista podem, até certo ponto, reconciliar-se. A doutrina empirista de que todo conhecimento vem da experiência é essencialmente verdadeira. Mas o ponto de vista racionalista pode ser acomodado acrescentando-se que a palavra "experiência" não significa apenas experiências individuais. Inclui também experiências geneticamente codificadas ou o conhecimento do ambiente que adquirimos ao nos adaptarmos a esse ambiente durante o correr de nosso longo passado biológico. Kant, em outras palavras, pode muito bem ter tido razão. Parece provável que a estrutura perceptual de espaço e tempo é realmente uma propriedade do aparelho mental com que nascemos. Mas esse aparelho passou a existir durante centenas de milhões de anos de aprendizado adaptativo, e foi esse longo processo de aprendizagem que determinou as características básicas de nosso mundo "real" – o único mundo que conhecemos.

Como exemplo final, considere-se um lago de água doce no qual amebas, rãs e castores vivam juntos. O meio ambiente físico é o mesmo para todas essas criaturas, mas os mundos que elas percebem, seus modelos internos, são tão diferentes quanto seus passados evolutivos. A ameba provavelmente vive em um mundo bem simples, com essencialmente duas características alternativas: o agradável e o desagradável. Reage a elas movendo-se na direção da fonte percebida dos estímulos ou para longe dela. O modelo do mundo da rã consiste em sombras em rápidos movimentos, e ela reage a estas com um rápido movimento ou um salto reflexos. O sistema nervoso do castor experimenta o mundo da cosmologia mamífera – o modelo do mundo do castor consiste em objetos permanentes em termos de espaço e tempo ampliados, e ele organiza seu comportamento de acordo.[3]

---

[3]A idéia de que, embora todas as criaturas vivam em um mesmo mundo exterior, elas experimentam apenas o seu mundo especial, foi proposta pela primeira vez pelo biólogo alemão Johann von Uexkull, em 1908. Por alguma razão, contudo, von Uexkull não via isso como um resultado da adaptação, mas acreditava em alguma força especial que criava os modelos internos dos animais para corresponderem ao meio ambiente.

Uma observação mais moderna, e a que adotamos aqui, seguindo Jerison, foi iniciada pelo falecido Kenneth J. W. Craik, da Universidade de Cambridge. Craik afirmava que o cérebro constrói modelos do mundo exterior usando processos neurais que simbolizam o funcionamento desse mundo em uma forma abstrata. Esses modelos "explicam" ou dão sentido à informação recebida e provocam uma reação do sistema nervoso. Uma vez que esses modelos representam o mundo "real" de uma criatura, cérebros diferentes criam mundos diferentes.

A cosmologia mamífera atingiu um novo estágio com a evolução dos seres humanos. Pois os humanos não apenas percebem objetos no espaço e no tempo, mas também criam símbolos para "objetos", para "espaço" e para "tempo". Com o uso dos símbolos humanos, foram criadas as cosmologias de espaço e tempo simbólicos. Os símbolos mais importantes são, naturalmente, as próprias palavras: os símbolos da linguagem. A linguagem permite que o cérebro humano não apenas perceba objetos e acontecimentos no espaço e no tempo, mas também os represente como conceitos, pense a respeito deles e comunique esses pensamentos. A percepção e o pensamento têm, pelo menos, uma importante propriedade em comum. Quando os modos de tempo e de espaço evoluíram no cérebro dos mamíferos, uma de suas missões era interpor-se entre o estímulo e a resposta para permitir a evolução de outras respostas que não fossem reflexas. Uma das missões da linguagem é muito semelhante. Tal como o tempo e o espaço, o pensamento conceptual também se interpõe entre o estímulo e as respostas, criando uma variedade ainda maior de respostas. Essa analogia sugere que, sob certos aspectos, o papel evolutivo da linguagem pode ter sido semelhante ao dos modelos internos de espaço e tempo. Isso, por sua vez, levanta a questão de saber se a origem e a evolução da linguagem poderiam ser explicadas, de certo modo, da mesma forma como explicamos a evolução do tempo e do espaço no cérebro. Jerison acha que isso é possível.

Há poucos fatos bem estabelecidos que poderiam ajudar no problema das origens da linguagem e do simbolismo humanos. O que parece ser conhecido é que, no ramo evolutivo que conduziu dos primatas não-humanos aos seres humanos de hoje, o tamanho do cérebro aumentou a uma velocidade extraordinariamente rápida. Durante os últimos 3 milhões de anos, o tamanho do cérebro nesse ramo mais do que triplicou. Esse crescimento acelerou-se de modo particularmente rápido durante o último meio milhão de anos, o que é um pequeno período de tempo para uma mudança em tão grande escala.[4] Ao contrário, durante os últimos 100 mil anos o tamanho do cérebro humano não mudou em absoluto.

---

[4]Na evolução do cérebro dos ungulados, por exemplo, encontramos o dobro do tamanho em cerca de 10 milhões de anos, o que significa que o processo precisou de 2 a 3 milhões de gerações. Os humanóides primitivos, ao que parece, dobraram seu cérebro cerca de 2 milhões de anos atrás, em 100 mil gerações. Isso é um crescimento cerca de 20 a 30 vezes mais rápido.

Jerison argumenta que todos esses fatos, juntamente com a evolução da capacidade humana para uma linguagem simbólica, e também da cultura humana, podem ser explicados na estrutura de sua teoria. Ele sugere que os mesmos processos pelos quais o cérebro dos mamíferos evoluiu continuaram a operar e, assim, conduziram a posteriores aumentos do cérebro. Em particular, o processo de integração das informações vindas de diferentes sentidos foi mais tarde aperfeiçoado, conduzindo a uma percepção de objetos ainda mais precisa. Para facilitar isso, o sistema auditivo dos mamíferos teve de evoluir mais ainda, modelando-se, por sua vez, por seu sistema visual, já bastante desenvolvido. Isso significa, na prática, que se tornou possível ao cérebro converter não apenas imagens visuais, mas também padrões sonoros, em "objetos permanentes", e essa habilidade tornou possível a localização auditiva dos objetos. Nesse mundo perceptual, agora ainda mais avançado, um objeto pode ser percebido algumas vezes pela visão, algumas vezes pela audição ou pelo olfato, e ainda ser identificado como sendo o mesmo. Em outras palavras, o mundo podia agora ser percebido segundo uma estrutura espaço-temporal coerente, em que os objetos podiam ser vistos, ouvidos, cheirados e tocados, e sua permanência temporal estava assegurada. Agora a representação mental dos objetos podia ser guardada no sistema nervoso e os objetos eram lembrados. A integração de diferentes imagens sensoriais não era mais momentânea, mas podia ser mantida por longos períodos de tempo, por dias ou semanas, talvez através de anos.

Podemos também presumir que em algum ponto dessa evolução se tornou possível dividir em partes as imagens memorizadas do passado. Estas podiam então ser novamente combinadas para formar novas imagens, configurações completamente novas que nunca haviam sido experimentadas anteriormente. Assim evoluiu uma abstração enormemente extraordinária. Tornou-se possível imaginar acontecimentos que nunca aconteceram, assim como recordar aqueles que haviam sido realmente experimentados. Foi a imaginação que tornou possível o planejamento e a previsão conscientes – que precipitaram a criação daquele que se tornou um dos tempos simbólicos mais importantes: o futuro. Essas novas capacidades, a memória e a habilidade de conceituar o futuro, tiveram suas próprias vantagens evolutivas, e também exigiram mais tecido cerebral, um cérebro maior.

Com a continuação do processo evolutivo, a integração das informações sensoriais foi estendida dos objetos para as imagens. Tornou-se possível evocar imagens visuais por meio de sinais auditivos. Isso foi vantajoso porque, desse modo, as imagens visuais podiam ser identificadas usando-se um código auditivo, um conjunto de símbolos que podia ser usado para reevocar as imagens e permitir que fossem reconhecidas em seu aparecimento seguinte. Se, talvez por uma feliz coincidência ou pela lógica da adaptação, isso aconteceu com uma espécie que era dotada da capacidade motora de pronunciar uma variedade de sons, então esse desenvolvimento fez surgir uma espécie de código auditivo completamente nova para objetos e acontecimentos e suas imagens, e dessa maneira o período pode ser estabelecido para o princípio da fala, da linguagem simbólica.

Se essa hipótese sobre a origem da linguagem for essencialmente correta, então a capacidade de se comunicar foi provavelmente de importância secundária no desenvolvimento inicial da linguagem humana simbólica. Mais importante foi a capacidade da linguagem simbólica de ajudar na percepção e na imaginação, na produção de novos modelos e, então, na criação de outro meio poderoso de dar sentido ao mundo exterior. Ao discutir essa questão particular, Jerison mostra que a capacidade de se comunicar é difundida no reino animal. Os indivíduos de muitas espécies animais comunicam uns aos outros qualquer informação que seja necessária para a sobrevivência e a propagação. Mas essa comunicação toma, na maioria das vezes, a forma de "padrões de ação fixos", como o abanar da cauda de um cão, nos quais os significados e as formas dos sinais nunca mudam. Os sinais das comunicações animais são rígidos em sua maioria, e são predeterminados, geneticamente programados no sistema nervoso do animal. A capacidade de se comunicar, portanto, não é um sinal de maior inteligência em si mesmo, nem requer grandes quantidades de tecido cerebral. Na evolução humana posterior, a linguagem foi usada para a comunicação. Isso se tornou, em grande parte, o mais importante fator para o desenvolvimento posterior da habilidade da linguagem. Mas sua função original, a principal razão de seu aparecimento, de acordo com a teoria de Jerison foi auxiliar na percepção, na evocação de imagens reconhecíveis e na identificação das imagens visuais e auditivas. "Precisamos da linguagem mais para contar uma história do que para dar diretivas para a ação", escreve Jerison.[5]

Podemos visualizar o processo de integração sensorial invocando o princípio biológico da recapitulação. Esse princípio foi for-

---

[5]Os lingüistas apresentaram tais idéias mais cedo. O notável lingüista americano Edward Sapir escreveu, em 1932, que "(...) o aspecto puramente comunicativo da linguagem tem sido exagerado. É melhor admitir que a linguagem é principalmente a atualização vocal da tendência de ver realidades de modo simbólico, que é precisamente essa qualidade que a torna um instrumento apto para a comunicação e que é no verdadeiro dar e tomar das relações sociais que ela se tornou complicada e refinada, na forma em que é hoje conhecida."

mulado por Ernst Haeckel, biólogo alemão do século XIX, e diz que, durante seu desenvolvimento como embrião, um animal atravessa os mesmos estágios que seus antepassados durante a evolução. O desenvolvimento individual recapitula a evolução da espécie. A validade geral dessa idéia tem sido muitas vezes questionada, mas é um fato que todos os embriões humanos, por exemplo, passam por estágios em que se assemelham, primeiro, a um peixe, depois a répteis, depois a mamíferos não-primatas, antes de atingir a forma humana. No espírito desse princípio, podemos imaginar que uma pequena repetição da integração sensorial e da classificação sonora realmente ocorre em cada desenvolvimento humano. Isso pode acontecer aproximadamente segundo as seguintes linhas: como um bebê muito jovem, você viu a face de sua mãe, ouviu sua voz, sentiu-lhe o cheiro, o toque e o sabor. Não é provável que você "soubesse" imediatamente que todas essas sensações provinham da mesma fonte, mas essas sensações eram gradualmente integradas por seu sistema nervoso. Em certo ponto, a voz de sua mãe, por exemplo, evocaria a imagem de sua face, de seu toque, de seu sabor e assim por diante. Poucos meses depois você seria capaz de responder à classificação auditiva da fonte comum dessas sensações e provavelmente sorriria quando ouvisse a palavra "mamãe". Outros meses mais e você teria aprendido a evocar você mesmo as sensações, pronunciando aquela mesma palavra.

A vantagem imediata da classificação é que, quando objetos, acontecimentos e imagens são classificados com precisão, na medida em que as classificações forem lembradas, os objetos serão sempre reconhecidos. Classificar, lembrar, controlar o aparelho motor, regular a fala, envolvendo regras de sintaxe e todo o resto, exigiram um número enorme de novas conexões neurais e uma grande quantidade de novo tecido cerebral. Portanto, não é exagerado presumir que o aumento explosivamente rápido do cérebro humano durante o último meio milhão de anos resultou das vantagens adaptativas do desenvolvimento da linguagem e de outras possibilidades para a imagem e a memória.

O cérebro com maior capacidade de linguagem construiu uma cosmologia humana que é muito diferente da não-humana. O aparecimento da linguagem simbólica foi um acontecimento evolutivo da maior importância. Interrompeu o monopólio do processo de evolução biológica na vida. Antes que aparecesse a linguagem, virtualmente todas as informações importantes relevantes à vida, que tinham de ser passadas para a geração seguinte, eram codificadas nos genes – na estrutura espacial das moléculas de ADN. Não havia outra maneira. Quando um animal morria, virtualmente todo o seu conhecimento adquirido morria com ele. A evolução da linguagem simbólica mudou isso. Daí por diante a informação também podia ser codificada em estruturas temporais eficientes, como palavras e frases.

Como conseqüência, pelo menos no que diz respeito à raça humana, as leis da evolução biológica, atuando durante 3 bilhões de anos, tornaram-se, relativamente, cada vez menos importantes em comparação com os poucos milhões de anos da evolução cultural. O código temporal da linguagem permitiu aos seres humanos transmitir à geração seguinte grandes quantidades de conhecimentos individualmente adquiridos. Isso significava que, para adquirir novas informações úteis, não era mais necessário esperar eras e eras por mudanças genéticas acidentais. A informação poderia ser agora obtida de gerações anteriores sem muita demora. Como resultado, a evolução cultural progrediu a uma taxa muito mais rápida do que jamais poderia a evolução biológica. A herança humana começou a consistir em duas partes: uma que foi acumulada durante toda a história evolutiva de nossa espécie e ainda está codificada na estrutura molecular de nosso material genético, e outra que foi reunida durante os últimos 2 milhões de anos e está codificada em nossa linguagem e em outras estruturas simbólicas.[6]

A velocidade de progresso da evolução cultural tornou-se ainda maior quando, com a evolução do desenho e da escrita, a informação pôde ser novamente transmitida por meio de um código espacial. Esse código, porém, diferentemente do genético, era arquivado inteiramente *fora* do ser vivo. Assim, criou-se uma nova maneira de reunir informação, a qual se tornou, mais tarde, o modo predominante nas sociedades tecnologicamente avançadas. Em nosso tempo, a estocagem extrassomática (fora do corpo vivo) da informação é uma parte cada vez mais importante da vida individual e social. O que arquivamos agora não está apenas na escrita, mas em muitas outras formas de preservação da informação, como filmes, fitas de áudio e vídeo, notas musicais, programas de computador e figuras. Como Karl Popper muitas vezes salienta, uma parte cada vez maior do conhecimento humano será, no futuro, reunida fora de nosso cérebro.

---

[6] As estruturas simbólicas não são as únicas informações adquiridas que podemos passar às gerações seguintes. As ferramentas feitas pelo homem e as habilidades necessárias para o seu uso também constituem informação. Não são genéticas nem simbólicas. Não obstante, são partes importantes de nossa herança.

Tudo isso é resultado da extraordinária capacidade da linguagem de construir modelos simbólicos do mundo. E esses modelos ajudam a dar sentido ao mundo de uma forma inteiramente nova. De uma nova maneira, mas no mesmo sentido em que quando, por exemplo, os modelos do cérebro capacitam um organismo a *ver*, isto é, dar sentido à informação codificada nos padrões da luz recebida. Agora se acredita, em geral, seguindo as sugestões de Noam Chomsky, do Instituto de Tecnologia de Massachusetts, e do falecido Eric Lenneberg, da Universidade Harvard, que, tal como a de ver, a capacidade de usar uma linguagem simbólica é também uma capacidade congênita do cérebro humano.[7]

No entanto, apesar de tais semelhanças, a linguagem funciona de modo diferente da percepção. O que percebemos são sempre padrões, seja no espaço ou no tempo, ou em ambos. A linguagem transcende o espaço e o tempo biológicos e oferece novos padrões: *padrões de significado*. Você pode classificar frases, determinando quais delas são falsas, quais são verdadeiras. Nem a verdade nem a falsidade são comumente organizadas em termos de espaço e tempo. Há também padrões gramaticais de significados. Você pode perguntar, pode negar, pode afirmar. E há conceitos que a linguagem simbólica criou, tais como os números. Conceitos numéricos, tais como "par" e "ímpar", por exemplo, não estão nem no espaço, nem no tempo. Esses, tal como muitos padrões gramaticais, são cognitivos e só podem ser compreendidos através do pensamento conceitual.

Um aspecto importante de transcendência dos sentidos pela linguagem simbólica e outras formas simbólicas é a evolução do "tempo e espaço simbólicos". Essa criação unicamente humana fornece uma estrutura para nossas atividades mentais tanto na ciência como nas artes. Voltarei a esse assunto em breve, depois de uma rápida digressão sobre o significado do simbolismo.

O problema geral do simbolismo humano tem ocupado muitos pensadores do século XX. Entre os filósofos que o estudaram estão Ernst Cassirer, Nelson Goodman, Suzanne Langer e Alfred North Whitehead. Uma das mais espinhosas questões que se pode encontrar nesses estudos – e é uma questão que nunca foi satisfatoriamente respondida – é como definir a natureza exata de um "símbolo". Uma orientação útil para esse problema parece ser perguntar

[7] Tal como a capacidade de ver, é uma capacidade congênita que tem de ser "ativada" antes de estar pronta para a ação. Ninguém pode usar a linguagem sem antes ter sido exposto a uma delas.

sobre a diferença entre o que é chamado de *sinal* e um *símbolo* real.[8] Um sinal – as tautologias às vezes podem ser úteis – simplesmente significa alguma coisa. O cheiro que emana de uma cozinha significa que alguma coisa está sendo cozinhada. O som da campainha de uma porta significa que alguém está à porta. O balançar da cauda de um cão significa que o animal está feliz. Tudo isso são "sinais", e seus significados podem ser tão claros para os seres humanos quanto para os animais.

Palavras tais como nomes podem também ser sinais – mas também podem significar mais do que isso. "Se", escreve Suzanne Langer, "você diz 'James' a um cão cujo dono usa esse nome", o cão interpretará esse som como um sinal e irá "*procurar* 'James'. Diga-o a uma pessoa que conhece alguém assim chamado e ela perguntará: 'Que é que há com James?' Esta simples pergunta está longe da compreensão do cão (...)". O nome, em outras palavras, não significa mais para o cão do que o cheiro de seu dono ou o som dos passos dessa pessoa. Para o cão, significa a pessoa. "Em um ser humano, porém, o nome evoca a concepção de um certo homem assim chamado e prepara a mente para outras concepções em que figura a noção daquele homem; por isso, o ser humano naturalmente pergunta: 'Que é que há com James?' "

Um sinal, escreve Langer em outro texto, "indica a existência – passada, presente ou futura – de uma coisa, acontecimento ou condição". Tudo que podemos fazer com um sinal é "reagir a ele" como fez o cão que começou a procurar James. "Os símbolos", ao contrário, "não são substitutos dos objetos, *mas são veículos para a concepção dos objetos*." Ou acontecimentos ou condições, pode-se acrescentar. "Conceber uma coisa ou situação não é o mesmo que 'reagir a ela' (...) ou estar consciente de sua presença." Ao falar *sobre* coisas, temos concepções delas, não as coisas propriamente ditas; e os símbolos significam diretamente as concepções, não as coisas.

Os animais parecem comunicar-se apenas por sinais.[9] Os seres humanos usam tanto os sinais quanto os símbolos. Quando tocamos

---

[8]Tanto os sinais quanto os símbolos pertencem, de acordo com o uso geralmente aceito, a uma classe mais geral: os *signos*. Signo é qualquer coisa que contenha informação.

[9]A controvérsia envolvendo a questão de os chimpanzés poderem ou não ser ensinados a usar a linguagem simbólica está desaparecendo lentamente. Muitos peritos parecem ter chegado à conclusão de que esses inteligentes animais podem espertamente manipular sinais e usá-los para comunicar seus desejos. Estão, contudo, muito longe de dominar sequer os rudimentos da linguagem simbólica.

alguma coisa que está queimando, podemos exclamar "ai !" ou dizer "o fogo é quente". A diferença entre os dois é, essencialmente, a existente entre um sinal e uma expressão simbólica. A primeira, nas palavras de George Gaylord Simpson, é "uma interjeição expressando o sentimento do momento", a segunda é "uma comunicação representativa simbolicamente codificada de uma generalização atemporal".

Para resumir, os sinais conduzem significados primitivos. Referem-se, sempre, a algo fisicamente presente, perceptível. Nunca vão além do nível da comunicação, não podem ser generalizados ou combinados para se referir a uma outra coisa, e só podem referir-se a um número limitado de situações específicas. Os símbolos também conduzem significados e também podem referir-se a algo perceptível. A mesma expressão (como "James") pode ser um sinal ou um símbolo, dependendo das circunstâncias. Mas os símbolos podem também referir-se a outros símbolos. Essa última possibilidade torna o alcance dos símbolos humanos não apenas grande, mas infinito. Não há limite para até onde as formas simbólicas (por exemplo, frases, números, formas, sons) podem ser generalizadas, combinadas e ampliadas. Os símbolos podem referir-se a qualquer aspecto do mundo real, perceptível ou não, assim como a um número infinito de mundos abstratos ou imaginários. Podem abstrair coisas, situações e acontecimentos não-presentes; podem referir-se ao aqui, ao em qualquer lugar, ao passado, ao futuro, ao nunca existente, ao que nunca existirá.

Estabelecer a diferença entre sinais e símbolos é útil na apreciação da diferença entre o que chamamos de tempo e espaço "biológicos" e "simbólicos". Tal como os sinais e os símbolos, os dois podem superpor-se. Mas o tempo e o espaço biologicamente relevantes são o aqui e o agora apenas. O aqui e o agora são tudo que podemos perceber e "contra o que reagir". Não podemos perceber ou fazer qualquer coisa em relação a tempos passados e futuros ou a lugares fora de nossa experiência sensorial. Portanto, o tempo e o espaço biologicamente relevantes são restritos e pequenos. Podem ser ampliados de alguma forma, no caso de criaturas mais evoluídas, para incluir algumas lembranças da própria vida do animal e algumas expectativas baseadas em experiências lembradas ou em memórias geneticamente codificadas. Mas isso é tudo. Nenhum cão sabe, como diz Kenneth Boulding, "que houve cães antes dele e que haverá cães depois dele". Nem os gatos de Roma sabem coisa alguma sobre os ratos de Atenas.

O mundo humano é muito diferente. Ele também inclui o aqui e o agora, mas, além disso, inclui os mundos infinitos do tempo e do espaço simbólicos. Inclui "ontem", assim como o "tempo em que o sol desaparecerá". Inclui o "centro do quasar mais distante" e "a posição média de um próton em uma molécula de hidrogênio". Inclui o dia em que o atual recém-nascido irá pela primeira vez à escola, assim como os "três primeiros minutos do universo". Nada disso é relevante ao aqui e ao agora, nada disso é perceptível e tudo é feito com símbolos humanos como palavras, conceitos, números, figuras geométricas e assim por diante.

Os mundos mentais do muito distante e do muito pequeno, do passado e do futuro longínquos não têm limites. No entanto eles ainda nem começaram a esgotar as variedades dos tempos e espaços simbólicos. O espaço em uma pintura não é nem grande nem pequeno. É sempre simbólico. Você não pode andar nele ou senti-lo por estar nele. É "espaço" apenas para a mente humana. O mesmo é verdadeiro quanto a um mapa da Antártida, ao espaço Hilbert (construção matemática, como, por exemplo, um espaço de funções reais integráveis quadraticamente), ou o espaço onde se movimenta o Pac Man, ou o Jardim do Éden para esse fim. Todos são espaços simbólicos da mente. Tempos simbólicos também aparecem em variedades infinitas. Podemos ler o *Guerra e paz* de Leon Tolstoi em alguns dias, mas nossa mente experimenta todos os anos simbólicos em que a história se desenrola. Ver um filme, ouvir música, ler sobre história, resolver uma equação com evolução temporal em física, tudo isso envolve a experiência de tempos simbólicos. São todos diferentes uns dos outros e todos aumentam o perceptível agora.[10]

Como todos os seres humanos pensam em termos de tempo e espaço simbólicos, é natural perguntarmos sobre o significado evolutivo dessas construções mentais. Perguntar, em outras palavras, o que as necessidades adaptativas podem lucrar com o aparecimento de tais idéias aparentemente irrelevantes, tal como o passado já há muito desaparecido ou o distante futuro. Qual é a utilidade biológica de se imaginarem lugares que a pessoa jamais viu? Podemos, naturalmente, apenas especular sobre esses problemas, mas devemos fazê-lo no espírito do conservadorismo. Em outras palavras, devemos presumir que a função desempenhada pelo tempo e o espaço simbó-

---

[10] William Blake expressou tudo isso de modo muito mais sucinto em quatro linhas:

Ver um mundo em um grão de areia,
E um céu em uma flor silvestre,
Sustentar o infinito na palma de sua mão,
E a eternidade em uma hora.

licos, no mundo simbólico humano, era semelhante à desempenhada pelo tempo e o espaço perceptuais no mundo perceptual. Do mesmo modo como o espaço e o tempo perceptuais foram úteis no processamento da informação sensorial "direta", o tempo e o espaço simbólicos devem ter sido necessários para processar a informação desse novo modo, informação que, embora vinda também através dos sentidos, estava agora codificada em símbolos.

O tempo e o espaço perceptuais eram úteis, por exemplo, na interpretação e integração de *inputs* sensoriais inconsistentes. Imagine-se uma criatura primitiva, dotada de sensibilidade primitiva a padrões de luz-escuridão. A criatura percebe, por um sinal, a "presença" de um objeto. Tentada por uma reação reflexa a tocá-lo, contudo, nada encontra para tocar. A evolução da visão verdadeira, a capacidade de perceber o espaço ampliado e as "distâncias" nele, significou que a criatura podia interpretar e dar sentido a tais informações contraditórias.

Os primeiros seres humanos podem perfeitamente ter tido de enfrentar problemas semelhantes ao anterior durante o desenvolvimento do simbolismo. A informação recebida em códigos simbólicos podia contradizer a informação perceptual. O nome de uma pessoa morta muito tempo antes, por exemplo, evocava a imagem da face dessa pessoa, o som da voz dela e, no entanto, a pessoa não estava em lugar algum do mundo perceptual. Podemos presumir que foi a evolução do tempo simbólico, a consciência de um "passado" ampliado, que permitiu ao cérebro interpretar e dar sentido a tais experiências contraditórias. A consciência do "passado", um tempo simbólico, era um novo fenômeno – uma nova atividade mental diferente de simplesmente termos lembranças. A última capacidade era bastante comum no mundo animal. A primeira é simbólica e evoluiu apenas nos seres humanos.

Podemos também especular que foi o confuso e apavorante fenômeno da morte que conduziu à ampliação do espaço perceptível a um mal definido "alhures". Isso provavelmente ocorreu bem cedo na evolução humana. Muito antes do aparecimento dos seres humanos modernos (*Homo sapiens sapiens*), antigas raças humanas, como os Neanderthal (também do gênero *Homo*, mas designadas meramente como *Homo sapiens*), enterravam seus mortos e colocavam comida, ferramentas e armas em suas sepulturas, evidentemente supondo que elas seriam necessárias em alguma época, em algum lugar. A fabricação de ferramentas complexas, também antedatando o aparecimento dos seres humanos modernos, provavelmente foi também um fator importante no desenvolvimento do conceito de um futuro ampliado, com forma concreta. A criação de ferramentas mais complexas requeria, obviamente, uma idéia *a priori* sobre o como e em que ocasião elas seriam usadas; elas não poderiam ter sido planejadas de outra maneira.

Uma característica interessante da evolução do tempo ampliado, da consciência de passado e futuro, foi que criou uma imagem mental de "tempo" que sentimos – muito literalmente – possuir uma espécie de extensão física. Essa figura mental ainda está conosco e nos faz pensar no "tempo" ou visualizá-lo como se fosse alguma coisa semelhante ao espaço. Por isso falamos sobre um passado "distante" e um futuro "próximo", ou sobre a "direção" do tempo. O espaço foi, aparentemente, o modelo mais útil que nosso cérebro usou quando ampliou o perceptível "agora" no passado e no futuro.

A função do tempo e do espaço simbólicos no que se refere a *inputs* conflitantes de nossos mundos perceptual e simbólico permaneceu importante durante toda a evolução humana. Quando imagens atraentes, significativas para o indivíduo ou para a sociedade, contradiziam a realidade percebida, meramente as colocávamos em algum lugar no tempo e no espaço simbólicos ampliados – no passado, no futuro ou fora do alcance perceptual – alhures. A tendência a fazer isso ainda está forte em nós. Quando o mundo real não está de acordo com nossas idéias, imaginamos um mundo mais conveniente, em algum lugar no tempo e no espaço simbólicos: em um pós-morte, no passado, talvez em alguma utopia. Esse fenômeno está tão espalhado na vida mental dos indivíduos como nas sociedades.

Quando o tempo e o espaço simbólicos se tornaram uma contrapartida mental ampliada do mundo real perceptível, alguns mecanismos congênitos do cérebro, mecanismos que se desenvolveram em relação ao espaço perceptível, começaram a operar em relação ao tempo e ao espaço ampliados. Há, por exemplo, um programa congênito importante no sistema nervoso dos mamíferos (e no de muitos outros seres vivos) que faz com que a criatura tente controlar certas partes de seu meio ambiente para o seu próprio benefício ou, mais freqüentemente, para o do grupo. Esse programa é chamado de "instinto territorial". Quando esse programa genético foi estendido ao tempo e ao espaço simbólicos, produziu o desejo de controlar o futuro, o passado e o alhures. Assim as atividades simbólicas dirigiram-se com o objetivo de influenciar o futuro, fazer com que as coisas aconteçam em algum outro lugar ou repetir e assim controlar o passado. Chamamos essas atividades de "magia", e elas se tornaram tão difundidas nas culturas humanas como os programas territoriais o foram no mundo biológico.

O impulso congênito, forte nos animais adiantados, de ativar modelos genéticos e desenvolver os aprendidos, de procurar estímulos, foi também estendido ao tempo e ao espaço simbólicos. É isso que nos compele a aprender não somente sobre o nosso ambiente físico, mas também sobre nosso mundo simbólico, feito por nós mesmos. Procuramos padrões no espaço, no tempo e no puramente simbólico reino dos significados. O que aprendemos sobre símbolos pode não ser mais relevante à sobrevivência biológica, mas a tendência a aprender está arraigada em nosso cérebro e só morre quando o próprio cérebro morre. Alguns mantêm suas mentes ativas aprendendo geometria diferencial, outros ouvindo mexericos sobre os vizinhos. Nada disso é muito relevante para a sobrevivência, mas temos de aprender; nossa mente não pára, da mesma forma que nosso coração.

O mesmo pode ser dito a respeito de nossa "mente visual". A capacidade peculiarmente humana, por exemplo, de "ver" o espaço tridimensional real, quando se olha para marcas em uma superfície, provavelmente foi também bem irrelevante na "luta pela sobrevivência". De qualquer forma, nenhum animal parece ter desenvolvido essa habilidade particular. Mas desenhos, pinturas e esculturas são os melhores modelos da realidade visível. Podem ser estudados, manipulados, mudados; são fáceis de fazer e as possibilidades que oferecem são inexauríveis. Não é de admirar que tenham aparecido logo nos primeiros dias da humanidade.

Como mitológicos órgãos do sentido, o tempo e o espaço simbólicos aumentaram o mundo da mente humana para além de todos os limites. A analogia pode ser algo mais que apenas um jogo de palavras. O simbolismo humano funciona realmente, em alguns aspectos, como um órgão do sentido. Pode determinar o mundo em que vivemos, da mesma forma que os órgãos do sentido de cada criatura determinam seu mundo particular. Os lingüistas Edward Sapir e Benjamin Lee Whorf afirmaram, há muito tempo, que determinada linguagem contribui em grande parte para a formação do modelo do mundo em nossa mente. "Os seres humanos", escreveu Sapir,

> não vivem só no mundo objetivo, nem só no mundo da atividade social, como normalmente se pensou, mas estão muito à mercê da linguagem particular que se tornou o meio de expressão de sua sociedade. (...) A realidade do assunto é que o "mundo real", em grande parte, é constituído gradualmente com base nos hábitos de linguagem do grupo.

Whorf argumentava que os tempos e os espaços simbólicos das

sociedades são determinados por sua linguagem, e tentou mostrar que os índios Hopi, no Sudoeste dos Estados Unidos, por exemplo, têm noções de tempo e espaço diferentes daquelas das sociedades que usam linguagens indo-européias.

Não existe consenso sobre esses e outros assuntos correlatos entre filósofos ou lingüistas, e não se presume que surja em breve. Outras idéias referentes às relações entre linguagem e tempo e espaço têm sido apresentadas com certa freqüência. Há cerca de meio século, o lingüista canadense R. A. Wilson afirmou que a própria evolução da linguagem foi gerada pela necessidade de expressar o tempo e o espaço simbólicos da mente humana. A linguagem, para Wilson, é "o instrumento totalmente eficiente para a elaboração do mundo espaço-temporal da mente livre". (A última expressão significa algo semelhante ao que estamos chamando de espaço e tempo simbólicos).

Seja como for, sabe-se que as sociedades humanas têm regulado suas vidas de acordo com tempos e espaços simbólicos desde a época pré-histórica. Dias sagrados, lugares e direções sacros, horas de trabalhar e de descansar, lotes privados e familiares, fronteiras tribais e nacionais, santuários, peças teatrais, formas musicais, danças, arranjos espaciais ritualísticos, como os de Stonehenge, estátuas, desenhos mágicos, cerimônias estão entre as formas simbólicas de espaço e tempo usadas por toda a história do homem, tentando dar sentido a suas experiências.

O simbolismo humano veio a se tornar uma grande força evolutiva. Transformou profundamente a face da Terra e está a caminho de influenciar e mudar o ambiente cósmico em larga escala, assim como o próprio processo da evolução biológica em si. Torna-se claro também que, quanto mais abstratos se tornam alguns de nossos símbolos – quanto mais destacados são da realidade imediata –, mais poderosos ficam.

É o caso da física. Em 1968, por exemplo, quando o major William A. Anders radiografou, de bordo da Apollo 8, em sua viagem em torno da Lua, que "Isaac Newton estava executando a maior parte da direção naquele momento", sua mensagem indicava o impressionante poder do tempo e espaço simbólicos na física newtoniana. Pois foi pela manipulação dos símbolos abstratos do tempo e do espaço newtonianos que a jornada à Lua foi planejada ao mínimo detalhe. Ainda somos muito lentos na manipulação dos símbolos da física – ainda podemos apanhar uma bola mais depressa do que podemos calcular sua trajetória –, mas nossos símbolos já nos levaram mais longe e mais rapidamente do que a evolução programada do ADN, sozinha, poderia fazer.

Os símbolos da física moderna, ainda mais abstratos, deram-nos o poder de destruir nossa própria espécie, nossas antigas realizações e nossas esperanças futuras, nossos registros genéticos e extrassomáticos acumulados, e também nossos habitats, assim como grande número de outras espécies: destruir, literalmente, a função humana da Terra. Se tal horror vier algum dia a se concretizar, virá como resultado da evidente defesa de alguns símbolos humanos, como a necessidade percebida de proteger espaços simbólicos, como territórios ou fronteiras nacionais, ou defender tempos simbólicos, como a forma do futuro tal como é vista através de crenças religiosas ou ideológicas.

4
Cosmologias Humanas Primitivas
(Tempo e espaço adquirem significados)

E, assim como a imaginação incorpora
As formas de coisas desconhecidas,
A pena do poeta as transforma em figuras
E dá ao nada aéreo uma habitação local e um nome.

SHAKESPEARE, *Sonho de uma noite de verão*

Provavelmente estaríamos em melhores condições de nos entendermos se soubéssemos como o horizonte humano se expandiu e como nossas mentes gradualmente abarcaram as múltiplas infinidades de tempo e espaço; se pudéssemos ver como certos lugares e certos tempos se tornaram mais importantes que outros, como evoluíram os mundos simbólicos do céu e como certos ritmos, palavras e figuras simples adquiriram um significado literalmente cósmico. Mas apenas uma mera fração desse processo será conhecida algum dia. Só a partir das últimas centenas de anos temos relatos aproximadamente satisfatórios da história das idéias. Dos tempos primitivos temos principalmente fragmentos, muitas vezes meras traduções de cópias incompletas de originais há muito perdidos. E de antes da era histórica temos ainda menos informações – e nenhuma delas direta – sobre como os primeiros seres humanos pensavam e sentiam.

Dois exemplos dos tempos pré-históricos nos ocorrem, contudo. O primeiro é a descoberta de que nossos tios e tias há muito extintos, os Neanderthal, não apenas colocavam comida e armas nas sepulturas de seus mortos, como também pareciam ter executado rituais de sacrifícios humanos desde 70 mil anos atrás. É difícil imaginar a montagem de tais ações deliberadas, tais cerimônias carregadas de emoção, sem o apoio de um certo sistema de crenças. Tal sistema muito provavelmente teria incluído uma cosmologia simbólica de um mundo dos mortos, de passados e futuros imaginários: alguns mundos razoavelmente complexos em termos de tempo e espaço simbólicos criados para transcrever o aqui e o agora. Se isso é verdade, então a cosmologia simbólica precedeu a humanidade anatomicamente moderna, já que os Neanderthal eram anatomicamente diferentes do *Homo sapiens sapiens* (seres humanos contemporâneos).[1]

Em segundo lugar, podemos olhar as hoje muito famosas pinturas das cavernas dos Pireneus – as cavernas de Altamira, na Espanha, e as de Lascaux, na França. Sabemos a idade aproximada dessas pinturas e, escavando nas vizinhanças, aprendemos muito sobre a vida diária do povo que as criou. Mas a função e o significado real das pinturas propriamente ditas ainda nos fogem completamente. Pode ser um erro, por exemplo, presumir que as pinturas representam ocorrências do dia-a-dia. Um arqueólogo visitante de outro planeta, nada conhecendo sobre a Idade Média européia, exceto suas pinturas e esculturas, com a preponderância de crucifixos e santos mártires, poderia logicamente concluir que a atividade prevalecente no período era a tortura. E, embora tenha havido grande quantidade de torturas na Idade Média (talvez quase tanto como no século XX), a conclusão do sábio visitante ainda não refletiria as realidades da vida medieval.

A única conclusão a que podemos chegar, então, olhando as pinturas de caverna é que, há cerca de 15 mil anos, um grupo de caçadores-coletores paleolíticos era capaz de representar formas e relações espaciais, e o movimento de animais, com habilidade e autoridade consideráveis. O que isso mostra é que esse povo já possuía um alto grau de sofisticada compreensão intuitiva de seu mundo visual, e sabia como recriar esse mundo de modo convincente em uma representação simbólica bidimensional.

Assim, parece, de modo geral, mais conveniente começar com algumas cosmologias simbólicas, correntes no tempo dos primeiros registros escritos. Por mais tristemente inadequados que sejam para nossos propósitos, é nesses registros que encontramos descrições das mais antigas tentativas simbólicas conhecidas de dar sentido ao mundo: as vastas e coloridas teorias que agora chamamos de mitologias. Até o nascimento da ciência moderna, essas teorias eram nossas únicas cosmologias conceituais, e, embora a ciência e a mitologia sejam empreendimentos diferentes, têm também características e funções em comum. Ambas oferecem representações simbólicas do mundo; ambas procuram a unidade em sua aparente diversidade;

[1]Tinham, por exemplo, cérebros maiores – embora não necessariamente melhores –, correspondentes a seus corpos maiores.

ambas procuram a ordem em sua aparente desordem e ambas imaginam e explicam o mundo em termos de tempo e espaço simbólicos.

Nas cosmologias mitológicas primitivas, o tempo e o espaço não eram conceitos generalizados, independentes, mas, como muitos outros construtos mentais, eram símbolos humanos portadores de significado emocional. Nas primeiras – e mais tradicionais – sociedades, o ponto de vista dos mamíferos sobre o mundo, a cosmologia congênita dos sentidos humanos, tornou-se tão entrelaçada com o mundo simbólico, culturalmente evoluído, que a distinção entre os dois se tornou obscura. Para os antigos seres humanos, portanto, era difícil separar um símbolo da coisa que ele representava. Esse problema particular, a identificação de uma coisa com seu símbolo, persiste, até certo ponto, até hoje, mas, no pensamento dos antigos seres humanos, essa "coalescência" de um símbolo com o que ele representava era muito pronunciada. Palavras, sonhos e mesmo artefatos podiam assumir a função da coisa – ou ser – que representavam. Assim, a estátua de um deus tornou-se o deus e era adorada. O nome de um deus tornou-se sagrado porque o deus era sagrado, e o nome em si era então tratado com o mais alto respeito. "Tudo aquilo que é capaz de afetar a mente, o sentimento ou a vontade teve, então, estabelecida sua indubitável realidade", sintetizou o falecido Henri Frankfort em um estudo clássico do pensamento dos antigos seres humanos.

É possível que essa mistura de símbolos e realidade simplificasse o mundo mental das sociedades civilizadas recém-emergentes e tornasse mais fácil a adaptação ao seu mundo social, crescentemente complexo. E foi, talvez, pela mesma razão que as distinções entre objetivo e subjetivo, entre o ser individual e a sociedade, entre causalidade e coincidência, sonhos e acontecimentos reais, vivos e mortos, eram igualmente vagas nessas sociedades. Por isso, não surpreende que houvesse pouca diferença entre o espaço perceptual e os espaços simbólicos da imaginação, e que o conceito abstrato de espaço, como o conhecemos hoje, não figurasse em absoluto no pensamento dos antigos seres humanos.

O conceito de espaço, segundo Frankfort, não era abstraído da experiência de espaço. Em vez de pensar em termos de um espaço abstrato, a mente antiga pensava em um lugar concreto. "Os conceitos espaciais", escreve Frankfort, "são orientações concretas; referem-se a localidades que têm um colorido emocional; podem ser familiares ou estranhos, hostis ou amigáveis." O mesmo era verdadeiro para os acontecimentos cósmicos. Os antigos humanos sentiram a necessidade de dotar o espaço de significados emocionais particulares: "O dia e a noite dão ao leste e ao oeste uma correlação com a vida e a morte." Satisfazendo uma necessidade emocional semelhante, os babilônios usaram os dados observacionais de sua astronomia altamente evoluída para criar um imaginário mas "amplo sistema de correlações entre corpos celestes e acontecimentos no céu e localidades terrestres".[2] Assim, conclui Frankfort, o pensamento primitivo "pode ter um sucesso tão grande quanto o moderno no estabelecimento de um sistema espacial coordenado; mas o sistema é determinado, não por medidas objetivas, e sim por um reconhecimento emocional de valores".

O significado emocional e simbólico dos lugares e direções era determinado pela mitologia particular dominante. Eram dotados de maior peso emocional os mais importantes espaços simbólicos primitivos: os lugares e direções sagrados. A mitologia dominante localizava-os e determinava o grau de sua sacralidade. Essas idéias podem nem sempre parecer muito lógicas para nós. Frankfort indica, por exemplo, que o interior sagrado de um templo egípcio recebia sua sacralidade da crença de ter sido naquele lugar particular que se realizara a criação do universo. Entretanto, a mesma reivindicação podia ser feita por outros templos, e todas essas reivindicações eram aceitas como verdades pelos fiéis. Uma vez que todos esses lugares eram dotados do significado simbólico correto, as reivindicações eram consideradas compatíveis entre si. Não violavam a lógica conceitual ou perceptível de suas sociedades.

Além disso, essas reivindicações respondiam a uma importante necessidade social: a necessidade de acreditar que o mundo fora criado no solo egípcio. Na maioria das mitologias, toda a criação do universo foi centrada em torno de determinada tribo ou nação. O espaço simbólico em que o universo se desdobrou era, portanto, essencialmente o espaço da comunidade – um espaço tribal. Essa intuição particular, por sua natureza, limitava a extensão dos espaços simbólicos imaginários dos antigos humanos. O espaço terminava onde terminava o poder ou o interesse da comunidade. De acordo com esse ponto de vista, havia o território da tribo ou nação e havia o "espaço desconhecido ou indeterminado que o circundava", diz o historiador das religiões Mircea Eliade. O primeiro era considerado sagrado, favorecido pelos deuses; era amigável e imutável, legítimo e ordenado. O último, ao contrário, era desprovido de estrutura, aterrorizante, caótico e perigoso. Parece, em suma, que nas mais antigas civilizações a propriedade do mundo que agora chamamos de

[2] A astrologia ainda sobrevive – para citar o historiador *sir* William C. Dampier – "em todas as classes não-instruídas".

espaço foi pensada e sentida como algo subjetivo, uma propriedade tribal, limitada e fechada.

Quanto à percepção sensorial de espaço, pouco se sabe diretamente. Normalmente se supõe, contudo, que os remanescentes das artes plásticas refletem, até certo ponto, a percepção de um povo sobre seu ambiente espacial. Construções, pinturas e esculturas documentam as intuições espaciais de seus criadores e das sociedades que as produziram. As obras de arte sobreviventes de uma civilização são, portanto, importantes, não apenas por seus valores artístico-estético-emocionais, nem só pelo que – em conjunto com os registros escritos – nos dizem sobre as idéias e crenças da sociedade, mas também porque foram criadas por um processo mental no qual o artista reconstruiu o mundo percebido em um espaço simbólico. Esse espaço reflete a percepção do mundo pelo artista e, portanto, a ênfase e o significado das diversas propriedades visuais e táteis de tal mundo.

Se olharmos as estátuas em bloco egípcias, podemos ter um exemplo claro de como a percepção de um artista ou de uma socie-

Figura 4-1

dade pode dominar a expressão artística. Os primeiros exemplos conhecidos dessas criações caracteristicamente egípcias (embora criações semelhantes possam ser encontradas nos remanescentes das civilizações pré-colombianas) são de cerca de 2000 a.C. e ainda estavam sendo feitas no fim da civilização egípcia, durante os últimos séculos antes de Cristo. A Figura 4-1 mostra uma estátua em bloco tipicamente egípcia. Os escultores dessas poderosas figuras conseguiram – e a combinação é esteticamente poderosa – a representação realista de um corpo humano dentro de uma forma geométrica regular e abstrata; seu trabalho revela a imposição de uma ordem espacial rígida na existência humana. O espaço visual e tátil que a peça parece impor a quem a vê é fechado, voltado para o interior e estático. A figura é deliberadamente separada de seu ambiente por fronteiras pronunciadas, bem definidas. Tudo que é importante refere-se ao interior; o trabalho não contém quase nenhuma referência ao exterior.

A comparação com uma escultura grega feita cerca de 1.500 anos depois (Figura 4-2) mostra isso ainda mais claramente. A figura grega, em perfeito contraste com a egípcia, está ativamente expandindo-se para o ambiente. Cria um espaço visual aberto com sua própria dinâmica e está a ponto de se mover para aquele espaço. A escultura irradia um sentimento de atividade confiante e uma espécie de poder atualizado que é, no conjunto, diferente do sentido de potencial escondido que emana da figura egípcia. É possível, evidentemente, encontrar com facilidade estátuas egípcias primitivas que sejam menos estáticas e estátuas gregas muito mais fechadas. Não obstante, os exemplos não são enganadores. Definem as diferentes qualidades do espaço perceptual em duas diferentes civilizações.

Quando comparamos as arquiteturas egípcia e grega, temos, da mesma forma, impressões diferentes. Para conseguir a monumentalidade, o templo egípcio típico emprega uma sólida massa compacta e faz pouco uso do espaço aberto. Os gregos, por outro lado, têm uma orientação muito mais "arejada" para a construção. Em vez de evitar grandes extensões de espaço aberto vazio, eles as tornam um aspecto da grandeza da construção.

A pintura egípcia primitiva e muitas outras pinturas arcaicas oferecem uma impressão de um espaço bidimensional fechado. O apreciador não é convidado a "entrar" nas pinturas. Não há profundidade visual – a maioria das pinturas antigas é tão plana para a vista quanto para o tato. O assunto dessas pinturas primitivas, que é, em sua maior parte, mitopolítico, revela a mesma falta de distinção entre real e imaginário que caracteriza o pensamento conceitual antigo. Para dar um exemplo: já que não havia uma distinção concei-

Figura 4-2

tual clara entre os vivos e os mortos – que, embora em outro lugar, continuavam a influenciar os vivos –, não havia também uma separação clara entre o espaço perceptual real e o espaço imaginado dos mortos, o mundo dos mortos. Como as palavras, as pinturas e outras obras de arte também substituíam – na mente antiga – aquilo que elas representavam. Enquanto a estátua de um deus era venerada, a figura de um inimigo em um relevo era tratada com desprezo. O tamanho relativo de objetos e pessoas, para usar outro exemplo, não era determinado objetivamente pelo tamanho tátil ou visual aparente, mas por sua importância simbólica relativa. Assim, na Figura 4-3, o nobre egípcio é muito maior que os servos que trabalham como barqueiros. Essa maneira de representar as pessoas (que, a propósito, é típica de muitas civilizações, inclusive a da Europa medieval) provavelmente refletia o modo pelo qual o povo realmente via o mundo.[3] Pois, até que a ciência moderna se tivesse tornado influente, uma verdade geralmente aceita era que os corpos da realeza e da nobreza eram diferentes (mais bonitos, maiores) que os dos comuns ou servos. E os antigos egípcios – tal como nós – viam aquilo que suas mentes os preparavam para ver.[4]

Assim como aconteceu com o espaço, o conceito de tempo no pensamento antigo não era separado da experiência real de tempo, a qual era determinada pelos ritmos e periodicidades da natureza, tal como se refletiam na vida individual e social. Esses ritmos e ciclos eram tão fundamentais para a vida humana como para a primordial.

Uma vez que seu sustento muitas vezes dependia do conhecimento dos ciclos de vida das plantas e das migrações dos animais de caça, mesmo as primeiras sociedades de caçadores-coletores estavam conscientes da periodicidade do tempo. Com a evolução da agricultura, a capacidade de predizer acontecimentos ambientais tornou-se ainda mais importante. Uma vez que o corpo humano não possui relógios quase anuais ou fotoperiódicos evidentes para assinalar as mudanças sazonais, as sociedades tiveram de inventar o equivalente cultural: o calendário. Essa foi a primeira construção simbólica a regular o comportamento social observando atentamente o tempo. De modo semelhante, a importância da alternância dia-noite na vida individual e social também conduziu à evolução de relógios simbólicos, o equivalente cultural dos circádios biológicos. Mas a necessidade de tais relógios não era tão premente como a do calendário,

---

[3]Os pintores da civilização ocidental abandonaram essa idéia há algum tempo. Mas esse mesmo simbolismo de posição-espaço ainda sobrevive em alguns lugares. Assim, todos os governos e outras grandes organizações destinam escritórios maiores para o pessoal de maior posição. O Regulamento de Administração da Propriedade Federal, nos Estados Unidos, por exemplo, permite que uma secretária tenha 60 pés quadrados e um supervisor administrativo médio, 220. A relação não é muito diferente daquela da Figura 4-3 e, naturalmente, nada tem a ver, em geral, com o espaço real necessário para realizar os deveres correspondentes.

[4]Não quero dizer com isso que os antigos egípcios viam seu ambiente diário de um modo diferente daquele como o vemos. É uma notável capacidade humana a de viver simultaneamente no mundo perceptual de todo o dia e em mundos simbólicos. As pessoas na maioria das civilizações, por exemplo, acreditavam que um "mundo melhor" as esperava após a morte. No entanto poucas pessoas realmente aceitam com satisfação sua própria morte ou a de seus entes queridos. A contradição entre o instinto biológico de sobrevivência e suas crenças simbólicas raramente causou sério desconforto à maioria das pessoas.

Figura 4-3

tanto porque as pessoas tinham relógios circádios internos quanto porque o relógio externo mais simples, o sol, estava quase sempre imediatamente disponível. Os seres humanos primitivos podiam, provavelmente, dizer o momento do dia pela posição do sol, e assim regular suas atividades diárias, muito antes do aparecimento de qualquer relógio artificial.

Tudo isso, contudo, era mais um reflexo da experiência do que um conceito abstrato de tempo. No pensamento antigo, o tempo, como o espaço, era concreto, definido por e relacionado com acontecimentos, colorido pelas emoções e carregado de significado simbólico. Mas a esmagadora propriedade do tempo para os antigos humanos era seu caráter cíclico, repetitivo. No emergente mundo das sociedades agrícolas, as mudanças periódicas na natureza eram da maior importância e, por isso, as primeiras cosmologias humanas sofisticadas viam o tempo como uma infinita seqüência de acontecimentos periódicos. Como escreve Mircea Eliade: "O ciclo cósmico é concebido como a repetição indefinida dos mesmos ritmos: nascimento, morte e renascimento."

Essa visão circular e periódica do tempo, com suas raízes na mecânica do sistema solar e com suas manifestações nos ciclos dia-noite e sazonais, era um modelo simbólico soberbamente útil. Permitia que o mundo fosse previsível e estável; estabelecia a ordem e reduzia a incerteza. O tempo circular era também reversível; os acontecimentos podiam ser revividos uma porção de vezes. "Cada Ano-Novo é uma retomada de tempo desde o início; é uma repetição da cosmologia", declara Eliade. O tempo repetitivo torna até tolerável a idéia de morte pela promessa de renascimento.

Suas vantagens adaptativas e sua coerência essencial com as operações do ambiente explicam por que esse tempo simbólico particular evoluiu independentemente em tantas civilizações no curso da história.[5] E, onde evoluía, essa visão circular do tempo dava origem a cosmologias características que compartilhavam muitos traços semelhantes. Já que nessas cosmologias o futuro era meramente a repetição de eventos passados, qualquer coisa que tivesse acontecido no passado aconteceria novamente no futuro. Portanto, a distinção entre passado e futuro era destituída de importância e irrelevante, e o passar do tempo era visto como uma ilusão. Nesse sentido, o tempo era tão fechado para os humanos primitivos como o espaço. O mundo inteiro, na imaginação antiga, era um pequeno espaço fechado no qual os acontecimentos eram repetidos, sempre e sempre, num tempo ritmadamente recorrente.

Mas, embora oferecesse segurança, essa visão cíclica do mundo era também esmagadoramente estática. A novidade ou mudança de qualquer espécie era assustadora, pois ameaçava a estabilidade

---

[5]Na cosmologia indiana, o mundo é destruído e recriado mais ou menos a cada 4 bilhões de anos. Durante esse período, há também outros grandes eventos periódicos de menor duração. Os babilônios acreditavam em um período fundamental, o Grande Ano, que durava 432 mil anos e depois do qual o mundo era destruído por uma inundação universal. A idéia de tempo periódico, recorrente, era dominante nas idéias de muitos – mas não todos – pensadores gregos. Platão, por exemplo, parece ter acreditado que o tempo em si era criado pelos movimentos periódicos dos planetas e que, sem esse movimento, não haveria nada que se pudesse chamar de "imagem movente da eternidade" – sua descrição da passagem do tempo.

inerente, oferecida pelos ciclos sempre recorrentes. Muitas das idéias (tais como "história", "evolução" ou "progresso") que mais tarde se tornaram muito importantes para nós nunca poderiam ter se desenvolvido em sociedades que acreditavam forte e monoliticamente em cosmologias rítmicas. Uma forte crença no tempo circular dará origem, normalmente, a uma visão fatalista do mundo que abafará a curiosidade e desencorajará a iniciativa. Os esforços para melhorar a sociedade, por exemplo, parecem não ter muita razão de ser quando se supõe que tudo acabará voltando ao mesmo estado.

A atração do tempo cíclico permaneceu forte na maioria das civilizações por toda a história. Parece, na verdade, que apenas a civilização ocidental conseguiu livrar sua imaginação coletiva – pelo menos até certo ponto e até agora – da armadilha do tempo cíclico. E foi também a civilização ocidental a única a libertar suas concepções espaciais da prisão dos espaços tribais fechados e autocentralizados. Naturalmente, foi devido em grande parte ao desenvolvimento das ciências naturais que nossas atuais idéias de tempo irreversível e progressivo e espaço homogêneo ilimitado se estabeleceram. Mas as raízes dessas idéias encontram-se bem atrás na história – nos pais da civilização ocidental, Grécia e Israel.

Quando os historiadores escrevem sobre essas culturas antigas, a Grécia recebe normalmente o crédito por ter inventado, entre outras coisas, o pensamento racional, coerente, em uma grande gama da assuntos de interesse humano, e por ter introduzido o realismo e a lógica visual nas artes. Israel, por outro lado, é visto como tendo estabelecido as bases da ética e da justiça social. Mas outro aspecto igualmente importante das heranças desses povos antigos é que os gregos da antigüidade foram os primeiros a criar – por meio da geometria, da arte, da astronomia e da filosofia – espaços simbólicos que estavam livres de valores sobrenaturais e de símbolos supersticiosos. Esses espaços, pelo contrário, eram caracterizados por propriedades lógica e perceptualmente objetivas. Os antigos judeus, por sua vez, inventaram uma cosmologia em que a passagem do tempo não era mais circular, e desenvolveram uma visão de mundo correspondente, na qual o conceito de futuro se tornou importante.

A cosmologia dos antigos judeus é descrita na Bíblia. Começa com a lenda da criação, contada no livro do Gênesis. Essa lenda tem muitas semelhanças temáticas com outros mitos anteriores do Oriente Próximo. Mas também tem muitas características singulares, algumas das quais influenciaram o pensamento ocidental durante toda a história. Uma dessas características era que, na cosmologia bíblica, nem o Sol nem a Lua eram vistos como tendo qualquer espécie de qualidade sagrada ou sobrenatural. Ambos eram encarados como meros objetos, criados pelo Senhor para servir à espécie humana, fornecendo-lhe luz durante o dia ou a noite, respectivamente. Vieram a existir como a "obra" e se moviam ao prazer de um Deus onipotente. Ambos podiam ser usados para assinalar ou medir a passagem do tempo (os judeus, como outros povos do Oriente Próximo, usavam um calendário lunar), mas, na cosmologia bíblica, não "criaram" o tempo nem influenciaram o destino do mundo de qualquer forma importante, como o fizeram em muitas outras cosmologias.

O modo pelo qual o mundo se revela, de acordo com a cosmologia judaica, é determinado somente por um único e onipotente Deus. Sua vontade é absolutamente livre e Ele, portanto, não está obrigado sequer a repetir os acontecimentos. E, de fato, pelo menos na história bíblica, Deus não se mostra inclinado a fazê-lo. Ao contrário. A criação do mundo, na Bíblia, foi um acontecimento sem par, e não apenas o renascimento em um infindável ciclo de crescimento-decadência.[6] Esse novo modo de encarar o mundo era muito diferente da maioria das antigas cosmologias, e foi com base nesse ponto de vista que uma nova espécie de tempo simbólico começou a aparecer.

Uma vez que esse novo "tempo" não estava ligado à mecânica cíclica do sistema solar, foi-lhe possível evoluir vagarosamente para um "tempo" que era um fluxo progressivo, linear, sem retorno. Na estrutura desse novo tempo simbólico, o futuro tornou-se diferente do passado – e não apenas diferente, mas também incerto e sem fim. Somente a vontade de Deus poderia mudá-lo, e a vontade de Deus poderia ser influenciada pelo comportamento humano. Os judeus, em outras palavras, não projetaram no cosmo a periodicidade do sistema solar ou os ciclos de nascimento-morte-renascimento da agricultura. Correspondentemente, os antigos judeus não acreditavam na sobrevivência ou no renascimento do corpo ou da alma. Somente muito mais tarde é que essa idéia foi tomada de outras religiões. A cosmologia bíblica original foi uma tentativa original e in-

[6]Um exemplo característico dessa nova percepção do desenrolar dos acontecimentos é o seguinte: a história bíblica do Dilúvio, como muitas outras histórias bíblicas, teve origem em lendas mesopotâmicas muito anteriores. Nessas lendas mais antigas, contudo, a destruição do mundo pela água era um acontecimento recorrente que já se havia realizado inúmeras vezes e ocorreria regularmente no futuro. O Gênesis manteve a história da inundação, mas a transformou em um evento único. Sob esse ponto de vista, outrossim, a estabilidade do mundo foi assegurada precisamente pela singularidade do acontecimento, isto é, pela promessa divina de que o Dilúvio não se repetiria nunca mais.

tuitiva de descrever e dar sentido ao mundo em um tempo linear, acíclico, aberto, simbólico.[7] Nessa estrutura enfaticamente não-fatalista, além disso, não era possível acreditar que o futuro fosse determinado pelo movimento das estrelas ou que pudesse ser previsto olhando-se os intestinos ou fígados de animais. Assim, essa visão do tempo progressivo conduziu a uma atitude hostil em relação à astrologia e muitas outras formas contemporâneas de magia.[8]

Outra característica notável da cosmologia bíblica era o fato de encarar o tempo como uma dimensão da vida e do universo muito mais significativa do que o espaço. Esse ponto de vista já se evidenciava na lenda da criação. A história do Gênesis* não menciona nem demonstra qualquer interesse em relação a *onde* o mundo foi criado. Em vez disso, classifica os processos da criação, dando sua ordem temporal exata. Conseqüentemente, o ato da criação não definiu nenhum lugar, sítio ou região sagrado. Mas a organização temporal do próprio ato primordial definiu um tempo sagrado de toda importância: o Sabá. Em sua evolução posterior, a antiga cosmologia judaica mostrou uma intensa hostilidade para com qualquer representação espacial simbólica de Deus. A confecção de ídolos era estritamente proibida. Os únicos símbolos permitidos para representar Deus eram palavras: Seu nome era sagrado; Suas palavras eram sagradas. Não tinha forma espacial e, portanto, não podia ser visto ou tocado. Mas podia ser ouvido. Seguidamente falava aos Seus servos, mas quase sempre de nenhum lugar em particular.

Essa cosmologia puramente religiosa, orientada pelo tempo, coloca-se em fascinante contraste com as idéias dominantes da civilização grega. A Grécia realmente produziu tantos e tão diversos grandes filósofos que não é fácil falar sobre uma visão filosófica "grega" de tempo. Os germes de praticamente todas as idéias racio-

---

[7] Essa tentativa foi quase certamente original, mas de modo algum foi a primeira em todos os aspectos. A religião de Zoroastro também via o tempo como progressivo – mas não sem fim, já que a vitória final do bem sobre o mal é parte da doutrina religiosa original. Essa religião, contudo, não desempenhou um papel significativo no pensamento ocidental.

[8] O sociólogo alemão Max Weber vê essa atitude como um dos componentes históricos que conduziram à evolução do racionalismo ocidental subjacente na raiz das ciências, das artes e da vida social de nossa civilização. Parece que essa "hostilidade à magia" – como Weber a chama – era uma conseqüência natural da visão do tempo como progressiva, infindável e impredizível, em vez de predeterminada e circular.

* O Gênesis parece ter sido escrito por vários autores, vivendo em diferentes épocas. Seus primeiros dois capítulos, por exemplo, já contêm duas lendas desiguais da criação. Isso, porém, é irrelevante para nossos propósitos, pois estamos interessados apenas no impulso principal da cosmogonia bíblica.

nais sobre o tempo figuravam no pensamento de algum filósofo grego. Não obstante, o impulso geral da visão grega do mundo era sempre no sentido de eliminar a dimensão do tempo para alcançar as verdades "eternas" – isto é, atemporais – sobre o funcionamento do mundo. É instrutivo comparar os relatos bíblicos da criação do mundo com uma sofisticada cosmogonia grega, tal como a descrita no *Timeu* de Platão. A Bíblia descreve a criação como um acontecimento desenrolando-se temporalmente sem mostrar o menor interesse por sua situação espacial. Em Platão, a criação do mundo não tem, virtualmente, dimensão temporal. A ordem temporal do processo, a seqüência temporal dos eventos, era tão irrelevante para ele quanto o era a ordem espacial para os cosmogonistas judaicos. A essência do ato da criação era para ele a realização de leis matemáticas perfeitas, geometricamente imutáveis, por meio da existência material. Mas, em seu ponto de vista, o próprio fato da existência material já rebaixava essas leis perfeitas e as tornava imperfeitas, mutáveis e de ordem inferior. A realidade essencial estava, portanto, em um reino de leis perfeitas, eternas, e o que pudéssemos aprender a respeito desse reino eterno com nossos sentidos seria mera aparência. Até o próprio tempo nada era no ponto de vista de Platão, a não ser uma "imagem movediça dessa eternidade". O espaço, ao contrário, não era só uma imagem. Era muito real, tão real que existiu antes do próprio universo.

Ao enfatizar o caráter eterno das leis que governam o mundo, Platão, naturalmente, antecipou certos desenvolvimentos da ciência moderna e, em particular, da moderna física matemática teórica. Não obstante, foi esse característico desdém por qualquer espécie de mudança, por todas as coisas temporais, que impediu os pensadores gregos de conseguir atracar-se com o problema básico de toda ciência natural: o do movimento simples. Apesar de seu brilho inspirador de respeito, nem mesmo o mais brilhante deles pôde chegar perto de compreender a idéia da evolução temporal. Assim, Zenão de Eléia, que viveu uma geração antes de Platão, considerava o movimento ordinário nada mais que uma ilusão sensorial, e criou exemplos engenhosos (os famosos paradoxos) para provar essa afirmação. Aristóteles, cuja fértil mente deu contribuições duradouras a tudo, da lógica à biologia, pensava que, uma vez que a aparência espacial de um círculo era mais "perfeita" que a de uma linha reta, o movimento circular era mais simples que o retilíneo!

A história rítmica, e, portanto, essencialmente imutável, era um reflexo satisfatório do caráter eterno do mundo. E muitos filósofos gregos influentes – Platão, Aristóteles, Pitágoras, Heráclito e, mais tarde, os filósofos da escola estóica, entre outros – acreditavam no tempo cíclico.[9] Mas, ao contrário de muitas outras civilizações, esses pontos de vista não influenciaram muito profundamente o pensamento metafísico grego, precisamente porque o tempo não era um componente importante em sua visão de mundo e, portanto, não importava muito se ele era periódico ou não. Por essa razão, a astrologia não era muito importante na civilização grega, e os gregos foram capazes de escrever as primeiras histórias racionais sem se incomodar muito com o tempo recorrente.

O domínio em que a busca pelos gregos da eterna verdade infinita foi brilhantemente bem-sucedida foi o do espaço simbólico. No desenvolvimento da geometria e da matemática que lhe são associadas, na geração de idéias filosóficas sobre o espaço, na astronomia e nas artes visuais é que o gênio grego foi mais fértil. Assim, o mais arrojado de todos os espaços simbólicos conceituais – espaço ilimitado, infinito, homogêneo, vazio – já aparece no pensamento grego. Ele apareceu pela primeira vez, ao que parece, nos escritos de Demócrito. Este (seguindo aparentemente as idéias de seu mestre Leucipo) pensava que toda matéria era composta de pequenas partículas invisíveis, indestrutíveis – átomos –, que se moviam no espaço infinito. Seus movimentos, colisões e alinhamentos fazem o mundo material. Mais tarde, foram Epicuro e o poeta-filósofo romano Lucrécio Caro que desenvolveram e propagaram a idéia do espaço infinito, real, como um receptáculo de corpos – o espaço simbólico da física clássica de Galileu e Newton, um milênio e meio depois.

Muito mais influentes que seus conceitos filosóficos foram, contudo, as primeiras tentativas dos gregos de encontrar leis abstratas para descrever formas espaciais e modos de provar essas leis de maneira geral. Há algum indício de que foi Tales (cerca de 630-545 a.C.), da cidade de Mileto, na Ásia Menor, quem primeiro apresentou uma prova real de um teorema geométrico. Se isso é verdade, então Tales não somente descobriu uma lei da geometria como também foi o primeiro que, conscientemente, aplicou o método dedutivo a um problema abstrato. Isso o tornaria uma figura notável não só na matemática mas também em toda a história do pensamento. Outra fi-

[9]Por outro lado, o único exemplo na Bíblia hebraica de uma visão cíclica do tempo está no Eclesiastes. ("O que foi é o que será; e o que foi feito é o que foi feito; e não há nada de novo sob o sol.") Parece haver grande evidência de que esse livro foi escrito no século III a.C. por judeus helenizados, na Judéia governada pelos gregos. O livro está cheio de idéias gregas. Começa, para dar um exemplo, pela enumeração dos quatro elementos (terra, fogo, ar, água) que formavam o mundo material de acordo com a filosofia natural grega. E, pela primeira vez na Bíblia, a ascensão de almas ao céu, outra idéia grega, aparece nesse livro.

gura ainda mais influente foi Pitágoras, que atuou por volta do princípio do século V a.C. Bertrand Russell considera-o "intelectualmente um dos homens mais importantes que já viveram, tanto quando estava ou não sábio". Ele situa-se realmente como um grande divisor entre o antigo pensamento mítico e o moderno pensamento racional, envolvendo ambos em suas teorias imaginativas, coloridas. Nasceu na ilha de Samos, mas desenvolveu seu trabalho na cidade grega de Crotona, no sul da Itália. Ali fundou uma esotérica comunidade místico-religiosa onde, contudo, cultivou-se também uma excelente matemática.

Bem de acordo com o gênio grego, os pitagóricos imaginaram os números como realmente tendo formas e extensões espaciais. Por exemplo, os números pares, que podiam ser decompostos em fatores desiguais, eram chamados de "oblongos" e imaginados da seguinte forma:

2 = 2 x 1 6 = 2 x 3 8 = 2 x 4

Nem todos os números eram oblongos; havia também os "números quadrados":

4 = 2 x 2 9 = 3 x 3

Os números ímpares, por outro lado, tinham formas como estas:

1 3 5

Os pitagóricos então colocavam juntas as formas de números ímpares consecutivos e sempre conseguiam a forma de um número quadrado. De modo igualmente óbvio, também conseguiam todos os números quadrados:

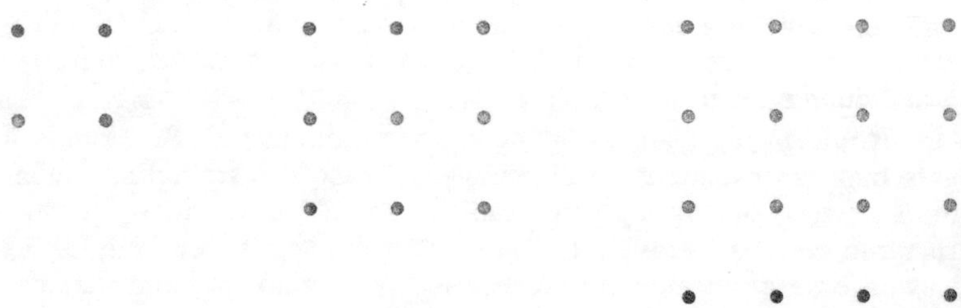

1 + 3	1 + 3 + 5	1 + 3 + 5 + 7
= 2 x 2	= 3 x 3	= 4 x 4
= 4	= 9	= 16

Isso é uma típica prova pitagórica de um teorema abstrato na teoria dos números.* Os pitagóricos não precisaram de conceitos abstratos ou de álgebra para provar esse teorema; viram que isso era sempre verdadeiro – não importando até onde se vá nem o tamanho dos números em questão – pela compreensão das estruturas espaciais.

Eles fizeram uma série de descobertas semelhantes com o auxílio de suas figuras. A verificação de que podiam chegar a essas verdades abstratas e eternas e de que podiam realmente prová-las deve ter sido inebriante. Nenhum grupo de pessoas antes dos pitagóricos deve ter sentido o poder do intelecto humano dessa maneira. É compreensível que eles pensassem estar no limiar de encontrar o desenho básico do universo por meio dos números, somente pela aritmética.

Essa crença foi mais tarde reforçada por sua descoberta – dessa vez não teórica, mas experimental – de que o tom de um som emitido por uma corda em vibração é governado pela relação numérica simples. Se, por exemplo, os comprimentos das cordas estivessem na razão de 6:4:3, os sons produzidos seriam uma dada nota, sua quinta

*Em uma notação mais moderna:
$1 + 3 + 5 + ... + (2n - 1) = n^2$
para todos os n's: $n = 1, 2, 3...$

e sua oitava. Eles viram como os sentidos podiam descobrir leis numéricas no mundo observável e como os números salientavam a realidade. Passaram à conclusão geral de que todo o universo, incluindo a vida, a sociedade e a ética, podia ser explicado por leis numéricas, e encontraram até suas crenças morais nessa suposição.[10] Em um tempo em que a maior parte do pensamento humano ainda era em grande parte mítico e mágico, os pitagóricos viam poder, tanto racional quanto mágico, nos números.

Ironicamente, sua visão de mundo ruiu quando fizeram sua mais famosa descoberta: o teorema pitagórico dos triângulos retângulos. Parece que os egípcios sabiam, havia muito tempo, que um triângulo com os dados 3, 4 e 5 devia ter um ângulo reto, e que eles usavam esse conhecimento (supostamente secreto, possuído apenas por alguns sacerdotes de nível suficientemente elevado) para traçar ângulos retos em construções. Pitágoras aparentemente aprendeu essa regra durante suas viagens ao Egito. Ele deve ter notado que $3^2 + 4^2 = 5^2$ e, talvez, tomando isso como sugestão, descobriu e provou o teorema geral: que a soma dos quadrados dos lados que formam o ângulo reto é igual ao quadrado do terceiro lado, a hipotenusa.

Mas, quando os pitagóricos tentaram usar esse teorema para achar o comprimento da diagonal de um quadrado cujos lados tinham o comprimento de uma unidade, verificaram, para seu espanto, que, por menores que fizessem a sua unidade, não havia um número que pudesse expressar essa medida. O problema não era que o comprimento da diagonal não pudesse ser expresso por inteiros, mas que não o podia ser também por frações. A medida não podia ser expressa por nenhum número conhecido por eles até aquele momento. O comprimento desta diagonal é de acordo com o teorema pitagórico, $\sqrt{2}$ vezes o comprimento unitário, mas $\sqrt{2}$ não é nem um inteiro nem uma fração. É um decimal infinito: 1,4142... . Esses números são agora chamados irracionais; o nome ainda reflete o choque que tiveram os pitagóricos ao fazerem sua descoberta.

Assim, a idéia de que todas as propriedades importantes do mundo podiam ser expressas apenas por números recebeu um sério abalo quando se descobriu que nem mesmo o comprimento da dia-

---

[10]Pensavam, por exemplo, que a distância entre os corpos celestes correspondia aos comprimentos das cordas que faziam soar diferentes notas musicais. Pensavam também que os corpos celestes eram carregados por esferas que faziam música enquanto giravam. Essa foi a origem da metáfora da "música das esferas". Um exemplo de sua moral matemática: os números pares eram femininos, os ímpares, masculinos. Não é preciso acrescentar que eles verificaram que os números pares eram "maus" e os ímpares, "bons".

gonal de um simples quadrado obedecia a isso – pelo menos usando-se quaisquer números que eles conheciam. A reação dos pitagóricos foi, a princípio, a mesma de todos os fanáticos quando confrontados com fatos que não se ajustam às suas crenças: tentaram suprimir a descoberta. Não conseguiram. No final, suas idéias influenciaram muitos pensadores, de Platão em diante.

Havia, porém, importantes pensadores gregos que não eram tão magnetizados por números e simetrias geométricas. Enquanto Platão defendia que os sentidos não produziam conhecimento "real", outros não aceitavam tal separação entre o espaço da experiência sensorial e o espaço sobre o qual pensamos.[11] Eudóxio, um contemporâneo mais jovem de Platão, criou uma teoria complicada e deveras equivocada, mas apesar disso racional, para justificar o movimento real do Sol, da Lua e dos planetas. Esse foi um primitivo exemplo da então nova idéia grega de que se podia dar uma *explicação* para os fenômenos observados com base racional; em outras palavras, que se poderiam construir *teorias racionais* em termos de tempo e espaço simbólicos para relatar o que fosse observado em termos de tempo e espaço perceptuais. Os babilônios tinham realizado excelentes observações astronômicas a longo prazo, coletado uma vasta quantidade de dados e usado esses dados para fins práticos e religiosos. Mas nunca lhes ocorreu separar o tempo e o espaço da religião e elaborar explicações racionais, não-mitológicas, para os fenômenos celestes.

O grande discípulo de Platão, Aristóteles (384-322 a.C.), também criticou os ensinamentos de seu mestre e enfatizou a importância das observações. Ele talvez tenha sido o primeiro a estabelecer uma ligação entre as observações e as explicações de uma grande gama de fenômenos. Aristóteles observava tanto as plantas como os animais; suas idéias sobre biologia eram novas, e muitas vieram a ter valor duradouro. Foi o primeiro a compreender que o problema fundamental para entender como um organismo isolado se desenvolve está em explicar o modo como a informação que governa seu crescimento pode ser contida dentro da semente de onde ele cresce. Esse problema não foi solucionado até a descoberta da estrutura do ADN, em 1952.[12]

---

[11]Platão acreditava tanto na qualidade ilusória da informação sensorial que sugeriu que a busca da astronomia fosse conduzida sem se prestar muita atenção ao céu: "A astronomia, então, como a geometria, devemos tratar com a ajuda de problemas, deixando o céu estrelado para si mesmo."

[12]Para enfatizar a importância dessa observação, o físico-biólogo Max Delbrück, do Instituto de Tecnologia da Califórnia, chamou Aristóteles, em um meio gracejo apenas, o co-descobridor do ADN.

Essas duas idéias, a importância dos sentidos na observação do mundo real e a busca da simetria e da ordem espacial, foram longamente discutidas pelos filósofos, mas foram harmoniosamente incorporadas às artes visuais gregas. Isso tornou a arte dos gregos tão sem par entre as culturas antigas como sua filosofia e sua matemática. A arte grega foi, para começar, a primeira arte "livre" em qualquer parte da história – livre no sentido de que seu propósito era, pelo menos em parte, estético e não religioso ou político. Foi, também, muito mais realista que qualquer coisa criada anteriormente, pois os artistas gregos foram os primeiros que acharam importante observar a anatomia humana, assim como a dinâmica e o equilíbrio do corpo humano. Já mencionei a escultura da Figura 4-2. É datada do início do que se chama agora a era clássica ou ateniense.[13] Foi feita por volta de 450 a.C. e é um dos poucos bronzes gregos originais sobreviventes.[14] Representa ou o deus principal Zeus ou Posêidon, o deus do mar – as opiniões diferem. Na verdade, não é realmente importante o que se pretendeu representar. O que interessa é o que vemos: a imagem tridimensional de um nu masculino em uma pose que indica que ele está pronto para arremessar alguma coisa. Vemos também que esse homem está em perfeito equilíbrio dinâmico e não vai cambalear depois de lançar o objeto que tem na mão direita – o qual desapareceu em algum momento durante os séculos. A figura e a pose são expressivas e belas, e a peça constitui um monumento a um detalhado estudo da aparência e da anatomia humanas. Os membros, a estrutura óssea subjacente e os músculos foram todos representados com grande precisão. Nenhuma escultura como essa poderia, possivelmente, ser produzida por qualquer outra civilização daquela ou de época anterior. De fato, nenhuma das civilizações do Oriente Próximo produziu uma escultura tridimensional livremente ereta, representando realisticamente o movimento.[15] Nem, até a Renascença, nenhuma escultura assim foi produzida na Europa! Só essa história mostra como era necessária uma arrojada imaginação espacial para concretizar tal criação.

[13] É habitual dividir a civilização grega, a partir do século VIII (de Homero), em três diferentes eras. Fundindo os períodos e nomenclaturas da história da arte e a da ciência, podemos chamá-las de primitivo-arcaica (fim do século VIII a cerca de 480 a.C.), clássico-ateniense (480-320 a.C.) e helenístico-alexandrina (320-100 a.C).

[14] Está agora no Museu Nacional em Atenas.

[15] A ênfase nesta frase está na palavra "realisticamente". O movimento foi simbolizado nas obras de arte de muitas civilizações antigas. O andar, por exemplo, foi simbolizado colocando-se um pé à frente do outro. O corpo como um todo, porém, permanecia rígido e estático.

A arte grega também refletia a busca da simetria e da ordem espacial. Para a imaginação grega, a beleza, tal como a verdade, era considerada como o resultado de uma ordem harmoniosa. De fato, no pensamento grego, não era de todo possível separar objetivos e aspectos racionais e estéticos (e muitas vezes até morais).

Considere-se a figura feminina da Figura 4-4, concebida quase no fim do período clássico, por volta de 350 a.C. É uma cópia romana do original perdido de Praxíteles, e é a mais célebre obra de arte do século IV a.C. Representa Afrodite, a deusa do amor. Parece que a cabeça, as mãos e os pés foram acrescentados depois, de modo que apenas o torso e as pernas devem ser semelhantes ao original. Podemos adivinhar com alguma confiança que o objetivo do escultor – consciente ou não – não era recriar a imagem de uma mulher real.

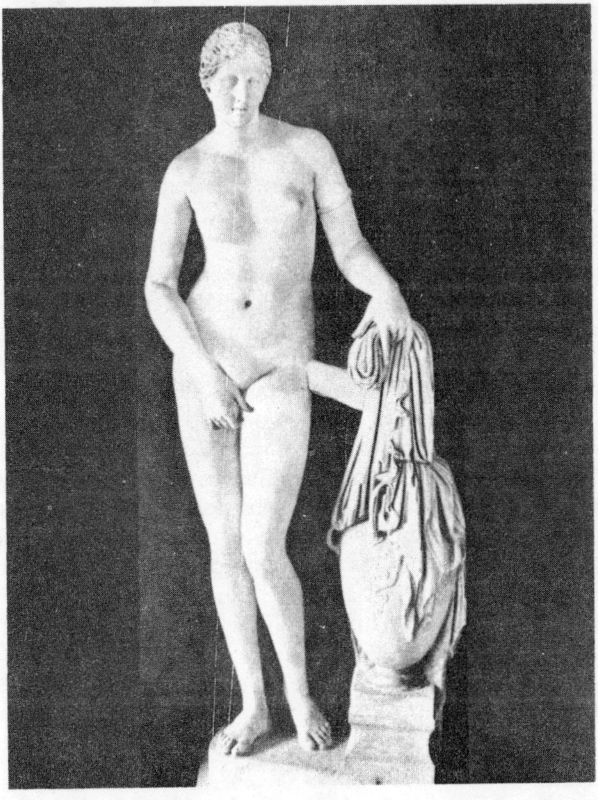

Figura 4-4

Ele queria criar, em vez disso, uma figura feminina ideal com proporções perfeitas, uma figura que se "moveria" da maneira mais graciosa imaginável. A estátua é uma incorporação visual da idéia grega de que o objetivo de um artista é criar harmonia e beleza em uma forma espacial, mostrar a perfeição ideal do corpo humano, tal como ela sobressai através das rugas e desproporções da coisa real. Para pôr seu trabalho no que eles sentiam ser uma base ainda mais segura, os artistas gregos do período clássico usavam – e acreditavam na importância disso – proporções matematicamente exatas. Um tratado artístico do escultor Policleito (perdido, conhecido apenas por citações sobre o mesmo pelo célebre médico romano Galeno, do século II) enfatiza que "a beleza consiste nas proporções (...) de dedo para dedo (...) dos dedos para a palma e o pulso, e então o antebraço, do antebraço para o braço (...)". No entanto, apesar de tais princípios, esses trabalhos não são construções matemáticas. São arte real, capturando magicamente a vida e o movimento e evocando sentimentos que figuras geométricas perfeitas jamais poderiam evocar.

A busca da perfeição formal constituiu uma parte importante do espírito desse período extraordinário. Apenas algumas décadas após o fim da era que chamamos de clássica, a geometria também atingiu uma forma perfeita e, sob certos aspectos, final nos trabalhos de Euclides (cerca de 330-260 a.C). Em um livro escrito por volta de 300 a.C. e intitulado *Elementos*, ele não somente resumiu virtualmente tudo que se sabia em matemática e geometria naquele tempo, mas o fez em uma forma logicamente consistente e completa. Nenhum outro trabalho erudito tem sido admirado tanto por tão longo tempo. Cerca de 2 mil anos apenas desde seu aparecimento, Newton usou o livro de Euclides como modelo para seu próprio trabalho em mecânica, e Spinoza fez o mesmo para seu trabalho de ética. A influência do livro não diminuiu com o posterior desabrochar da ciência e da matemática. Albert Einstein e Bertrand Russell escreveram ambos em suas autobiografias que seu conhecimento dos *Elementos* foi um dos fatores decisivos para desenvolverem o interesse pelas ciências matemáticas. De fato, desde a Idade Média, toda a Europa estudou geometria nesse único livro. Portanto, dificilmente seria exagero dizer que esse trabalho foi a mais influente de todas as criações mentais para dar forma ao pensamento espacial da civilização ocidental.[16]

[16]Apesar de tudo isso, Euclides nunca foi considerado um dos mais originais entre os matemáticos gregos. Nunca, enquanto viveu nem depois, foi colocado na classe de Pitágoras,

Cronologicamente, a vida criativa de Euclides pertenceu ao último estágio da civilização grega. Foi educado em Atenas, porém mais tarde se mudou para Alexandria, o centro cultural e intelectual da era helenista. Em Alexandria, tornou-se o chefe da seção de matemática do famoso "Museu", muitas vezes chamado de primeiro complexo universidade-instituto de pesquisa-biblioteca do mundo. Lá ele escreveu todos os seus trabalhos. Nos *Elementos*, tentou colocar a geometria sob uma forma teórica internamente consistente e auto-suficiente. Para fazer isso, teve primeiro de sobrepujar o perene problema das "definições". Quando alguém tenta definir alguma coisa, a definição deve consistir em palavras; essas palavras, então, também têm de ser definidas por novas palavras e assim *ad infinitum*. Euclides evitou esse problema começando com axiomas: declarações que se supõe serem auto-evidentes e que podem ser aceitas por qualquer um sem mais investigação. Então, a partir de alguns axiomas cuidadosamente escolhidos, ele continuou, utilizando argumentos lógicos diretos, para deduzir simples teoremas geométricos e, destes, sucessivamente, outros mais complicados. Por fim, a partir de alguns axiomas ele pôde deduzir todos os importantes resultados da geometria grega. Muitos de seus resultados são bem conhecidos por nós pela geometria da escola de segundo grau.

Os axiomas geométricos e as definições iniciais de Euclides realmente pareciam indiscutível e obviamente auto-evidentes. Exemplos: "É possível traçar uma linha reta de qualquer ponto para qualquer ponto" ou "Todos os ângulos retos são iguais" ou "Coisas que são iguais a uma mesma coisa são iguais entre si". Somente o chamado quinto axioma soa de certa forma complicado. Em linguagem mais moderna, é essencialmente o seguinte: se em um plano houver uma linha reta e um ponto que não esteja nessa linha, pode-se traçar uma e somente uma linha reta através do ponto a qual será paralela à linha e, portanto, nunca a interceptará. Esse, algumas vezes chamado de "axioma da paralela", também nos parece bastante óbvio. Não obstante, sua relativa complexidade levantou as suspeitas de matemáticos desde cedo e, como veremos mais tarde, a necessidade de lógica desse axioma conduziu, no século XIX, à criação de geometrias não-euclidianas, e estas, por sua vez, prepararam o terreno para o abandono, no século XX, do espaço clássico.

---

de Apolônio de Perga (cerca de 260-200 a.C.) ou do maior de todos, Arquimedes de Siracusa (287-212 a.C.). Euclides foi admirado principalmente por sua capacidade de sintetizar diversos resultados e ligá-los logicamente.

Mas havia problemas perceptuais, assim como lógicos, com o quinto axioma. O fato de ele nos parecer óbvio não significa muito, desde que fomos criados e educados em um ambiente euclidiano, com uma lógica visual euclidiana. Mas como podia esse axioma ser tão auto-evidente a Euclides e seus contemporâneos, quando o que ele diz contradizia realmente a experiência visual comum? Nosso aparelho visual é tal que nunca vemos linhas paralelas estendendo-se até muito longe. Sempre as vemos (como trilhos ou linhas de árvores em ambos os lados de uma estrada) chegando juntas a uma certa distância. Então, como podia esse axioma ser considerado tão auto-evidente quanto, digamos, o referente à igualdade de todos os ângulos retos? Para explicar essa e algumas outras características da imaginação espacial grega, muitas vezes se tem afirmado que, na intuição grega do espaço, a percepção tátil tinha maior importância que na nossa. Que queremos dizer com isso? Há alguma evidência experimental de que em nossa civilização a intuição espacial é dominada pela visão. Se, por exemplo, a visão e o tato dão informações contraditórias em experiências psicológicas, os pacientes acreditam em seus olhos em vez de acreditar nos receptores de sua pele. A informação visual, em outras palavras, domina a informação tátil. Mas isso pode muito bem ser uma característica adquirida por pessoas em uma civilização visualmente ativa. Portanto, é muito possível que, na percepção grega de espaço, o tato tivesse maior importância que na nossa. O tato, realmente, é um sentido mais ativo e imediato do que a visão; ele ocasiona um impacto em seu objeto, enquanto a visão transmite uma informação codificada e não tem influência sobre aquilo que é visto.

Se os gregos realmente se basearam, em geral, mais em suas percepções táteis do que o fazemos, essa circunstância poderia ajudar a explicar várias características curiosas de seu sentido espacial. Em primeiro lugar, o quinto axioma se torna óbvio, uma vez que o tato nunca percebe paralelas se encontrando. E há o desconforto dos gregos com os problemas de movimento que mencionei anteriormente. O tato, naturalmente, não é muito apropriado para explorar o fenômeno do movimento, já que não pode facilmente integrar eventos temporais. Os paradoxos de Zenão, que têm por objetivo explicar o movimento físico como uma ilusão visual, têm mais sentido em uma civilização em que o tato é a fonte de informações mais importante. Também é bastante natural imaginar que as figuras com que os pitagóricos representavam os números eram realmente realizadas arranjando-se seixos, e que a exploração das relações numéricas era, a princípio, efetuada principalmente pelo toque. Ou, para usar outro exemplo, considere-se Platão ensinando que as pinturas estavam sempre "longe da verdade", enquanto a geometria tinha toda a importância. A geometria pode, naturalmente, ser ensinada mesmo a uma pessoa cega usando-se apenas o tato. As pinturas são, porém, irrelevantes ao tato e têm menos significado para uma pessoa para quem ver é menos importante. É também apenas para o sentido do tato que um círculo, o qual pode ser sentido em sua integridade, deve parecer mais simples que uma linha reta, cujas extremidades são arbitrárias. O tato também é um sentido de pequeno alcance. Não pode inspirar sentimentos de infinitude espacial. Na verdade, a maioria dos espaços simbólicos gregos permaneceu finita – pelo menos na imaginação grega clássica.[17]

Uma tremenda ampliação do espaço simbólico teve lugar, contudo, na era helenística, uma ampliação que mostra que, nessa época, os gregos eram capazes de suplantar as restrições do espaço tátil – caso tais restrições tenham sido realmente importantes anteriormente. Pois foi nessa era que a geometria de Euclides foi estendida da lógica abstrata para as distâncias cósmicas visualmente observáveis. Esse salto mental maravilhosamente arrojado, a primeira aplicação da geometria ao cosmo real tridimensional, foi dado por Aristarco de Samos (cerca de 310-230 a.C.). Aristarco foi o primeiro a tentar determinar os tamanhos relativos da Terra, da Lua e do Sol, com o auxílio de observações e usando leis geométricas. Não entrarei em detalhes técnicos sobre suas medições. Eles podem ser encontrados em muitos textos sobre história da ciência. Ele não tinha meios de medir ângulos com exatidão e, por isso, embora o método fosse correto, seus resultados não foram muito precisos. Não obstante ele pôde provar que, embora a Lua fosse menor que a Terra, era muito maior do que se pensava até então. Descobriu também que o Sol, ao contrário da aparência visual, era muito maior que a Terra, e assim foi o primeiro a estabelecer a insignificância cosmológica de nosso planeta.

E, se esse início não fosse suficiente, Aristarco foi também o primeiro a supor, de modo claro e inequívoco, que o Sol estava parado no universo e que a Terra girava em torno dele. Mais ainda, ele supôs que a razão pela qual o movimento da Terra não produz a ilusão de um movimento das estrelas fixas é porque estas últimas estão muito mais afastadas do Sol do que a Terra. Essa suposição era tão

[17]Nem mesmo o espaço habitacional de seus deuses era imaginado em um longínquo nenhures, como os de muitas outras religiões; em vez disso, ficava no monte Olimpo, dentro de uma distância que podia ser percorrida a pé, por assim dizer.

arrojada e estranha, a imaginação espacial tão ousada, que não somente os contemporâneos de Aristarco se recusaram a acreditar nela, mas, 700 anos depois, Tycho Brahe, o mais diligente e bem-sucedido astrônomo observacional do século XVI, rejeitou a então emergente teoria copernicana por não poder acreditar que tais distâncias pudessem existir.

Nos trabalhos de Aristarco e de dois de seus mais notáveis sucessores, Eratóstenes de Cirene (275-194 a.C.) e Hiparco de Nicéia (cerca de 162-126 a.C.), a astronomia grega suplantou enormemente qualquer coisa conseguida até então. Um dos mais empolgantes de todos os espaços simbólicos, o espaço cósmico tridimensional, de larga escala, com seus imensos, embora mensuráveis, tamanhos, distâncias e proporções, nasceu realmente na imaginação daqueles astrônomos quando estes impuseram ao cosmo uma estrutura matemática, projetando as regras da geometria de origem terrestre para muito além da Terra.

A mesma combinação de teoria e prática, a mesma mistura engenhosa de métodos dedutivos com observação que surgiu na astronomia helenística, também caracterizou o que de melhor apareceu na ciência, na matemática e na arte helenísticas. Um dos maiores gênios intelectuais que jamais viveram, Arquimedes, atuou nesse período e deu contribuições incrivelmente avançadas e originais, não só à geometria e à matemática dedutivas, mas também à física experimental e à engenharia. A tradução de alguns de seus trabalhos para o latim, no século XII, foi um dos acontecimentos decisivos na evolução do pensamento científico racional na Europa. Em seu período final, a ciência grega erigiu um padrão que não foi atingido durante outros 1.500 anos.

A tendência contrária à imposição da perfeição preconcebida no mundo real e a favor da observação e do realismo está também refletida nas artes visuais da era helenística. Como Arquimedes ou Aristarco, os artistas da era helenística estavam mais preocupados com a observação e com a procura da expressão realista do que seus correspondentes clássicos gregos. Tentaram captar realisticamente a dinâmica e as tensões que tornam o mundo – embora não perfeito – pelo menos interessante. Um exemplo famoso e característico da arte dessa era é a *Vitória de Samotrácia*, ou *Vitória alada*, que hoje está no topo de uma das principais escadarias do Louvre (Fig. 4-5). Representa uma criatura imaginária, no entanto é mais viva e realista em aparência que a Afrodite anterior. É capaz de comunicar – na verdade irradia – a exuberância e a alegria da vitória. Suas asas magnificentes e o drapejado esculpido majestosamente representam um movimento impetuoso. E, mais importante, transmite um estresse interno que não existia na harmonia racionalmente construída da era clássica. Trabalhos tão originais, novamente, não deveriam mais ser encontrados por todo um milênio e meio.

Figura 4-5

O declínio da civilização grega foi gradual. Parte da cultura grega foi incorporada à sociedade romana. Os próprios romanos, contudo, contribuíram relativamente pouco para a ciência, a arte ou a filosofia. Eram executantes, não pensadores; preferiam a ação à contemplação, a engenharia à astronomia, a política à filosofia. Suas realizações na ciência e nas artes, embora respeitáveis em si mesmas, parecem ter sido, em nossa perspectiva histórica, o crepúsculo do esplendor grego. Então, quando o Império Romano declinou, o nível intelectual da Europa afundou ainda mais e, por volta de 600 d.C., não só o espírito intelectual e artístico grego estava morto, mas a maioria dos vestígios das realizações gregas tinha desaparecido da consciência européia.

Houve, porém, algumas exceções importantes. Entre elas estava a cosmologia de Ptolomeu, que sobreviveu sem desafio como o ponto de vista aceito sobre o sistema solar, tanto na civilização européia como na islâmica, por toda a Idade Média. Cláudio Ptolomeu viveu no século II a.C. e foi o astrônomo mais influente do período helenístico. Elaborou uma descrição matemática detalhada dos movimentos dos corpos do sistema solar então conhecidos, com base na hipótese de que o centro desse sistema era a Terra estacionária. Não é necessário dizer que, embora seja perfeitamente possível descrever o movimento do Sol e dos planetas com base nessa suposição, as órbitas resultantes desses planetas são bastante complicadas. O sistema de Ptolomeu, por isso, forneceu prescrições úteis aos astrônomos, mas, uma vez que os cálculos eram longos e muito complexos, sua aplicação aos problemas práticos que surgiam na navegação e na confecção de calendários era limitada. O modelo de Aristarco, centrado no Sol, ao contrário, era muito mais simples, mas lhe faltavam detalhes e, conseqüentemente, não havia modo de colocá-lo em uso prático.

Com o desaparecimento da maioria das idéias gregas, a cosmologia do início da Idade Média se tornou, em muitos aspectos, semelhante à das civilizações não-gregas anteriores. A Terra era vista mais uma vez como plana, e como o centro do universo. O espaço era considerado finito; pensava-se estar encerrado em esferas de cristal, em contato direto com os mundos dos mortos no céu e no inferno. A homogeneidade e a racionalidade do espaço geométrico grego deram lugar a outros espaços simbólicos, organizados por símbolos e valores religiosos e divididos em lugares e regiões sagrados e profanos. Mapas eram desenhados muitas vezes, mas, mesmo quando o terreno a ser representado era bem conhecido, eles não representavam as relações espaciais com exatidão. Símbolos e relações alegóricos eram muito mais importantes do que representações realistas de distâncias e direções.[18]

No princípio da Idade Média, as técnicas tanto da pintura como da escultura eram primitivas pelos padrões gregos. Os pintores não estavam interessados em observar – e ainda menos em representar – o mundo real, e eram, tanto por escolha como pela circunstância, ignorantes da arte clássica. A extensão do espaço, por exemplo, era normalmente ignorada ou substituída por um fundo dourado plano. As figuras individuais não tinham relação umas com as outras no espaço; cada uma existia separadamente em um *continuum* sem escala. Tal como na arte do antigo Egito, havia pouca lógica e menos realismo nessas pinturas. Ninguém fez esculturas de criaturas humanas livres que representassem movimento. Ninguém estudou as formas e proporções do corpo humano nu. Os artistas medievais, como seus predecessores do Egito e da Babilônia, eram perfeitamente capazes de criar trabalhos bonitos e expressivos. Mas eles não buscavam a fiel reprodução do visível. Isso eles devem ter considerado irrelevante. Em vez disso, tentaram transmitir o significado religioso do real e do imaginado. Suas figuras eram criadas para existir, não nos espaços tridimensionais dos sentidos, mas nos espaços simbólicos das lendas do cristianismo. Na arte medieval, portanto, como na das civilizações antigas, havia pouca distinção entre a realidade do espaço perceptual e a dos espaços simbólicos da imaginação.

Talvez o único aspecto em que a realidade do espaço tridimensional do ambiente tinha de ser encarada era a arquitetura. Afinal, os edifícios tinham de estar no mundo real. E, já que muitos dos edifícios clássicos ainda existiam, seu exemplo não podia ser ignorado. E, onde as formas espaciais e as técnicas clássicas foram usadas pela primeira vez para expressar o pensamento cristão por meio do simbolismo cristão, vemos a emergência das construções caracteristicamente ocidentais, as primeiras obras-primas da civilização européia: as igrejas e mosteiros românicos.

O período medieval também assistiu ao retrocesso a um conceito de tempo mais primitivo. O tempo cíclico veio a dominar a vida e a imaginação. Os acontecimentos eram novamente considerados como se repetindo em base regular. Uma histeria em massa, por exemplo, acompanhou a expectativa da Segunda Vinda, à proporção

---

[18]Um hilariante mas não totalmente exagerado exemplo do pensamento espacial do início da Idade Média é descrito no livro de Mark Twain *Um ianque de Connecticut na Corte do rei Artur*, na cena em que Sandy descreve os aspectos de um castelo meio imaginário, meio real.

que se aproximava o ano 1000 d.C. Nessa atmosfera, a astrologia e a magia floresceram até um ponto que espantariam os babilônios.[19] As relações temporais eram percebidas do mesmo modo ilógico que as espaciais. Os pintores medievais, na verdade, representavam eventos bíblicos como se realizando em suas próprias cidades, assim como durante suas próprias épocas. Os cronistas eram tão obscuros a respeito da ordem temporal como da espacial. "Quando um cronista medieval menciona o Rei", para citar um exemplo de Lewis Mumford, "é muitas vezes difícil verificar se ele está falando de César ou Alexandre, o Grande, ou de seu próprio monarca: qualquer um destes está igualmente perto dele." Havia pouco senso de história, tal como a entendemos, poucas tentativas de colocar os acontecimentos em regiões de tempo e espaço bem definidas ou de comparar e relacionar entre si eventos que ocorriam em tempos e espaços diferentes.

[19]Exemplo: uma tarefa prática importante dos astrólogos medievais era encontrar meios de determinar, usando o horóscopo, se "a honra de uma mulher estava corrompida".

5
Lei e Ordem no Fluxo do Tempo

(A música polifônica e a revolução científica)

(...) a música nos é dada com o único propósito de estabelecer uma ordem nas coisas, inclusive, particularmente, a coordenação entre o homem e o tempo (...)
IGOR STRAVINSKY

Foi somente quando a Europa medieval se tornou, gradualmente, conhecedora do pensamento grego que mudanças lentas, mas de longo alcance, começaram a se dar no ponto de vista sobre o mundo predominante naquele continente. Foi em grande parte devido à civilização islâmica, que floresceu de cerca de 800 d.C. a 1200, que o pensamento grego sobreviveu e foi disseminado. Os árabes e os persas descobriram e valorizaram a filosofia, a matemática e a ciência gregas; salvaram e traduziram manuscritos e os comentaram; acrescentaram suas próprias e importantes novas descobertas; e, em geral, mantiveram uma atmosfera de curiosidade intelectual e um interesse pelo mundo real.[1] Pelo contato com a civilização islâmica, os nativos da Europa, a partir do século XII, tomaram conhecimento dos mais importantes trabalhos gregos, os de Aristóteles, Euclides e Arquimedes. Durante os três ou quatro séculos seguintes, assimilaram os ensinamentos gregos, e essa assimilação conduziu ao reaparecimento gradual do pensamento racional.

Os primeiros resultados dessa mudança apareceram, de modo nada surpreendente, nos campos em que os próprios gregos tinham tido mais sucesso em explorar, ou seja, na matemática e na geome-

[1] As realizações da civilização grega que não interessaram aos árabes, tal como a arte grega (a reprodução das formas humanas era proibida no Islã), provavelmente se perderam para sempre. A maior parte do que agora conhecemos da arte grega vem, muitas vezes, das menos que perfeitas cópias romanas, desenterradas na Itália a partir do século XV.

tria, na estática e na astronomia.[2] E os primeiros grandes sucessos na ciência ocorreram na área dos maiores sucessos gregos: a astronomia descritiva. O primeiro grande passo – e o mais importante isoladamente – na astronomia foi a redescoberta do modelo do sistema solar de Aristarco. Na metade do século XVI, Nicolau Copérnico reinventou e melhorou amplamente o modelo centrado no Sol de Aristarco. Copérnico transformou a audaciosa idéia de Aristarco em um sistema observacional geométrico coerente, apoiado por cálculos detalhados. Cerca de meio século depois, Johannes Kepler melhorou o sistema copernicano com sua descoberta das leis geométricas descritivas que governam o movimento dos planetas. A primeira lei de Kepler, por exemplo, estabelecia que as órbitas dos planetas têm formas elípticas, com o Sol localizado em um dos focos da elipse. Com os trabalhos de Copérnico e de Kepler, a Europa finalmente ultrapassou a astronomia helenística – e todas as outras – tanto em precisão como em consistência. O espaço do céu e o movimento do sistema solar tornaram-se simples e ordenados, e estavam afastadas as desagradáveis complicações do sistema ptolemaico.

O conceito de um sistema solar centrado no Sol mudou para sempre a estrutura da imaginação humana. O espaço simbólico em larga escala do universo foi aí reordenado; a Terra e a humanidade não eram mais o seu centro. Quando essa nova idéia começou a se espalhar, conduziu a uma transformação revolucionária de toda a cosmologia humana.[3]

No entanto, com todas as suas implicações revolucionárias, os trabalhos de Copérnico e de Kepler, vistos em si mesmos, ainda permanecem muito dentro dos modos de pensamento gregos. A nova visão do sistema solar ainda continha apenas formas espaciais e leis geométricas, e ainda era dominada por conceitos espaciais.* Não continha qualquer indício para a solução do importante problema

---

[3]Na verdade, a própria palavra "revolução" (que realmente significa "rodar em redor") veio a significar uma virada na ordem estabelecida, por causa do título em latim do trabalho de Copérnico descrevendo os céus em rotação, *De Revolutionibus Orbius Coelestium*.

[2]O estudo da matemática foi imensamente ajudado quando – novamente com os árabes como intermediários – o sistema de notação posicional indiano foi introduzido na Europa.

* Não é difícil imaginar que, tendo mais um ou dois séculos de paz, a astronomia helenística teria descoberto a maioria dos detalhes do sistema copernicano. Tal descoberta, contudo, não teria tido o significado revolucionário da idéia copernicana. As religiões dominantes na era helenística não tinham as fortes crenças referentes à estrutura dos céus. O que deu à descoberta de Copérnico tão tremenda importância foi o fato de se ter chocado de frente com a cosmologia judaico-cristã dominante, a qual colocava a Terra e a raça humana no centro do universo. A energia mental gerada por esse choque alimentou, em grande parte, a evolução da civilização moderna.

que sempre tinha afligido os gregos, os árabes e os pensadores de todas as outras grandes civilizações: uma descrição matemática consistente da mudança temporal, da mudança de posição espacial – isto é, do movimento dos corpos.

Era um problema enormemente importante e, quando sua solução foi finalmente encontrada, a história humana tomou outro rumo. Como coloca o historiador Herbert Butterfield: "De todas as dificuldades intelectuais com que a mente humana se confrontou e às quais suplantou nos últimos 1.500 anos, a que parece ter sido a mais assombrosa em caráter e a mais estupenda no alcance de suas conseqüências é a relacionada com o problema do movimento (...)."

O indivíduo que pela primeira vez compreendeu como o movimento podia ser descrito matematicamente foi Galileu Galilei. A fama popular de Galileu repousa principalmente em ter sido perseguido por sua defesa do sistema copernicano, por ter usado pela primeira vez um telescópio para descobrir que há corpos no universo que não são visíveis a olho nu, e por ter inventado o relógio de pêndulo. Mas, se Galileu não houvesse jamais conseguido qualquer dessas coisas e não houvesse dito qualquer palavra sobre o movimento da Terra, ainda seria considerado o fundador da ciência moderna, pois sua descoberta da lei da queda livre dos corpos o tornou a primeira pessoa a descrever o movimento matematicamente, como um processo no tempo e no espaço, e a primeira a verificar experimentalmente a validade dessa descrição.

A mais importante penetração conceitual na orientação de Galileu foi a verificação de que todas as características importantes do movimento – a distância percorrida, a velocidade, a mudança de velocidade – podiam ser expressas em termos de tempo decorrido. Para apresentar isso de modo mais sucinto, Galileu viu que *o tempo é a variável independente na descrição do movimento*. Foi uma idéia extremamente significativa e frutífera. Em primeiro lugar, permitiu a Galileu verificar experimentalmente sua lei da queda livre com relativa facilidade. Mas ela também envolvia uma visão conceitual do mundo inteiramente nova. Sob esse ponto de vista, a passagem do tempo era um processo da natureza soberano e fundamental, não condicionado por qualquer outra coisa no ambiente. Isso implicava que o movimento tinha de ser descrito em termos de tempo, não o tempo em termos de movimento. Estava também implícito na orientação de Galileu que o fluxo de tempo era uniforme, isto é, podia ser matematicamente regulado. De outra maneira, o tempo não poderia ter sido a variável independente.

Oitenta anos após a descoberta de Galileu, Isaac Newton codificou esse conceito de tempo para a física: "O tempo absoluto, verdadeiro e matemático, em si mesmo e por sua própria natureza, flui igualmente, sem relação com qualquer coisa externa (...)." A definição de Newton acarretava tanto que a passagem do tempo era independente do ambiente como que seu fluxo era mensurável.

Para nós, hoje, essas idéias parecem auto-evidentes. Lemos, por exemplo, que a Terra faz uma revolução completa em torno do Sol em cerca de 31.556.925,9747 segundos e que a partícula elementar chamada "píon neutro" tem uma expectativa média de vida de 89 vezes um bilionésimo de bilionésimo de segundo. Maravilhamo-nos com a perícia técnica envolvida em tais medições precisas, mas também consideramos verdadeiro que intervalos de tempo, pequenos e grandes, podem realmente ser medidos. Consideramos também verdadeira a suposição de que essas medidas permanecerão sempre as mesmas: que serão as mesmas durante os longos e quentes dias de verão, durante os curtos e frios dias de inverno, quer sejamos jovens ou velhos, felizes ou infelizes, ou estejamos excitados ou calmos.

A razão de considerarmos tudo isso verdadeiro é que vivemos em uma sociedade em que a vida social é estruturada e regulada por relógios precisos – onde o tempo medido invade a maioria dos aspectos da vida. Em nossa sociedade, ajustamos nossa vida a um tempo simbólico particular que chamamos de "tempo métrico", o qual é determinado, estruturado e medido pelos números dos nossos relógios. Na sociedade industrial, o tempo métrico domina tão fortemente todo o pensamento sobre o tempo que quando, por exemplo, nossa própria "experiência" subjetiva de tempo, o "tempo que sentimos", contradiz o tempo métrico, chamamos o tempo de nossas próprias sensações de *ilusão* e o tempo simbólico, baseado no número, de *real*. Assim, para usar um exemplo já batido, sentimos que passamos uma eternidade na cadeira do dentista e meramente alguns minutos com nossa amada. Mas, quando vemos em nosso relógio que ambos os acontecimentos duraram uma meia hora, não hesitamos em descrever o tempo simbólico do relógio como real e nossa verdadeira percepção do tempo como ilusória.[4]

[4]Apresentamos reações semelhantes quando nossa estimativa visual dos comprimentos contradiz as medidas. Se, como na famosa figura de Muller-Lyell,

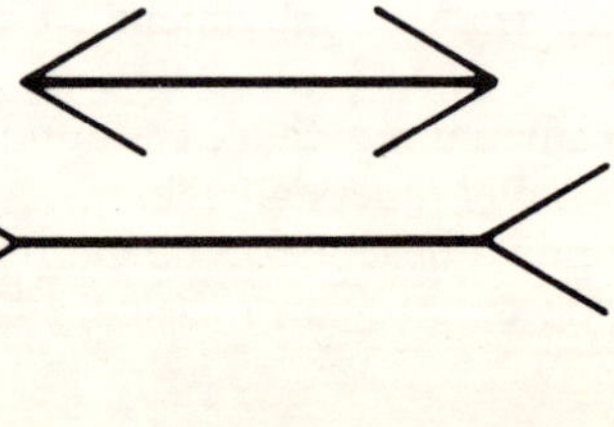

O tempo métrico é também independente do sistema solar. Não regulamos nossos relógios pelo nascer do sol; ao contrário, dizemos que o nascer do sol ocorre em tais e tais horas. Divorciando a medição do tempo dos eventos ambientais, foi possível criar diferentes noções simbólicas de tempo, como o tempo decorrido entre o nascer e o pôr-do-sol ou o tempo indicado pelo metrônomo na Sonata para piano de Beethoven, Op. 110.

Esse conceito de um fluxo de tempo mensurável e independente parece-nos tão natural que é preciso um esforço para nos lembrarmos de que essa é uma invenção bem recente da civilização ocidental. Mil anos atrás, os símbolos métricos de tempo absolutamente não existiam para intervalos de tempo pequenos e eram bastante vagos para os maiores. E não é difícil entender a razão disso. Não importando quão simples e auto-evidente o tempo métrico nos pareça hoje, é realmente um construto mental complexo e totalmente abstrato, afastado e até contrário a toda a experiência humana, interna e externa. O que para nós agora é evidente foi uma noção revolucionária que fez sua primeira aparição no século XIII e se tornou uma das pedras fundamentais da civilização ocidental. Pois, sem o tempo métrico, a ciência, a tecnologia e a indústria nunca poderiam ter vindo a existir.

É fascinante especular sobre a origem dessa poderosa noção simbólica do tempo. Como evoluiu? Que fatores impulsionaram seu aparecimento? Por que apareceu apenas na Europa – em uma época em que a Europa ainda estava bem atrasada em comparação com muitas outras civilizações?

Tais perguntas raramente permitem respostas simples e incisivas. Mas, como veremos mais tarde, um fator importante e talvez o mais decisivo na evolução da idéia do tempo métrico foi o extraordinário desenvolvimento da música ocidental. Foi na teoria e na prática de uma forma musical unicamente ocidental, a música polifônica e suas notações medidas, que o tempo métrico foi inventado, estudado e utilizado pela primeira vez na história.

Voltarei ao papel da música um pouco mais tarde. Em primeiro lugar, porém, vamos examinar de modo mais detalhado o motivo por que a aparentemente simples idéia de medida exata do tempo é uma noção tão abstrata e difícil. Uma boa maneira de verificar isso é

---

a medição mostra que as duas linhas horizontais são de igual comprimento, em contradição com o que vemos, chamamos então nossa experiência de ilusão de ótica. Em sociedades menos confiantes no significado dos números, tal experiência iria, talvez, fazer surgir ensaios sobre o estranho comportamento das varas de medir.

comparar a medição de "tempo" com a de "espaço" e observar como foram diferentes essas operações, tanto na história cultural como na evolutiva. O que se verifica é que o conhecimento exato das medições espaciais era muito importante na evolução biológica e sóciocultural, mas o conhecimento preciso das medidas de tempo não era.

Estritamente falando, nos estágios pré-humanos da evolução não havia "medidas" de qualquer espécie.[5] Mesmo na vida animal, porém, tinha de haver estimativas ou suposições de distâncias. Muitos animais maiores saltam para a segurança ou para apanhar a presa, e cobrem uma variedade de distâncias. Nenhum animal pode sobreviver sem ter programas biológicos genéticos ou aprendidos para uma avaliação de distâncias bastante boa e precisa. Essas avaliações têm de ser bem precisas porque elas determinam as respostas motoras e o movimento real do corpo. A avaliação de distância deve ter sido particularmente importante nos ramos evolutivos humanos. Nossos ancestrais arborícolas não poderiam ter sobrevivido sem serem muito bons na avaliação das distâncias entre os galhos de árvores.

Programas genéticos também existem para outras medições espaciais mais complexas. O programa biológico conhecido como "instinto territorial" permite a uma criatura estimar e reconhecer segmentos de espaço como seus. Isso requer um reconhecimento e uma avaliação não apenas de distâncias, mas também de superfícies, e – como no caso dos pássaros e talvez dos peixes – de volumes. A difusão desse sofisticado processo no mundo animal indica como o reconhecimento das extensões espaciais deve ter sido importante na antiga história da evolução.

Junto à capacidade de julgar extensões espaciais, a habilidade de estimar velocidades de corpos em movimento (um inimigo ameaçador ou uma presa fugitiva) era também sumamente importante para a adaptação. Uma vez que a percepção de diferentes velocidades provocava diferentes respostas motoras, a estimativa de velocidades também tinha de ser bastante precisa.

Ao contrário, não havia necessidade biológica para se estimar ou presumir ativamente a duração de intervalos de tempo, e não se sabe de qualquer forma de vida, a não ser o *Homo sapiens*, que sai-

[5]Por medida quero significar a determinação da magnitude de uma quantidade, comparando-a com padrões ou unidades dessa quantidade. É importante compreender que não pode haver medições sem unidades ou padrões, ou sem comparações. As unidades e os padrões são, certamente, símbolos humanos, e as "medições" não existiam antes que os seres humanos as criassem.

ba como fazê-lo. O tempo é organizado na vida por relógios biológicos geneticamente programados, que espelham os eventos ambientais e estimulam os organismos à ação em determinados tempos específicos. Os relógios biológicos não avaliam ou estimam durações – essa não é sua função. Eles incitam o paramécio, por exemplo, e o fazem acasalar-se à mesma hora do dia, todos os dias. Eles governam nosso sono e nos incitam – se essa é a expressão apropriada – para ir dormir. Não há qualquer estimativa ou avaliação de durações de intervalos de tempo envolvida nesses processos, em absoluto.

Na teoria de Jerison sobre a evolução do cérebro dos mamíferos (como podemos recordar), o primeiro aumento do cérebro veio como resultado da necessidade de traduzir temporalmente uma informação ampliada em um mapa espacial de velocidades e distâncias. Medidas temporais de durações ou freqüências eram interpretadas em termos espaciais porque os padrões espaciais tinham muito maior significado para os mamíferos do que os padrões puramente temporais.

Esses desenvolvimentos evolutivos foram igualados na história cultural humana. As medidas de espaço desenvolveram-se cedo porque seu uso era uma necessidade social: nem a agricultura nem o comércio podiam desenvolver-se, e os artefatos de caça e guerra não podiam ser produzidos, sem métodos confiáveis e bastante precisos para medir comprimentos, superfícies e volumes. Mas não havia uma real necessidade social de medidas precisas de tempo – de pequenas durações em particular – até relativamente pouco tempo atrás.

O que as sociedades humanas necessitavam desde cedo era de uma capacidade de *acompanhar o curso do tempo*. Isso é muitas vezes confundido com a medição do tempo, embora as duas operações nada tenham em comum. Acompanhar o curso do tempo significa simplesmente adaptar-se às fases de um ambiente periodicamente mutável. Para auxiliar nesse processo, calendários e relógios de complexidade variável foram inventados em todas as civilizações. Mas esses relógios e calendários eram usados pelas sociedades de maneira muito semelhante à dos relógios biológicos usados pelas criaturas vivas. Os calendários ajudavam as sociedades a se adaptar a acontecimentos ambientais periódicos, tais como a mudança de estações, e os relógios indicavam o momento de ir para o trabalho. Eles espelhavam o ambiente e permitiam à sociedade preparar-se para certos eventos futuros previsíveis. De maneira alguma mediam o tempo.

Os relógios e calendários também não ajudavam a estabelecer a idéia de um fluxo de tempo uniforme, regular. Ao contrário. Os problemas insolúveis inerentes à construção de um calendário exato podem muito bem ter inibido a percepção do tempo como tendo quaisquer medidas racionais e confiáveis. Dizemos muitas vezes que o sistema solar se comporta como um relógio e, até certo ponto, estamos certos. Mas o sistema solar também é um relógio louco, sem conserto. Nenhum de seus períodos pode jamais ser levado a se "ajustar" precisamente a qualquer outro. Não há "ano" que contenha um número inteiro de dias ou um número inteiro de meses, nem há um "mês" com um número inteiro de dias. O "dia", que é, afinal, um dos intervalos de tempo dominantes na vida humana, não pode ser usado como padrão permanente de tempo, exceto no equador, já que sua duração se mantém em mutação durante todo o ano. Já que os mecanismos periódicos do sistema solar eram considerados os principais agentes na definição da passagem do tempo, as sociedades dificilmente poderiam ter desenvolvido uma intuição para o tempo métrico. Os pitagóricos desesperaram-se quando não puderam encontrar um número que medisse o comprimento da diagonal do quadrado unitário. Os construtores de calendários encontraram tais problemas durante toda a história, mas seus problemas eram considerados algo que se devia esperar.[6]

A fisiologia de nossos próprios corpos também não ajuda a abarcar a idéia de padrões de tempo racionais e permanentes. O processo da vida oferece dois padrões básicos para o julgamento das pequenas durações. Um deles é a inspiração e a expiração, partes do processo de respirar, o outro, a batida do coração. Nenhum deles é de confiança. Ambos são influenciados por diferenças de idade e pelos estados físico e emocional. Nossa fisiologia também não oferece padrões de tempo confiáveis para grandes intervalos. Os indivíduos desenvolvem-se, amadurecem e envelhecem diferentemente e têm diferentes durações de vida.

Na verdade, todos os possíveis padrões de tempo *perceptíveis* encontrados, quer em nosso ambiente externo, quer no interno, não são específicos, mudando constantemente, sem quaisquer medidas em comum. Nem a natureza, nem a educação, em outras palavras, teriam desenvolvido a intuição de que o fluxo de tempo poderia ser regulado por padrões exatos, objetivos e confiáveis. Para avaliar o

[6] A idéia de que a mecânica do sistema solar era tal que um calendário preciso era, em princípio, impossível foi proposta repetidamente. As especulações mais conhecidas nesse sentido são as de Nicole Oresme, o mais importante matemático do século XIV. Ironicamente, ele foi também o autor da metáfora do "mecanismo celeste".

significado da falta de tais padrões perceptuais, basta imaginar um mundo em que todos os objetos externos, assim como nossos próprios corpos, braços e pernas, mudam de comprimento o tempo todo. Alguns mudam regularmente, outros a esmo, e apenas algumas leis gerais muito frouxas regulam essas mudanças. É difícil imaginar que, em tal mundo, padrões exatos de comprimento ou distância possam ter sequer adquirido um significado. Os matemáticos estudam tais mundos imaginários em topologia. Esses mundos mentais têm propriedades interessantes, mas idéias como comprimento e volume simplesmente não existem neles. São mundos sem métrica, e o mundo do tempo humano individual e social, antes da "invenção" do tempo métrico, era muito parecido com eles.

Muitas vezes se supõe que o tempo métrico foi estabelecido com a invenção dos relógios mecânicos. Não foi, contudo, assim. Os primeiros desses relógios foram construídos na China por volta do século IX. No entanto, a idéia de tempo métrico chegou à China, vinda do Ocidente, junto com a civilização industrial, quase mil anos depois. Na Europa, os primeiros relógios mecânicos apareceram no princípio do século XIV. Mas, como na China, nenhum desses relógios era usado para "medir" o tempo no verdadeiro sentido da palavra. Em primeiro lugar, esses relógios não eram suficientemente precisos para, de modo confiável, definir padrões para pequenas durações. Sua precisão não era significativamente melhor que a dos processos já existentes no ambiente. Na verdade, "mostrar o tempo" era apenas uma função secundária desses relógios. Um dos primeiros relógios mecânicos sofisticados da Europa foi construído por Giovanni de Dondi, em Pádua, no ano de 1364. "Contém sete mostradores, exibindo cada um dos planetas, e toda sorte de outros dados astronômicos, com um mostrador bastante inconspícuo, que mostra o tempo", escreve o historiador de ciência Derek J. de Solla Price. A função simbólica de modelar o sistema solar era, em outras palavras, a função mais importante dos primeiros relógios, e foi essa capacidade que gerou no princípio tal excitação. De modo algum esses relógios eram usados para a medição genuína do tempo. Price, a propósito, viu isso claramente e escreveu sobre a necessidade de "desembaraçar o relógio da história da medição de tempo e relacioná-lo, ao contrário, com a mais longa e antiga história dos modelos astronômicos (...)". Os relógios só puderam medir o tempo *depois* que a idéia de tempo mensurável foi estabelecida. Modelando o movimento do Sol, os primeiros relógios fizeram pouco mais para promover a noção e a percepção do tempo métrico – tanto na China como na Europa – do que o movimento do Sol observado no céu propriamente dito!

Os primeiros relógios, contudo, fossem eles artifícios mecânicos ou ampulhetas, ou, como no Extremo Oriente, velas, tiveram uma função na regulação do ritmo da vida social e no seu destaque dos ritmos do ambiente natural.[7] Esse modo de marcar o tempo evoluiu até um alto grau de perfeição nos mosteiros medievais, onde era usado para regular as observâncias religiosas. Alguns historiadores vêem no processo de destaque dos ritmos sociais em relação aos ambientais a fonte da regularidade temporal que caracteriza a moderna civilização industrial. Pode bem ser assim, mas, novamente, como os relógios biológicos, os primeiros marcadores de tempo meramente regulavam o comportamento. Não usavam unidades de tempo nem permitiam a comparação de diferentes durações. Na verdade, nunca mediam o tempo.

Quando Newton descreveu o tempo absoluto como algo que flui "sem relação com qualquer coisa externa", enfatizou a independência do fluxo de tempo em relação ao meio ambiente. Parece que essa visão de tempo – tal como a métrica – também deve ser aprendida. Quando Jean Piaget investigou a evolução da percepção de tempo nas criancinhas, verificou que, mesmo em nossa sociedade industrial, há necessidade de considerável maturidade para uma criança ser capaz de separar a percepção do fluxo de tempo do meio ambiente e das percepções de velocidade e distância, mais fundamentais. Inicialmente, as duas últimas dominam a percepção das criancinhas. Em tenra idade, relata Piaget, "todos os julgamentos temporais são (...) realmente julgamentos espaciais disfarçados. A ordem [temporal] dos acontecimentos é confundida com a ordem [espacial] dos pontos dos caminhos, a duração com o espaço percorrido e assim por diante". Piaget também concluiu dessas experiências que, a princípio, a percepção de tempo sempre deriva da percepção de movimento. A passagem do tempo é percebida, não abstratamente, mas através do movimento dos corpos. Se, por exemplo, um indivíduo movimenta diferentes corpos com velocidades diferentes, as criancinhas não sabem dizer qual o que se moveu por mais tempo ou se eles pararam simultaneamente. "Temos apenas que tornar diferentes todas as velocidades para que toda a intuição temporal seja falsificada", escreveu Piaget. Somente em idade maior é que as

---

[7]No Extremo Oriente, velas especiais eram usadas para regular o comportamento. Eram marcadas em segmentos iguais e cada segmento era identificado por um símbolo apropriado, a fim de indicar que havia chegado o tempo para tal ou qual atividade.

crianças podem conceber a passagem abstrata do tempo, independentemente de eventos no meio ambiente.

A história do pensamento conceitual sobre espaço e tempo mostra um contorno que é notavelmente semelhante à evolução das percepções biológica, social e individual. As primeiras leis rigorosas importantes a serem descobertas e aplicadas – as da geometria grega – referiam-se às propriedades espaciais. Quando os primeiros filósofos conhecidos especularam sobre a natureza do tempo, tentaram entender o fluxo do tempo relacionando-o com o movimento dos corpos – tal como fazem as criancinhas. Assim, Platão, como recordamos, uniu a própria existência do tempo ao movimento dos corpos celestes, e Aristóteles ligou-a mais geralmente ao movimento de qualquer corpo espacial. O tempo, para Aristóteles, não podia ser separado do movimento.

Parece que o único pensador importante em toda a era pré-científica que imaginou o tempo como sendo tanto independente do movimento como mensurável por si mesmo foi Sto. Agostinho, o bispo do século V da cidade norte-africana de Hippo, que foi um dos mais originais filósofos sobre o tempo que jamais existiram. Foi o primeiro, entre outras realizações, a reconhecer que a idéia do tempo cíclico era incompatível com o espírito da Bíblia. Rejeitou explicitamente as noções de Aristóteles de ciclos sempre recorrentes e declarou que não apenas a criação do mundo, mas também a salvação da humanidade por Cristo era um acontecimento único na história, que nunca se repetiria. Advogou, conseqüentemente, que a história era infindável e ridicularizou a astrologia.

O conceito de tempo de Sto. Agostinho incluía também a idéia de que o tempo não pode ser mais antigo que o universo – isto é, que o tempo começou quando o universo começou – uma noção realmente muito moderna. O que é mais importante, porém, é que todas as noções essenciais de tempo independente e métrico podem ser encontradas nos escritos de Sto. Agostinho. Ele defendia, clara e concisamente, o conceito de um "tempo" autônomo, não derivado do movimento de corpos, celestes ou terrestres – conceito muito semelhante ao de tempo "absoluto" de Newton. Agostinho também tinha a idéia de que o tempo era mensurável e propôs uma forma engenhosa de executar medições puras de tempo, recitando métricas poéticas clássicas, quantitativamente definidas. Ele parece ter verificado que só ouvindo podemos perceber regularidades temporais sem as confundir com atributos espaciais. Para Agostinho, o tempo era, portanto, independente do espaço e do movimento, e também era métrico.

Apesar de sua grande autoridade teológica, virtualmente todas as idéias de Sto. Agostinho sobre o tempo foram ignoradas durante toda a Idade Média. Os sábios medievais eram muito mais influenciados pelas idéias de Aristóteles sobre o tempo e, portanto, o viam como uma dimensão menos que fundamental, cuja existência era derivada, de alguma forma, do movimento. A rejeição das idéias de Sto. Agostinho durante toda a Idade Média nada mais é que uma ilustração convincente de como o pensamento cognitivo era ineficaz, principalmente nos tempos mais antigos, quando desafiava intuições biológica e socialmente determinadas.

A despeito de todos esses obstáculos, a despeito das dificuldades perceptuais e conceituais e da evidência em contrário apresentada pela biologia e pela sociedade, o tempo métrico e independente deveria tornar-se o tempo simbólico dominante da civilização ocidental. De fato, há razões para se acreditar que, na época em que Galileu resolveu o problema da queda livre, tanto experimental quanto teoricamente, introduzindo o tempo como quantidade independente e mensurável, essa noção de tempo já estava bem estabelecida entre os europeus instruídos. A melhor evidência para essa suposição é que o novo tratamento revolucionário de tempo por Galileu foi aceito sem um murmúrio por seus turbulentos contemporâneos, muitos dos quais se estavam opondo a quase tudo mais que ele dissera. Ademais, o próprio Galileu não deu muito valor à sua descoberta. Ele a tratou exatamente como outro inteligente truque matemático e nunca pareceu perceber seu caráter revolucionário.

A solução desse curioso enigma histórico pode ser a seguinte: que o tempo métrico e independente *era* uma intuição comum ao tempo de Galileu e que isso era verdadeiro porque, nos quatro séculos que precederam Galileu, fora criado na Europa Ocidental um importante modelo sensorial por meio do qual uma estrutura numericamente bem definida, exatamente mensurável e exatamente medida foi imposta à experiência do que chamamos de fluxo do tempo. Esse modelo nada tinha a ver com a ciência ou a filosofia. Era a teoria e a prática da música polifônica e suas notações medidas. Seu efeito sobre a intuição geral do tempo deve ter sido considerável, uma vez que, virtualmente, cada pessoa instruída na Europa estava familiarizada com elas. O estudo da teoria musical, como o da geometria ou astronomia, era compulsório na educação de alto nível. Um pequeno levantamento da história e da natureza da música polifônica será tudo de que precisaremos para estabelecer o papel extraordinariamente importante que essa forma musical desempenhou na evolução do tempo simbólico de nossa civilização.

Chamamos uma peça musical de *polifônica* se ela combina duas ou mais linhas melódicas soando simultaneamente. Em certo sentido, a polifonia é tão antiga quanto o próprio cantar humano. Em um grupo de cantores, por exemplo, as vozes dos homens estão sempre separadas das vozes das mulheres e das crianças de pelo menos uma oitava. Cantar em quintas "paralelas" era também praticado em várias culturas, como talvez o fosse o canto canônico e formas semelhantes de polifonia simples. Mas usarei aqui a palavra "polifonia" para descrever um tipo de música em que melodias genuinamente diferentes são cantadas ou executadas ao mesmo tempo, de acordo com um sistema conscientemente organizado. Essa espécie de música surge do desejo do compositor de explorar modos de criar uma nova música, combinando e entrelaçando duas ou mais linhas melódicas. Esse tipo de música evoluiu na Europa, de forma lenta mas contínua, a partir do século XI.

Só é conhecido um rústico esboço dessa evolução. A matéria-prima musical da polifonia mais antiga foi uma coleção de melodias conhecidas como cantos gregorianos.[8] Essas austeras e sutilmente belas melodias formavam o fundo musical dos serviços da Igreja Católica Romana durante toda a Idade Média, e a maneira como deviam ser cantadas era prescrita pela lei religiosa. As letras desses cantos eram traduções latinas dos Salmos e se originaram da liturgia judaica. Suas melodias tinham origens mais diversas, embora a maioria fosse também da salmodia dos serviços religiosos judaicos.

No princípio, as melodias eram cantadas monofonicamente, cada um cantando a mesma melodia no mesmo diapasão ou em oitavas paralelas. Algumas vezes também eram cantadas em outros intervalos paralelos, usualmente quartas e quintas. Esse tipo de canto prevaleceu no início da Idade Média e se tornou conhecido como "*organum* paralelo" ou "*organum* estrito". Em tal peça não ouvimos novas melodias, mas uma sonoridade enriquecida.[9]

O próximo estágio foi a evolução de uma forma mais sofisticada de *organum*, às vezes chamado de "*organum* livre". Essa inovação surgiu durante a segunda metade do século XI na França e na Inglaterra. No novo *organum*, as regras do movimento paralelo das linhas melódicas foram gradualmente relaxadas e se introduziram

---

[8]Foram assim chamados depois do papa Gregório, sob cujo patrocínio elas foram inicialmente reunidas e catalogadas.

[9]O documento mais importante sobre as práticas musicais dessa época é uma coleção de exemplos musicais do século IX chamada *Musica Enrichiriadis*. Consiste, principalmente, em *organa* paralelas, junto com as instruções sobre como cantá-las.

intervalos variáveis entre as partes. A distância entre os diapasões de duas melodias, que poderia começar como uma quinta, por exemplo, podia então mudar em certo ponto para uma quarta ou uma terça. Como resultado, as diferentes partes vocais não se moviam mais apenas em paralelo. Assumiam várias separações e algumas vezes até se moviam em direções opostas. Uma melodia subia enquanto a outra descia. Mas havia sempre uma melodia original nesse estágio – a já conhecida melodia de um canto gregoriano. Essa melodia era chamada de "*cantus firmus*" ou melodia fixa. No *organum* livre, ela era cantada muitas vezes acima, outras abaixo da outra melodia. As partes vocais, em outras palavras, às vezes divergiam, outras vezes convergiam e podiam cruzar-se.[10]

Outras inovações começaram a surgir no século XII. Os primeiros registros desse desenvolvimento foram encontrados no mosteiro de S. Marcial, em Limoges, na França central. Parece que um novo estilo de canto, que mais tarde se tornou conhecido como *organum* "melismático" ou "florido", desenvolveu-se ali. Nas formas mais antigas do *organum*, as duas partes vocais sempre apresentavam uma nota simples contra uma nota simples. Mesmo quando as melodias eram genuinamente diferentes, as durações das notas que soavam simultaneamente eram as mesmas em ambas as partes. O novo desenvolvimento consistia em um relaxamento dessa regra. Tornou-se possível, no *organum* melismático, cantar a segunda melodia, a que foi adicionada ao *cantus firmus*, de forma mais livre. Nesse estilo, todo um grupo de notas podia ser cantado na segunda melodia contra uma única nota do canto original. As durações de tal grupo de notas variava de poucas notas a longas variações, ou melismas, contendo dez ou 20 notas. Os cantores de *cantus firmus* tinham então de sustentar suas notas até que os cantores das variações tivessem terminado suas partes independentes. Esse já era um estilo muito diferente, seja de *organum* paralelo, seja do livre.[11]

---

[10] A maior fonte de informações sobre os *organa* do século XI é uma coleção de manuscritos do Corpus Christi College da Universidade de Cambridge. A coleção é chamada de Winchester Tropes e contém mais de 150 composições para duas vozes.

[11] A história, como sempre, fez todo o possível para confundir o significado dos vários termos. Assim, foi o estilo florido ou melismático que se tornou conhecido sob o nome de "*organum*", enquanto o mais antigo, em que mais ou menos prevaleceu o princípio de nota contra nota, se tornou conhecido como o estilo "descanto" ou "*discantus*". O estilo descanto permaneceu em uso por muito tempo, e dele veio um sinônimo para polifonia, a palavra "contraponto". Originou-se da expressão latina para "nota contra nota": *punctus contra punctum*. No uso moderno, porém, justamente para confundir mais as coisas, os significados mudaram novamente, e o termo polifonia é hoje usado para descrever a antiga música medieval, enquanto o contraponto se refere principalmente à música polifônica do século XVI e do século XVII.

No fim do século XII, uma escola de música polifônica muito importante surgiu em Paris. Desenvolveu-se na catedral de Notre Dame em Paris, a qual estava então em processo de construção (a construção começou mesmo por volta de 1165). Os membros dessa escola eram os músicos da catedral, mas é provável que a escola de Notre Dame também incluísse um grupo internacional de ativos teóricos de música da Universidade de Paris. A ascensão da escola foi simultânea à da própria Paris, que deveria em breve tornar-se o principal centro cultural e intelectual da Europa. Esses músicos de vanguarda da cidade, sua principal igreja e sua grande universidade desempenharam um papel muito importante no estabelecimento dessa liderança cultural. Dois organistas sucessivos de Notre Dame durante essa época foram os dois primeiros compositores da história cujos nomes foram associados às suas composições individuais! Foram Leonin e seu sucessor Perotin. O último era tão admirado que foi chamado de "Perotin, o Grande".[12]

O que se sabe a respeito desses dois compositores e de seus trabalhos vem de um tratado teórico datado do fim do século XIII, isto é, todo um século depois. O escritor, cujo nome não foi registrado e que é conhecido pelos historiadores como Anônimo IV, foi provavelmente um estudante da Universidade de Paris. Seu tratado menciona os nomes e as obras de Leonin e de Perotin e observa que Perotin "era um compositor maior que Leonin". Perotin foi, provavelmente, o primeiro compositor a escrever obras polifônicas para três ou quatro vozes simultâneas. Esse foi um passo revolucionário que, por si, o tornaria um dos maiores inovadores em toda a história da música.

Cantar obras tão complicadas era um desafio sem precedentes, e nem todos eram capazes de enfrentá-lo. Por longo tempo a prática musical era a de compor trabalhos corais tanto com partes monofônicas quanto com polifônicas. As últimas eram cantadas por solistas especialmente treinados (os quais eram premiados com o dobro do salário por suas habilidades), enquanto o coro cantava apenas as partes monofônicas, mais fáceis. Somente dois séculos mais tarde é que ouvidos menos treinados puderam enfrentar a polifonia, e somente então o canto coral polifônico se tornou prática geral. Esse enorme intervalo de tempo ilustra como foi difícil para a mente medieval estar à altura da prática da polifonia mais complexa.

---

[12] Nada demonstra melhor o papel central que a música desempenhava naqueles dias do que o fato de os nomes e as obras desses músicos terem sobrevivido. Ao contrário, nem os nomes dos construtores da magnífica catedral propriamente dita nem as identidades dos escultores das extraordinárias estátuas de suas paredes foram registrados em lugar algum.

Mas a teoria também não era fácil de compreender. Uma vez que o simples ato de cantar essas peças era bastante difícil, improvisá-las na execução era impossível.[13] Tal música tinha de ser pensada com antecedência e escrita com antecedência. E, se os compositores queriam ouvir suas idéias, tinham de encontrar um modo de escrevê-las para que pudessem ser executadas corretamente. Mas escrever a estrutura da música polifônica era o equivalente a encontrar uma forma simbólica de representar e comparar durações. A razão disso é a seguinte: a música polifônica consiste em várias partes vocais soando simultaneamente e várias melodias sendo executadas simultaneamente. É, portanto, uma estrutura temporal cujos componentes têm de se ajustar. O compositor de tal peça deve, portanto, pensar cuidadosamente sobre a organização de cada parte separada, assim como da organização da peça como um todo. Mas o compositor não pode nem mesmo pensar nesses problemas até que e a menos que o perfil temporal de cada melodia possa ser regulado pela mesma unidade de tempo. Sem inventar um padrão de tempo, o compositor nunca poderá fazer com que as melodias fluentes se misturem de modo apropriado. Isso não significa que cada uma das notas musicais deva ter a mesma duração. Mas todas as durações devem manter uma relação simples e definível com um padrão básico de tempo ou com a duração de uma unidade de tempo. Isso é o que permite ao compositor comparar diferentes intervalos de tempo em várias melodias ou dividir tais intervalos em partes iguais ou desiguais. Somente isso permite a preservação da ordem e da coerência na fluente estrutura temporal da obra.

Assim, a composição da música polifônica envolvia um pensamento cuidadoso sobre unidades temporais, suas relações e proporções. Mas o simples pensamento sobre unidades temporais não era suficiente. A música polifônica não era uma teoria filosófica. Tinha de ser encontrada uma forma prática de anotar as unidades temporais e suas várias relações. Um sistema de notações, prático e reconhecível, para os valores de tempo das vozes individuais tinha de ser desenvolvido para que a polifonia pudesse florescer em verdadeiras execuções. A escola de Notre Dame criou exatamente tal sistema. Embora ele fosse muito primitivo para os padrões atuais, os inventores desse sistema deram, não obstante, um passo histórico,

[13] Séculos mais tarde, os mestres barrocos do órgão (J. S. Bach, G. F. Händel e D. Scarlatti entre eles) conseguiram improvisar peças polifônicas durante a execução de um concerto. Outros séculos mais viram músicos de *jazz* improvisando várias melodias e ritmos simultâneos. Mas nos primeiros dias da música polifônica isso estava fora de questão.

pois criaram a primeira comparação simbólica de intervalos de tempo passando simultaneamente, descobrindo assim a cronometria: a rigorosa adição, multiplicação e divisão de intervalos temporais – *a manipulação simbólica das durações*.

O sistema de notação musical de Notre Dame é chamado agora de "modos rítmicos". Estes são, essencialmente, padrões pré-definidos de notas longas e curtas. Como a maioria do novos inventos, o sistema em si não era nem totalmente lógico nem livre de ambigüidades. Mas definia um padrão de duração temporal (chamado de *breve*) assim como o seu dobro (*longa imperfecta*) e o seu triplo (*longa perfecta*).[14] Usando essas durações bem definidas, os antigos teóricos de música definiram então seis "modos" diferentes – isto é, padrões prescritos de uma nota curta e duas longas. Eles foram, mais tarde, denominados de acordo com as métricas poéticas gregas, com as quais pareciam assemelhar-se. O primeiro modo, por exemplo, foi chamado de modo "trocaico". Era o modelo mais amplamente usado e consistia em unidades feitas de uma nota de dupla duração (*longa imperfecta*) junto com uma curta (*breve*): longa-curta, longa-curta, longa-curta e assim por diante. Outro modo, chamado de datílico, era um padrão de longa-curta-longa, longa-curta-longa, em que a primeira longa era sempre perfeita e a última, imperfeita. Um símbolo extra indicava quantas vezes um padrão devia ser repetido.

Notações para pausas eram, naturalmente, também incluídas nesse sistema. As durações específicas das pausas eram exatamente tão importantes em um padrão rítmico quanto as dos sons. Anônimo IV, cujos tratados consistem essencialmente em uma descrição do sistema de notação de Notre Dame, devota um capítulo inteiro às notações das pausas. Ele chama de pausa "uma pausa ou omissão de som por uma extensão definida de tempo ou unidade de duração (...)". Soa bastante simples. Mas os símbolos de pausa não são nada mais que instruções para medir intervalos de tempo independentemente de qualquer outra coisa. Não conhecemos nenhum filósofo do século XIII que pudesse ter escrito tal frase. Estavam todos magnetizados pela idéia circular de Aristóteles de que o movimento dos corpos mede o tempo e o tempo mede o movimento.[15]

---

[14] Os adjetivos latinos refletem o fato de, nos tempos medievais, supor-se que os números tinham qualidades. O número 3 era um número mais perfeito que o número 2 porque todas as coisas deviam ter um princípio, um meio e um fim, e também porque a Santíssima Trindade era associada com o número 3.

[15] A partir de um estudo detalhado de mecânica medieval feito por M. Clagett, da Universidade de Wisconsin, pode-se concluir que o principal obstáculo que impedia os sábios medievais de conseguir chegar à aproximação de uma solução para o problema do movi-

Vale a pena relembrar que a cronometria musical era muito exata. Até o aparecimento dos instrumentos eletrônicos do século XX, não havia elemento mais sensível para medir durações do que o ouvido humano.

A invenção da notação de modos rítmicos foi justamente o início da evolução da teoria e da prática da verdadeira cronometria. Por volta de 1260, Franco de Colônia, um dos principais teóricos de música de seu tempo, publicou um livro intitulado *Ars Cantus Mensurabilis*, no qual eram definidas as chamadas notações *de medida*. Essas novas notações livraram-se imediatamente de todos os modos rítmicos. Uma peça de música podia agora ser lida sem se conhecerem antecipadamente os modos rítmicos. Com as notações de medida, a cronometria – e a própria música – tornaram-se independentes da poesia.[16] Nesse sistema de notações, a propósito, havia sete valores de tempo fundamentais, com relações bem definidas: três longas, duas breves e duas durações ainda mais breves (estas eram chamadas de *semibreves*). Além disso, Franco também melhorou a notação das pausas.

A maior parte da história antiga da notação musical consistiu em invenções de meios mnemônicos que davam uma idéia aproximada da melodia, ou de símbolos que representavam repetição de fragmentos melódicos. Depois que surgiu a necessidade de uma notação musical adequada, o principal obstáculo tornou-se sempre a notação do ritmo, ou melhor, dos intervalos de tempo. A notação do diapasão era problema muito mais fácil, graças à nossa intuitiva percepção de que alguns diapasões são "mais altos" ou "mais baixos" que outros. Essa intuição é bastante universal, e não foi muito difícil encontrar uma forma de representar graficamente o grau de diferença entre diapasões. O uso de uma pauta, ou séries de linhas verticais, já era bem conhecido quando o famoso monge e teórico de música do século XI Guido d'Arezzo lhe introduziu melhoramentos. O sistema de Guido era, em princípio, o mesmo que usamos hoje. Ao contrário, a procura de uma notação de durações foi muito maior precisamente por causa das muitas dificuldades associadas à percepção do

---

mento era sua incapacidade de considerar o tempo como uma dimensão independente do movimento.

[16]Assim começou um desenvolvimento que acabaria permitindo que a música adquirisse formas autônomas na civilização ocidental. Nas sociedades tradicionais, a música sempre acompanha alguma outra atividade: dança, poesia, teatro, ritual religioso, cerimônia política. Uma sonata para piano, um quarteto de cordas ou uma sinfonia, ao contrário, são significativos por si mesmos.

tempo medido. Mas, quando foram descobertas as notações de tempo, sua própria existência mudou profundamente a própria música. As novas notações algumas vezes adquirem um potencial – a matemática é um bom exemplo – que lhes permite ampliar seus usos para muito além dos problemas que se supunha originalmente viessem resolver. Assim aconteceu no caso das notações de tempo musical.

A nova característica musical mais importante que surgiu da teoria e da prática da medida do tempo foi a métrica musical. Ela deu ao fluxo temporal da música uma nova estrutura. Na música ritmicamente livre, como o canto gregoriano, "temos tons maiores e menores em sucessão temporal e essa sucessão já é, em si, todo o ritmo", escreve o teórico musical Victor Zuckerkandl. Depois da descoberta da música anotada, também "temos tons maiores e menores em sucessão temporal; mas agora a sucessão também faz surgir a onda métrica, cuja pulsação uniforme é perceptível através de todas as mudanças (...)". Essa pulsação uniforme resulta da presença de unidades estritamente temporais que disciplinam o livre fluxo de ritmos. A maneira mais fácil de perceber a diferença entre métrica e ritmo é pensar na recitação de uma poesia. Quando recitamos o verso enfatizando as batidas regulares, a estrutura métrica aparece. Mas o significado da poesia se perde. Se recitamos o mesmo verso enfatizando o significado, obtemos o verdadeiro ritmo da poesia. O ajuste pela métrica, contudo, enfatiza a estrutura temporal da poesia; torna o significado mais expressivo e mais bonito.

A necessidade de usar um tempo exatamente medido na composição surgiu somente na música polifônica. Unidades de tempo são também necessárias, de certa forma, na música monofônica. Um grupo de cantores, dançarinos ou pessoas em marcha, por exemplo, não pode ficar reunido sem usar a mesma unidade de tempo. Em outras palavras, tem de manter o compasso. Mas, como enfatizei anteriormente, manter o compasso não é medir o tempo. Cavalos podem ser treinados para manter o compasso, mas não podem ser treinados para medir o tempo. A medição é um processo simbólico; envolve uma comparação conscienciosa de intervalos de tempo passando simultaneamente e o uso de unidades ou padrões. É precisamente essa operação que é realizada na polifonia e só na polifonia.

A estrutura de tempo na música continuou a mudar; idéias rítmicas e métricas foram desenvolvidas posteriormente por um importante movimento musical chamado de "Ars Nova", surgido primeiramente na França e logo depois na Itália. Uma das características do novo movimento era sua tentativa de liberar as medidas de tempo musicais das idéias preconcebidas de teólogos e filósofos. A Ars Nova (que significa simplesmente "arte nova") recebeu seu nome de um dos muitos tratados influentes escritos pelo compositor Philippe de Vitry (1291-1361) por volta de 1325. Philippe, mais tarde bispo de Meaux, foi, a propósito, uma grande figura intelectual – uma das mentes mais cultas do século XIV e um verdadeiro homem renascentista antes do advento da Renascença. Poeta, matemático, músico teórico e compositor, amigo de Petrarca, foi admirado e colaborou com figuras como o matemático e astrônomo Nicole Oresme; Jehan de Murs, um eminente músico-matemático; e o matemático provençal e sábio talmúdico, também inventor da indução matemática, o rabino Levi ben Gerson. Todos estavam ocupados com a teoria musical, que era verdadeiramente a aventura intelectual mais excitante da época. Um novo mundo emergia desse simbolismo em evolução, no qual a estrutura temporal do movimento musical era fielmente representada em um eixo espacial. Uma conseqüência científica ocidental imediata dessa preocupação parece ter sido a idéia de Nicole Oresme de que se podia representar o movimento real graficamente em um eixo espacial. Ele usou sua idéia para provar um simples teorema cinemático relacionado com o movimento acelerado.

Mas, apesar de seu grande interesse pela teoria, Ars Nova, como movimento, enfatizava a importância da prática. As novas obras estão cheias de novas idéias e novas notações para a estrutura rítmica. Representam uma nova visão da música, audaciosa, mais intuitiva, menos conceitual. Como a prática da música estava agora sendo enfatizada em relação à teoria, os compositores estavam substituindo os teóricos filosófica e teologicamente motivados como os principais expoentes das idéias musicais. Como conseqüência, mesmo os trabalhos teóricos começaram a ser escritos com uma orientação mais prática. Em vez de especular sobre "princípios gerais", o que estava "correto" ou "direito" na música, os compositores estavam mais preocupados em ampliar as possibilidades musicais, com a capacidade de escrever música com novos sons e mais satisfatória.

Essa tendência ao abandono da teoria preconcebida parece ter sido a primeira manifestação de uma nova atitude em relação à realidade. Quando os músicos do Ars Nova decidiram que a prática era o teste da teoria, abriram um novo caminho na civilização ocidental. Um século mais tarde, os pintores da Renascença descobriram a mesma idéia quando começaram a representar o mundo, não como ele "devia" parecer, mas como era visto na realidade. Um outro século e meio viu Galileu estender o mesmo princípio à descrição matemática da natureza.

A nova orientação prática conduziu a outros refinamentos rítmicos, agora determinados pelas necessidades da música e não por sua filosofia. Assim, foi abolida a distinção entre valores de tempo "perfeitos" e "imperfeitos" e, como resultado, a música se viu livre do domínio das divisões do tempo triplo e do *status* inferior dos intervalos "imperfeitos". As divisões de tempo binárias tornaram-se perfeitamente aceitáveis. Essa simples inovação por si só aumentou grandemente a liberdade do compositor de selecionar a estrutura temporal da obra. Como resultado, a música se tornou mais viva, mais interessante e mais expressiva. Os compositores da época, sendo Guillaume de Machaut, na França, e Francesco Landini, na Itália, os mais conhecidos entre eles, agora eram capazes de produzir e explorar novos e altamente sofisticados padrões temporais. Machaut introduziu os "isorritmos", padrões temporais em que a mesma série de valores temporais se repete várias vezes em sucessão, embora as melodias possam ser diferentes a cada vez. Tornou-se freqüente o uso jocoso de melodias tempo-reversíveis, as quais também faziam sentido se lidas de trás para diante. Padrões rítmicos extravagantes, como o *hocket*, foram criados. Em um *hocket*, as notas de uma melodia alternam-se rapidamente com as pausas; as notas e as pausas complementam-se entre si, fazendo surgir um padrão rítmico brusco e de sons complicados.

A criação e a evolução do estilo e da filosofia do Ars Nova levantaram forte oposição. A Igreja Católica Romana não se manteve indiferente ao fato de se estar prestando muita atenção à música secular e de, mesmo quando escrevendo música devocional, muitos compositores estarem mais interessados nos problemas apresentados pelas formas musicais do que na maneira pela qual sua música se ajustava aos serviços. No princípio do século XIV, o papa João XXI expediu uma bula condenando as práticas de alguns músicos e objetando, em particular, a "alguns discípulos da nova escola" que "estão muito preocupados com a medição dos valores de tempo".

Mas não havia retorno aos valores de tempo não-medidos e ao simples *organum* paralelo. Os problemas associados às notações musicais eram por demais desafiadores, a nova música emergente era por demais sedutora. Em vez de retrocesso, os dois séculos seguintes assistiram ao desenvolvimento total da música polifônica vocal, assim como aos primórdios da música instrumental sofisticada. Foi durante esse processo que o centro musical da Europa se transferiu da França para a Holanda, onde permaneceu até o século XVII.

A polifonia vocal atingiu o apogeu durante os séculos XV e XVI. Criaram-se obras em larga escala, tanto sacras quanto seculares, nas quais várias partes vocais eram entremeadas. Os textos tornaram-se totalmente secundários em relação à beleza majestática da música, tanto que muitas vezes as diferentes partes vocais eram cantadas em diferentes línguas. As melodias de sons simultâneos – sua composição governada por leis estritas – evocavam as imagens espaciais da arquitetura. Isso soava como se os vãos de tempo musicais tivessem sido colocados juntos para construir monumentais estruturas em movimento. Josquin des Près, no século XV, Orlando di Lasso, Pierluigi da Palestrina e Thomas Byrd, um século mais tarde, tornaram-se os universalmente reconhecidos mestres das artes musicais.

A técnica notacional cresceu com as demandas da música. À altura do fim do século XVI, desenvolvera-se uma adequada teoria de medições de tempo musical. Ela permitia a indicação de durações em uma forma simbólica abstrata que era completamente satisfatória para a prática musical. Esse sistema já era, para todos os propósitos práticos, idêntico ao usado atualmente. O sistema atual é um simples binário em que cada tipo de nota (não-ponteada) representa uma duração duas vezes mais longa que a mais curta precedente. Os pontos são organizados da mesma forma. Um ponto após a nota aumenta sua duração por uma metade, um segundo ponto junta outro quarto ao valor original da nota. Tudo isso parece-nos a própria simplicidade. No entanto foram necessários 500 anos de pensamento intensivo e experiências por meio de tentativa e erro antes que esse sistema fosse encontrado – uma prova eloqüente da dificuldade de se chegar a uma solução com a intuição do tempo métrico.

Uma vez adquirida, porém, a nova intuição tornou-se muito comum. A evolução da teoria e da prática musicais do século XII ao século XVI não foi um trabalho isolado, apenas com músicos interessados. A influência das idéias musicais nos segmentos instruídos da população durante todo esse tempo foi muito maior do que é hoje. Tanto a teoria quanto a prática de música eram básicas na educação universitária medieval e renascentista. Boa parte do currículo de todos os estudantes que não se preparavam para o sacerdócio era um complexo chamado *quadrivium*, que consistia em aritmética, geometria, astronomia e música. Pensava-se que as quatro formavam uma unidade lógica. Conseqüentemente, todos os estudantes ficavam expostos à teoria e à prática da música e da notação musical; todos estudavam essas medidas altamente sofisticadas de tempo simbólico e praticavam para percebê-las. Depois desses estudos, eles precisavam de tratados filosóficos para auxiliá-los a perceber o tempo como variável mensurável e independente, tanto quanto necessitavam de ensaios para aprender que o ar era respirável. Podemos muito bem supor então que, por volta do século XVI, a intuição de tempo mensurável se havia tornado inteiramente comum. E não precisamos surpreender-nos com o fato de que, quando Galileu iniciou o uso conceitual dessa noção de tempo, ninguém, nem ele mesmo, julgou a idéia tão revolucionária como nós, com toda a nossa perspectiva mais ampla.

A motivação dos músicos medievais não era nem científica nem filosófica. Eles apenas queriam aprender que espécie de música podia ser criada combinando-se várias linhas melódicas, e que leis governam essas combinações. Mas essa música gerou um impacto muito além da esfera artística. Registros contemporâneos não o refletem, uma vez que ninguém estava consciente dele. A mudança foi em percepção, não em conceitos. No entanto, na teoria da polifonia é que os problemas da medição do tempo real foram estudados em primeiro lugar, e as soluções aplicadas, e foi em sua prática que uma civilização emergente se educou para perceber o fluxo do tempo como um processo que não era derivado do Sol ou da Lua ou do movimento de corpos ou de qualquer outra causa primária, e que podia ser tratado da mesma forma que uma dimensão espacial. E, já que essa percepção era indispensável à evolução da ciência moderna, a música polifônica pode reivindicar ser um de seus pais.

6
Tempo e Espaço Clássicos

(O mundo dos mamíferos com uma face humana)

(...) um mundo em que a beleza e a lógica, a pintura e a geometria analítica tornaram-se uma só.
ALDOUS HUXLEY, *Depois de muitos verões o cisne morre*

Nosso aparelho visual desenvolveu-se para nos permitir coletar e avaliar informações oriundas de fontes remotas. Mas, se nos apoiamos apenas na estrutura de nossos olhos, não podemos em geral determinar quão distantes essas fontes realmente estão. Como um sentido de exploração do espaço, a visão humana é muito boa para perceber formas, aspectos, cores e texturas. É muito boa para perceber vários graus de iluminação. Também pode registrar movimentos e outras mudanças extremamente bem. Mas, quando se trata de distância, o olho em geral fornece ao cérebro dados ambíguos e imprecisos. A razão disso está na estrutura do olho. Ele opera como uma câmara, no sentido de que ambos contêm lentes que focalizam uma imagem do mundo exterior em uma superfície interna. Essa superfície é, na câmara, um filme sensível à luz e, no olho, a retina. Depois de estimular as células receptoras da retina, a luz propriamente não desempenha qualquer outro papel no processo da informação visual. Toda a informação direta que a luz que chega fornece a respeito de um objeto está contida na imagem que se forma na superfície bidimensional da retina. Essa imagem, porém, só contém informações referentes à *direção* e ao *tamanho aparente* do objeto. Não contém qualquer informação referente à distância.

Essa deficiência da visão deve ter sido um problema persistente por toda a evolução.[1] Para melhorá-la, a adaptação

[1] Ainda se apresenta grande em nosso horizonte visual. Considere-se este problema de astronomia: para calcular o quanto um objeto visível está distante, seja ele uma estrela ou

inventou dois programas genéticos diferentes. O primeiro é a visão binocular, a apresentação ao cérebro, pelos dois olhos, de duas imagens de retina do objeto ligeiramente diferentes, o grau de diferença dependendo da distância. O cérebro determina a distância da fonte de luz comparando as duas imagens. Esse processo é confiável, mas só se o objeto estiver afastado menos de 15 metros. Se estiver muito mais distante, nosso cérebro não poderá distinguir entre as duas imagens de retina. Nesse caso, é chamado a agir um segundo programa genético, no qual o cérebro vasculha o ambiente à procura de "indícios visuais" para ajudar sua percepção de distância. Um desses indícios visuais pode ser, por exemplo, a diminuição gradual do tamanho aparente de um objeto com a distância. Esse, certamente, é um indício apenas se o tamanho *real* do objeto for conhecido. Outros indícios incluem a diminuição da distância aparente entre objetos distantes e ilusões visuais tais como a convergência de linhas paralelas em um ponto a distância. Há muitos outros.[2]

Essa aprendizagem genética da determinação da distância com base em indícios visuais foi um dos grandes feitos da evolução. O que nos interessa aqui, porém, é que o julgamento da distância foi um desses problemas evolutivos que, depois de serem resolvidos geneticamente pela adaptação, reapareceram mais tarde, de forma simbólica, na evolução cultural humana. A determinação do tamanho da Lua por Aristarco é um exemplo notável de uma dessas soluções simbólicas para um problema de julgamento de distâncias, envolvendo grandes distâncias. Outra solução simbólica de problemas de percepção de distância surgiu na prática da atividade singularmente humana de representar o mundo de três dimensões em uma superfície bidimensional – isto é, na prática da pintura e do desenho. Esse desenvolvimento teve um efeito profundo sobre a posterior evolução cultural humana.

---

uma galáxia, precisamos saber (1) qual a quantidade de luz que o objeto está emitindo e (2) que fração dessa luz atinge a Terra. Já que só podemos medir a segunda, nunca poderemos saber, apenas pela aparência, a distância em que realmente se encontra o objeto visível. Temos sempre de encontrar outros dados para substituir a informação que falta. Se esses dados forem ambíguos ou incertos, estaremos atrapalhados.

2 Um leitor com alguma familiaridade com a astronomia verificará que os métodos astronômicos de determinar as distâncias de objetos visíveis no espaço copiam com muita fidelidade as soluções biológicas. Para as estrelas mais próximas, é usado o método da paralaxe. O princípio é semelhante ao da visão binocular: a posição de uma estrela fixa próxima parece diferente de pontos amplamente separados na órbita da Terra. Para objetos mais distantes, são usados indícios visuais tais como o brilho aparente das variáveis cefeidas (cujo brilho real se supõe conhecer) ou a mudança para o vermelho.

A propriedade peculiar às pinturas e aos desenhos é que, embora sejam de fato bidimensionais, podemos muitas vezes interpretá-los como uma realidade tridimensional. A razão pela qual podemos fazer isso é que, seja o que for que estivermos vendo, a imagem de retina apresentada ao nosso cérebro é sempre bidimensional. A imagem de retina de uma pintura, portanto, é essencialmente a mesma que a de qualquer objeto tridimensional. E, sempre que a informação da superfície plana pintada que atinge nossos olhos é *essencialmente equivalente* àquela que normalmente esperaríamos de uma visão tridimensional, nós vemos o espaço tridimensional. Nesse caso, nosso cérebro não pode dizer a diferença apenas com base na visão.

Uma vez que os outros mamíferos desenvolvidos não têm olhos muito diferentes do olho humano, podemos esperar que obtenham quase a mesma informação ótica de uma pintura ou um desenho que um olho humano. E, contudo, nenhum animal reconhece uma pintura ou um desenho como um modelo de realidade, não importa quão natural nos possa parecer. A principal razão dessa deficiência é que os animais não podem, voluntariamente, desprezar o *input* sensorial que os informa que a figura (ou escultura ou filme, para esse caso) é apenas uma indiferente peça de pano ou mármore. O desprezo intencional dos canais de informação, a "suspensão voluntária da descrença", é uma capacidade humana característica, necessária para processar tais informações simbólicas como pinturas, literatura ou música.

As pinturas (e as obras de arte em geral) são construções simbólicas, no mesmo sentido em que o são os romances ou as teorias científicas. Todos compartilham a propriedade básica dos símbolos: são análogos ou se referem ao que representam, mas nunca são idênticos. Todos representam ou recriam o mundo simbolicamente no abstrato. O espaço em uma pintura – não importando quão natural seja – é sempre um espaço simbólico abstrato. O espaço que vemos em uma pintura não é o mesmo em que vivemos. Não podemos andar, respirar o ar ou medir distâncias no espaço de uma pintura, assim como também não o podemos no espaço descrito em um romance ou no espaço-momento da física. Enquanto os últimos são "feitos" de conceitos, palavras e números, o espaço em uma pintura é feito de linhas, contornos e manchas de cores. Para estender a analogia ainda mais longe, podemos dizer que, se construtos conceituais como as histórias mitológicas ou a matemática foram inventados para dar sentido e significado aos nossos conceitos, a pintura e outras obras de arte foram criadas para encontrar lógica e coerência em nossa percepção visual.

Não surpreende, portanto, que muito do que conscientemente

sabemos sobre espaço visual, formas, cores e relações espaciais, tenha sido realmente aprendido em pinturas e desenhos. Todos nós, para dar um exemplo simples, aprendemos intuitivamente, cedo na vida, que, se há dois objetos em nossa linha de visão, o mais próximo bloqueará partes do mais distante. Mas só ficamos conscientemente a par das regras que apóiam esse fenômeno quando tentamos, pela primeira vez, traçar uma figura envolvendo tais objetos. O olho, em outras palavras, pode espontaneamente abranger o ambiente visual. Essa capacidade é construída no sistema nervoso não-enfraquecido. Mas isso não é o mesmo que a compreensão visual consciente. A diferença entre as duas é essencialmente a mesma que entre a aprendizagem genética e a simbólica. Ou, para retornar a um exemplo anterior, é como a diferença entre poder apanhar uma bola com uma das mãos e ser capaz de calcular seu trajeto com a outra. Muitos de nós, naturalmente, nunca se preocuparam em aprender a resolver problemas mecânicos, pois não precisamos entender de mecânica para fazer um uso prático de suas leis na vida diária. De modo semelhante, já que a maioria de nós pode ver com facilidade, raramente investigamos e exploramos conscientemente nosso ambiente visual.[3]

Para que uma pintura possa representar o mundo tridimensional, tem de possuir certos indícios visuais de distância; sem eles, não criará ilusão espacial. A criação desses indícios não é simples. De fato, as tentativas *bem-sucedidas* de produzir figuras oticamente realistas de modo sistemático são relativamente recentes. A primeira dessas figuras apareceu provavelmente durante a época helenística romana, ou cerca de 2 mil anos atrás. É interessante que o estilo realista dessas pinturas tenha sido inspirado por seu uso como cenário teatral. Outros exemplos de pinturas realistas antigas também sobreviveram – por exemplo, em algumas paredes das casas de Pompéia. Mas, com o declínio das civilizações antigas, o conhecimento intuitivo da pintura realista desapareceu completamente da consciên-

[3] Apenas uma minoria parece importar-se com o uso ativo e consciente da visão. São, principalmente, pessoas com forte interesse, ativo e passivo, pelas artes visuais. A maioria de nós, quando não está lendo, não usa a visão mais que o necessário para a sobrevivência física e social. Em outras palavras, usamos nossos olhos para orientação e reconhecimento, mas raramente para exploração. Em nossa sociedade, além disso, o uso consciente dos olhos e de imagens visuais para pesquisa e aprendizagem nunca foi considerado bastante importante para ser ensinado em escolas de qualquer maneira séria. É negligenciado mesmo no ensinamento das artes visuais. Textos de história da arte ou turmas de apreciação artística dão muitas vezes uma ênfase excessiva aos fatores psicológicos e sociais da vida dos artistas, negligenciando a análise visual de seus trabalhos, com o que pouco contribuem para a aprendizagem do uso da visão.

cia. Assim como na ciência e na matemática, quase um milênio e meio se tinha passado antes que a civilização européia conseguisse atingir o nível dessas realizações clássicas antigas na representação pictórica do realismo tridimensional.

No entanto, por mais lentas que fossem em atingi-lo, as artes ainda estavam bem à frente das ciências. No princípio do século XIV, por exemplo, quando, para a maioria dos filósofos da natureza, a idéia de observá-la com a finalidade de aprender era inteiramente estranha, certos pintores italianos – Giotto entre os mais importantes e certamente o mais admirado – estavam usando a observação detalhada da natureza como a chave para o realismo visual.[4] Por volta do fim do século XIV, idéias semelhantes tornaram-se também aceitas nos Países Baixos, onde pintores como Jan Van Eyck também criaram espantosos trabalhos realistas. Nenhum desses pintores parece ter tido uma base técnica para o seu realismo. Eles eram exatamente observadores cuidadosos que tentaram, com incrível e detalhada precisão, recriar a aparência ótica de profundidade e movimento e a distribuição de figuras no espaço. Tiveram sucesso porque a coordenação entre suas mãos e seus olhos era extremamente eficiente. Giorgio Vasari, o cronista da vida dos artistas do século XV, podia ter escrito sobre cada um deles o que escreveu sobre Giotto: que ele era "não tanto o discípulo de algum mestre humano, mas da própria Natureza (...)".

Mas, nas duas primeiras décadas do século XV, duas importantes sugestões visuais usadas na percepção do espaço tridimensional – a diminuição do tamanho dos objetos com a distância e a convergência visual de linhas paralelas a sumir de vista – começavam a ser reproduzidas em superfícies planas bidimensionais. O uso prático das leis da perspectiva linear fora finalmente estabelecido. O método para fazer uso prático dessas leis foi formulado inicialmente nos primeiros anos do século XV pelo sábio-pintor-arquiteto florentino Filippo Brunelleschi, e totalmente desenvolvido, não muito tempo depois, por seu colega e compatriota Leon Battista Alberti.

O meio prático de fazer um desenho em perspectiva foi descrito pela primeira vez por Leonardo da Vinci, e era essencialmente o seguinte: ponha um painel de vidro à sua frente, perpendicular à

---

[4] Certos pensadores isolados advogavam, até mais cedo, que o conhecimento do mundo devia basear-se na observação e não na autoridade. O mais conhecido entre eles foi o frade franciscano inglês do século XIII Roger Bacon. Seus contemporâneos, porém, não ficaram impressionados. Tudo que Bacon conseguiu com suas idéias foi uma longa estada na prisão.

sua (imaginária) linha da visão. (Use apenas um olho para evitar as correções da visão binocular.) Agora desenhe o esboço dos objetos que aparecem através do vidro, traçando-os exatamente como aparecem. Esse desenho seria, por definição, construído de acordo com os princípios da perspectiva linear. Esse simples exercício permite-lhe representar a organização visual do espaço exatamente como seu olho a vê e, assim, produzir pinturas realistas. Meio século depois de Leonardo, o pintor germânico Albrecht Dürer mostrou como as prescrições de Leonardo podem ser postas em prática (Figura 6-1).

Esse tipo de realismo ótico pode ser conseguido em tela ou papel, se observarmos as leis da perspectiva linear simples (um ponto): (1) as imagens diminuem de tamanho de uma forma bem definida à proporção que se afastam de nós; (2) linhas paralelas que se afastam parecem convergir em um ponto (chamado ponto de fuga)[5] na linha do horizonte (a linha do horizonte ideal, tal como apareceria em um ambiente perfeitamente plano através do painel de vidro); (3) linhas que se afastam parecem ir para baixo se começam acima do nível dos olhos e para cima se começam abaixo dele; e (4) tal como na experiência diária, os objetos próximos do observador sobrepõem-se aos mais afastados, na mesma linha de visão. Aplicando coerentemente essas regras, o artista pode reproduzir as sugestões visuais que são determinadas principalmente pela estrutura ótico-geométrica idealizada do olho humano e, assim, dar uma boa ilusão de espaço tridimensional, homogêneo e infinito, em uma superfície bidimensional. (O desenho na Figura 6-2 mostra uma reconstrução esque-

Figura 6-1

[5] A posição desse ponto é determinada pela posição fixa do olho do observador.

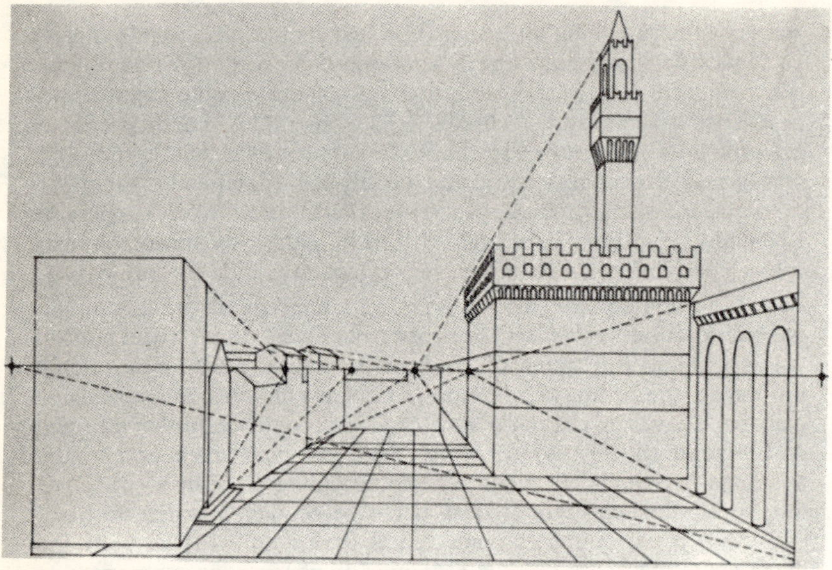

Figura 6-2

mática do painel perdido em perspectiva feito por Brunelleschi da Piazza Della Signoria em Florença [conforme D. Gioseffi]).

Por mais simples que sejam essas leis, sua aplicação às artes visuais transformou profundamente as próprias artes, conduzindo a uma nova compreensão da visão humana como sentido de exploração do espaço, e fez surgir uma nova imagem de espaço, um espaço simbólico que estava destinado a dominar as concepções espaciais da civilização ocidental durante os cinco séculos seguintes.

Um dos primeiros exemplos do uso da perspectiva linear (um ponto) – nesse sentido, bonito e instrutivo – é a *Festa de Herodes*, de Donatello, de cerca de 1425 (ver Figura 6-3). O trabalho não é uma pintura, mas uma escultura em baixo-relevo; é, porém, quase bidimensional e, assim, pelo menos oticamente, é semelhante a uma pintura. Foi feito pelo escultor florentino para a famosa pia batismal do batistério da catedral de Siena.

Donatello esculpiu a *Festa de Herodes* cerca de dez anos antes de Alberti escrever sua descrição da teoria e prática da pintura em perspectiva. Mas aplica a teoria de modo tão perfeito que o historiador de arte Frederick Hartt realmente afirmou em sua recente monografia sobre Donatello que esse artista "podia ser a verdadeira origem da perspectiva promulgada uma década mais tarde por Alberti".

Tão hábil é a aplicação das regras de perspectiva que o olho do observador é literalmente conduzido, como diz Hartt, "através de arcos a um segundo salão, através de mais arcos a uma câmara interior e, no fundo à direita, sob uma arquitrave, a uma escada ascendente", criando assim o artista uma representação realista de um amplo espaço interior em uma superfície não maior que uma bandeja de café.

Figura 6-3

Essa nova noção de espaço parece ter tido um impacto significativo em outros aspectos das artes visuais. Como todas as esculturas de Donatello, a *Festa de Herodes* rompeu não apenas com a técnica, mas também com o aspecto medieval. As convenções visuais medievais, por exemplo, exigiriam que a pessoa ou os eventos dominantes ocupassem o centro da figura. O centro desse relevo, ao contrário, está quase vazio. Esse vazio, contudo, comunica visualmente um significado que compreendemos, mesmo se não estivermos conscientes de nossa compreensão. O meio vazio, como salienta P. Janson, da Universidade de Nova York, em primeiro lugar "transmite, mais eficazmente que os gestos e expressões das testemunhas, o impacto da visão chocante [da cabeça cortada de S. João]". Ainda mais, "o movimento centrífugo das figuras ajuda a nos persuadir de que o espaço da cena não termina dentro do painel, mas continua indefinidamente em todas as direções; que a moldura é meramente uma janela através da qual vemos esse segmento particular da realidade contínua, ilimitada."[6] O relevo não apenas criou uma imagem visual do espaço mais realista do que as de obras anteriores, mas também transmitiu de modo mais direto emoções humanas tais como os sentimentos gerados pela horrível visão da cabeça cortada de S. João Batista. Essas emoções, não menos que a visão de espaço ampliado, eram visíveis e comunicáveis a qualquer observador. Não era mais necessário para o observador conhecer a história a fim de entender a mensagem. A mensagem aparecia no que estava representado, no visual.

Não foi, naturalmente, o método perspectivo por si que criou a grande arte. O método era, afinal, uma técnica engenhosa, uma prescrição, que só em mãos competentes poderia produzir efeitos realistas, nada mais. Nas mãos dos grandes artistas, porém, tornou-se o meio de "recriar a realidade de tal forma a convencer os olhos e a mente", como escreveu o historiador de arte John White. Ter criado harmonia entre olho e mente, estabelecendo uma correspondência entre percepção e representação simbólica, foi um dos maiores feitos dos artistas da Renascença.

O sucesso dos mais antigos trabalhos da Renascença inspirou estudos posteriores tanto sobre a teoria quanto sobre a prática da perspectiva. Entre os primeiros artistas a escreverem doutos tratados sobre o assunto estavam os pintores Paolo Uccello, Piero della Francesca e Leonardo da Vinci.[7] Havia, naturalmente, outros grandes ar-

---

[6] Outro artista pioneiro que usou a perspectiva como ferramenta básica em sua arte foi o pintor florentino Masaccio. Ele tinha 24 anos e só três anos mais para viver quando, em 1425, pintou o afresco intitulado *Dinheiro do tributo*, agora na capela Branacci, em Florença. Essa foi, provavelmente, a primeira pintura a representar o espaço exterior de modo realista e a mostrar os efeitos do jogo de luz e sombra. Dois anos antes, Masaccio tinha pintado o afresco *Trindade* na igreja de Santa Maria Novella, em Florença. Esse afresco parece ser a primeira pintura sobrevivente construída com o uso das leis da perspectiva linear. As pinturas anteriores de Brunelleschi que usam perspectiva linear estão perdidas.

[7] A pintura *Vista perspectiva de uma cidade ideal* (Figura 6-4) é atribuída a Piero della Francesca. Representa um ideal da Renascença ao mesmo tempo em que mostra o poder do método perspectivo. A pintura está em Urbino.

Figura 6-4

tistas que, embora não muito interessados nos problemas e regras da teoria, exploraram-nos para criar sua própria arte característica e foram também muito bem-sucedidos. Agora vemos tardiamente que o desenvolvimento das artes visuais foi, de longe, a atividade mental mais importante durante os séculos XV e XVI. Numa época em que nem a ciência nem a filosofia foram capazes de oferecer quaisquer idéias novas e excitantes sobre o mundo, artistas como Fra Angelico e Ghiberti, Mantegna, Perugino e Rafael, Ticiano e Tintoretto, e o maior de todos, Michelangelo, puderam definir, formular e responder as importantes, embora não expressas, questões da época: Que é que vemos quando vemos? Como aprendemos quando vemos? Que é que a visão pode dizer sobre o mundo e sobre a função do homem nele? Quais são os aspectos visuais dos sentimentos, preocupações e valores humanos importantes, e como podem ser expressos?

Há provavelmente mais deixas sobre a distância na visão humana do que estamos conscientes. As que conhecemos variam das comuns (objetos que se obscurecem um pouco na linha de visão) às sutis (a mudança de tonalidade com a distância). Mas as duas deixas básicas usadas na perspectiva linear têm a propriedade especial de obedecer às leis matemáticas. Elas também parecem ser as mais simples, precisamente por serem determinadas pelas propriedades geométrico-óticas idealizadas do olho. Essas deixas podem, afinal, ser reproduzidas com muita fidelidade por algo tão simples quanto uma câmara. Várias das outras deixas sobre a distância – talvez a maioria – são muito mais sofisticadas, e o uso delas por nós parece ter evoluído através de alguns mecanismos muito complexos em nosso processo de informação visual. Pelo menos algumas dessas outras deixas deveriam, portanto, ser mais sutis, mais sofisticadas e muito menos óbvias do que as da perspectiva geométrica. No entanto, em várias épocas através da história, pintores de várias civilizações descobriram e usaram muitas dessas deixas mais sofisticadas, enquanto as deixas visuais da perspectiva linear – que o bom senso nos diz deverem ser as mais universais, as mais objetivas e, portanto, as menos dependentes da cultura – foram introduzidas na pintura apenas uma vez.* Isso é um fato notável, especialmente se levarmos em conta

*Tem-se debatido repetidamente se a percepção das deixas da perspectiva é realmente universal. O notável historiador de arte Erwin Panofsky uma vez caracterizou a perspectiva linear como sendo essencialmente uma convenção, uma forma simbólica entre muitas usadas para representar o espaço. A maioria dos historiadores de arte e dos psicólogos da per-

que as leis teóricas da perspectiva foram descobertas muito antes da Renascença. A teoria era conhecida tanto por gregos como por romanos; suas bases geométricas já tinham sido claramente descritas na *Ótica* de Euclides. Foi disseminada na Europa, durante a Idade Média, através dos trabalhos do sábio árabe Alhazen. No entanto, não ocorreu aos gregos, aos árabes ou aos europeus medievais usar essas leis na pintura.

Mas quando, no "*quattrocento*" (termo usado para se referir à civilização italiana do século XV), as leis da perspectiva linear foram postas em prática, os efeitos atingiram muito além da esfera artística. A invenção desse método, a proliferação sem precedentes de grandes artistas e grandes obras de arte em um período relativamente curto, e o papel central das artes visuais na vida mental dos séculos XV e XVI foram todas manifestações do mesmo processo: a reavaliação da função da visão na cosmologia humana. A introdução e o uso difundido da perspectiva linear conseguiram nada menos que emancipar a visão humana dos preconceitos dos filósofos. Muitos dos mais influentes filósofos, de Platão em diante, enfatizaram que os sentidos humanos são imperfeitos e, portanto, não podem transmitir informações confiáveis sobre o mundo. Mas, se fosse possível incluir o sentido da visão entre as faculdades racionais da mente, seria possível mostrar que Platão e os outros estavam errados. As artes estavam dando prova visível de que, assim como abrangendo uma infinita variedade de sensações visuais, muitas vezes acidentais, organizando-as em padrões úteis, o olho humano também obedece a leis simples, mas exatas.

Assim, o uso difundido da técnica da perspectiva geométrica nas artes tornou-se nova fonte e suporte da emergente intuição ocidental de que a racionalidade que podia ser criada pela mente humana no reino dos conceitos também podia ser criada no mundo das percepções sensoriais, e de que, para tornar o mundo racional e ordenado, temos primeiro que tornar racionais e ordenadas as nossas percepções. Essa era a mesma intuição que conduzira anteriormente

---

cepção parece discordar de Panofsky, declarando que realmente vemos o mundo em perspectiva. Esse ponto de vista é apoiado pelo fato óbvio de que há numerosas características no método perspectivo que correspondem, geralmente, a operações óticas do olho humano (e até não-humano), assim como da câmara. O ponto de vista de Panofsky, por outro lado, é apoiado por observações que parecem mostrar que as pessoas não-familiarizadas com a pintura e a fotografia ocidentais não podem compreender a informação perspectiva. Esses achados contraditórios podem ser outro exemplo que confirma que na visão, como em várias outras funções humanas, temos de aprender e educar até mesmo o que nos é dado pela natureza.

à evolução das medidas exatas de tempo na polifonia, e que deveria conduzir, em mais dois séculos, ao aparecimento das ciências experimentais.

A Renascença foi, assim, a época em que teve início o exame consciente e sistemático do *espaço como fonte de experiências sensoriais humanas*. O espaço emergente da arte renascentista abriu um novo mundo simbólico que podia ser manipulado e investigado e no qual novos, fiéis e extremamente ricos modelos da realidade podiam ser construídos e estudados. Esse novo espaço, nunca se tendo visto coisa igual antes, fascinou o seu público, da mesma forma que o espaço tornado acessível pelo telescópio e pelo microscópio fascinaria seus bisnetos, um século depois, e que as novas descobertas sobre o espaço cósmico nos têm fascinado. Diferentemente dos artistas de épocas anteriores e posteriores, os da Renascença tiveram bastante consciência do grande papel que sua arte representava na paixão emergente pelo aprendizado através da observação. "Se você depreciar a pintura", escrevia o gênio da Renascença Leonardo da Vinci, "que, sozinha, imita todos os produtos visíveis da natureza, estará depreciando uma ciência muito sutil que, por um raciocínio filosófico, examina todas as formas".

O novo panorama manifestou-se em todos os aspectos das artes visuais, na escultura como na arquitetura. Depois de um hiato de 1.500 anos, durante os quais as estátuas sempre se apoiavam cautelosamente nas paredes, nunca se atrevendo a se mover, esculturas livremente eretas, representando movimento, já haviam começado a reaparecer desde cedo na Renascença. Nos edifícios dos grandes arquitetos renascentistas – Michelozzo, Bramante e Palladio –, a autoderrotada complexidade da arquitetura gótica do fim da Idade Média deu lugar a linhas simples, proporções matemáticas e amplidão clássica.

O novo espaço visual da Renascença mudou não somente o modo pelo qual as pessoas sentiam o espaço, mas também a maneira como pensavam sobre ele. O espaço calmo, neutro e organizado dessa época não mais se baseava em símbolos e valores imaginários do sobrenatural, mas nas regras mensuráveis e matematicamente descritíveis da percepção visual. Os pontos e regiões importantes do espaço eram os de significado visual e não religioso. O tamanho agora indicava a distância e não mais a graduação religiosa ou secular. A alegoria espacial ficou em segundo lugar em relação à realidade visual. Na pintura, os pontos de fuga e as linhas do horizonte representavam os limites realistas da percepção visual, não os limites do espaço e do mundo humano. O "esquerdo" não era pior que o "di-

Figura 6-5

reito", pois ambos eram igualmente visíveis. Mesmo o "acima" não era necessariamente superior ao "abaixo"; seus méritos respectivos eram sujeitos a discussão. Essa é uma das sutis mensagens da famosa *Escola de Atenas* de Rafael (Figura 6-5). As figuras centrais de Platão e Aristóteles estão discutindo os méritos de observar o mundo aqui embaixo (Aristóteles está apontando para baixo) ou de confiar nas idéias do mundo de Platão, lá em cima. O afresco (localizado no Vaticano) é também um lindo exemplo do uso da perspectiva para evocar um grandioso espaço em larga escala em uma superfície relativamente pequena. O espaço podia agora, em outras palavras, ser visto como homogêneo e isotrópico, sem lugares ou direções preferidas.

Ao discutir a evolução das novas noções de espaço, John White observou que nas pinturas pré-renascentistas "era possível ver o espaço gradualmente se ampliando para fora do núcleo do objeto sólido isolado (...)". Na Renascença, porém, "o espaço é criado primeiro e, depois, os objetos sólidos do mundo representado são arrumados nele (...)". Ou, como coloca White de modo ainda mais sucinto: "O espaço agora contém os objetos pelos quais antes era criado." Como resultado, o espaço não era mais influenciado pelo que continha, era imutável e indestrutível, estava sempre lá, vazio ou não, era mensurável e evocava um senso de expansão, de distância e de infinito. Em suma, evocava as características da percepção sensorial que deveriam vir a ser conceituadas mais tarde em física como o espaço "absoluto".

Um espaço explorável pelos sentidos e não assombrado por espíritos e monstros sobrenaturais de diversos tipos convidava, naturalmente, a viajar. A Renascença foi também o tempo do início das grandes explorações. O sentido de um espaço racional e mensurável encorajou o desenho dos primeiros mapas não meramente alegóricos, mas que tentavam de fato representar o mundo real de um modo simbólico racional. O próprio mapa que conduziu Colombo através da metade do mundo foi feito na Florença renascentista pelo famoso sábio Paolo Toscanelli, amigo de Brunelleschi e Donatello.

A geometria, esse outro grande legado do espaço simbólico grego, também renasceu. Euclides, Apolônio e Arquimedes eram estudados com tanto fervor quanto os filósofos e a arte gregos. Alguns conhecimentos que tinham sido perdidos durante a Idade Média foram revividos nessa época; incluíam a trigonometria, o estudo dos triângulos. Regiomontanus, matemático alemão do século XV, viajou e estudou na Itália, onde se familiarizou com os trabalhos gregos e árabes sobre trigonometria. Reconstruiu, desenvolveu e publicou esses estudos, e em breve a trigonometria se tornou uma poderosa ferramenta na matemática pura, da mesma forma que nas ciências e na engenharia.

Mas foi muito depois da Renascença que o padrão grego de realização em geometria foi, por fim, decisivamente suplantado. A geometria do espaço visual, na qual se baseia a teoria da perspectiva linear, foi formulada com grande generalização e precisão matemática por Girard Desargues em 1639. Assim como Euclides tinha desenvolvido uma geometria para se adaptar a um espaço tátil, um espaço em que as paralelas nunca se encontram, onde um círculo permanece um círculo, não importa como você trace essa linha com o dedo, assim também Desargues criou uma geometria para um espaço visual onde as paralelas se encontram em um ponto, onde um círculo parecerá uma elipse ou mesmo uma linha quando visto obliquamente. O trabalho de Desargues tornou-se conhecido como geometria projetiva. É hoje uma parte importante e bonita tanto da matemática pura quanto da aplicada.[8]

[8]Os contemporâneos de Desargues não ficaram, porém, impressionados com seu sistema. O único matemático importante a trabalhar com a geometria projetiva no tempo de Desargues foi Blaise Pascal, mas este em breve a abandonou quando se voltou para a teologia. O

Simultaneamente ao trabalho de Desargues, outro e talvez ainda mais importante passo no desenvolvimento da geometria foi dado por dois matemáticos em tempo parcial: René Descartes, o grande filósofo, e Pierre de Fermat, advogado, funcionário público e, incidentalmente, um matemático muito importante. De modo inteiramente independente, Descartes e Fermat descobriram como dois reinos do pensamento que parecem totalmente diferentes, os números e equações, por um lado, e as figuras geométricas, por outro, podiam ser unificados em uma bonita estrutura. Esta tornou-se conhecida como geometria analítica. O novo método constituiu uma caracterização matemática abstrata de figuras espaciais (bi e tridimensionais), uma unificação do legado grego da geometria e do legado greco-hindu-árabe da álgebra. Traduziu a geometria para números, figuras para conceitos; deu interpretação numérica a figuras espaciais, representação espacial às equações e abriu caminho para a descoberta do cálculo e para a criação de uma imensa variedade de espaços simbólicos tanto na física como na matemática. Como colocou Descartes: "Eu acreditava que podia tomar emprestado tudo que havia de melhor tanto na análise geométrica como na álgebra, e corrigir todos os defeitos de uma com o auxílio da outra." Com a descoberta da geometria analítica, os matemáticos europeus não só ultrapassaram os gregos como também se livraram de todas as tradições e entraram em um curso inteiramente novo e independente. Esse viria a se tornar um dos empreendimentos mais imaginativos e bem-sucedidos que a mente humana jamais realizou.

A busca da ordem e da proporção matemática na experiência sensorial, que havia começado com a música polifônica e foi depois desenvolvida pela pintura renascentista, culminou no século XVII com a evolução das ciências matemáticas experimentais.[9] No princípio do século, Galileu foi o primeiro a empregar com sucesso a observação sensorial para encontrar as leis matemáticas que governam não apenas os padrões no espaço ou no tempo, mas também a combinação dos dois, isto é, no processo, mais complicado, do movimento. Ele estava interessado, em particular, no movimento mais simples e comum: o da queda livre. Cerca de 30 anos depois da

trabalho de Desargues foi esquecido até que Jean Victor Poncelet, oficial do Exército de Napoleão, redescobriu-o e desenvolveu-o em 1813, quando era prisioneiro de guerra na Rússia.

[9]Para evitar mal-entendidos, torno a mencionar aqui que a palavra "ciência", neste livro, se refere sempre apenas às ciências naturais fundamentais.

morte de Galileu, Isaac Newton reuniu a astronomia copérnico-kepleriana às leis do movimento de Galileu e as unificou em uma estrutura magnífica. Descobriu que o que Copérnico e Kepler tinham aprendido a respeito do sistema solar e o que Galileu descobrira sobre as leis da queda livre podiam ser observados como manifestações de uma única lei fundamental da natureza – a lei da gravitação universal. Verificou que a gravidade é a única força que nos mantém na Terra, que mantém a Lua em torno da Terra e todos os planetas girando em torno do Sol. Ao fazer isso, literalmente unificou os mundos até então separados do céu e da Terra e, pela primeira vez na história, desmistificou o céu. Além disso, Newton conseguiu resolver o problema geral do movimento (não apenas o problema da queda livre) de forma final e perfeita.

Newton também produziu claras formulações conceituais das idéias científicas de tempo e espaço. Ja citei sua descrição do tempo absoluto, independente, "de fluxo homogêneo", mensurável. Sua definição de espaço absoluto era igualmente firme e inequívoca. Começou dando ênfase à independência do espaço em relação a qualquer outro aspecto da natureza: "O espaço absoluto, em sua própria natureza, sem relação com qualquer coisa externa, permanece sempre semelhante e inalterável." Essas definições, mais que qualquer outra coisa, estabeleceram a estrutura conceitual do tempo e do espaço absolutos (também chamados, algumas vezes, de newtonianos ou, como aqui, clássicos) e ajudou as pessoas a se tornarem totalmente conscientes da natureza de seu universo.

A partir desse ponto, a ciência passou cada vez mais a determinar o que as pessoas pensavam e até o que elas sentiam sobre o tempo e o espaço. Em menos de 200 anos, a ciência tinha mudado a concepção geral da natureza do universo e da posição dos seres humanos nele de modo mais fundamental do que qualquer coisa antes ou até então. No ano de 1500, europeus altamente instruídos ainda eram ensinados a acreditar que o universo era centrado na Terra, finito em extensão, rodeado pelo mundo dos mortos e povoado por criaturas sobre-humanas, como anjos e demônios. Por volta de 1700, a mesma classe de pessoas – religiosas ou não – sabiam estar vivendo em um pequeno planeta orbitando em torno do Sol em um universo infinito em extensão, onde já não havia lugar algum para o mundo dos mortos.

A transição da antiga para a nova cosmologia foi rápida; no entanto a crença das pessoas não mudou rapidamente. Kepler, que descobriu (nos primeiros anos do século XVII) que os planetas faziam uma revolução em torno do Sol em órbitas elíticas, pensava que eles assim procediam porque anjos os estavam empurrando e dirigindo. Duas gerações depois, ao criar a ciência da mecânica clássica, a ciência do movimento, Newton substituiu os anjos pelas leis matemáticas da gravitação e da inércia. Elas vieram não apenas a sublinhar a descoberta de Kepler, mas também a explicar todos os fenômenos da mecânica do sistema solar. Daí por diante, nem os anjos nem qualquer dos outros símbolos coloridos das cosmologias anteriores podiam desempenhar uma função no novo universo da ciência.

O que restou depois de os antigos símbolos e idéias terem sido postos de lado foi o universo simples da mecânica clássica. Um mundo que consistia em *objetos permanentes no espaço e no tempo*, obedecendo às leis matemáticas da inércia e da gravidade. Os historiadores de ciência, por motivos óbvios, gostam de chamar esse modelo de "universo". Em uma perspectiva evolutiva, contudo, pode-se, da mesma forma, chamá-lo de uma cosmologia mamífera com face humana – uma recriação da cosmologia perceptual do cérebro humano embutida em uma estrutura matemática. Pois esse universo mecânico é a cosmologia simbólica que mais intimamente se aproximava daquela construída sobre as percepções básicas dos mamíferos.

Sabemos que nosso cérebro evoluiu de tal forma que só podia processar significativamente informações a partir de dados sensoriais diretos construindo um mundo de espaço e tempo e de objetos no espaço e no tempo. A antiga cosmologia simbólica científica foi a primeira na história em que os dados sensoriais primários foram considerados a principal fonte de informações e na qual a maioria dos conceitos refletiam algo que era direta ou indiretamente perceptível.[10] Em todas as cosmologias mais antigas, não-científicas, tradicionais ou mitológicas, o mundo era visto como povoado pelos deuses e espíritos a elas associados, e jamais se supôs que algum deles fosse perceptível. Como resultado, a importância do *input* sensorial, das observações do mundo de objetos ordinários no tempo e no espaço, ou era ignorada ou então os sentidos eram degradados como desimportantes ou não-fidedignos. Assim, essas antigas cosmologias referiam-se apenas de modo vago e acidental aos fenômenos comu-

[10] Essa propriedade fez da cosmologia científica a primeira cosmologia humana aberta e compreensível por qualquer pessoa. Digo isto no sentido de que a visão científica do mundo é muito menos dependente dos valores sociais e culturais particulares do que qualquer outra das cosmologias pré-científicas ou tradicionais. Os sentidos humanos e as leis básicas da matemática são os mesmos em todo o mundo.

mente perceptíveis, e suas visões de mundo eram normalmente bastante afastadas das experiências sensoriais do cérebro.

A antiga cosmologia científica, com sua ênfase nos dados sensoriais, era deveras mamífera, mas naturalmente com um sentido humano muito especial.[11] As cosmologias humanas, científicas ou não, sempre consistem em idéias e não em dados sensoriais. Assim, embora o mundo da ciência antiga se parecesse com o mundo dos mamíferos no sentido de que consistia em objetos permanentes movendo-se no espaço e no tempo, era, contudo, um modelo abstrato. Foi construída com idéias abstratas de tempo e espaço que evoluíram a partir de nossa experiência real, mas não a expressam adequadamente.

Uma suposição era, como foi mencionado, que tanto o tempo como o espaço eram mensuráveis exata e confiavelmente pelos sentidos. Mas havia outras idéias não menos importantes. Supunha-se que tanto o tempo quanto o espaço, por exemplo, fossem homogêneos e uniformes. Isso significava que nenhum domínio no espaço era diferente de qualquer outro: o espaço que estava "aqui" tinha as mesmas propriedades do espaço que estava "ali". O espaço era uma e a mesma coisa em todo o universo, e portanto o espaço da ciência não podia conter lugares sagrados, encantados ou tribais. A uniformidade também era considerada como caracterizando o fluxo de tempo. Tal como o tempo estava passando agora, assim passaria no futuro, por mais distante que fosse. E nenhum segmento de tempo era mais importante que qualquer outro. O fluxo de tempo não refletia dias santos, aniversários e coisas semelhantes. Também se supunha que o espaço fosse isotrópico: nenhuma direção era melhor ou pior que qualquer outra. O tempo, ao contrário, não era isotrópico, mas passava sempre em uma só direção. O tempo tinha uma seta que apontava do passado para o futuro através do "agora", seu único segmento perceptível. A diferença essencial entre o passado e o futuro era que um podia influenciar o último, mas não este ao primeiro.

Em contraste com o tempo sempre fluente, dinâmico, o espaço clássico era estático. Não fazia coisa alguma. Meramente existia e continha em si tudo no mundo. Uma vez que era mensurável, possuía uma geometria. Supunha-se que essa geometria fosse euclidiana; que os teoremas e as regras da geometria euclidiana fossem válidos em todos os lugares do universo. E "todos os lugares" signifi-

[11] Por humano não quero significar humanista. A matemática, por exemplo, é uma criação humana, embora não lide com valores humanos.

cava muito, já que se supunha que o espaço fosse infinito. O tempo também era infinito. Na imagem clássica, nem o tempo nem o espaço podiam ter um início, um fim ou qualquer espécie de fronteira.

Supunha-se que tanto o tempo quanto o espaço fossem contínuos. Por menor que fosse um segmento de qualquer dos dois que se imaginasse, ele continuaria a ser "tempo" ou "espaço". A continuidade do tempo e do espaço era refletida na continuidade do movimento. Quando indo de um ponto A para um ponto B em determinado caminho, um corpo atravessava todas as partes desse caminho, nada mais. Supunha-se também que outras mudanças fossem contínuas. Quando um corpo esfriava de, digamos, uma temperatura de 30° para 20° (em qualquer unidade), então o corpo, em determinado momento, estivera necessariamente a uma temperatura de 25,188°.

Na visão clássica, ademais, o tempo e o espaço nada tinham a ver um com o outro; eram entidades completamente distintas e independentes. Podiam estar relacionados em nossas mentes quando, por exemplo, ao descrevermos o movimento, construímos conceitos tais como velocidade ou aceleração. Mas esses são apenas nossos construtos mentais. "Lá fora", realmente, o espaço é o espaço e o tempo é o tempo, e nenhuma conexão intrínseca pode jamais ser imaginada entre eles.

Em último lugar, mas não menos importante, o tempo e o espaço clássicos eram ambos absolutos. Não apenas existiam independentemente de nós, de nossa percepção e um do outro, mas eram totalmente independentes de qualquer outra coisa no mundo. Isso significava que nada, fosse o que fosse, poderia modificar as propriedades objetivas do espaço ou o fluxo do tempo. A distância entre dois pontos, por exemplo, era definida por esses pontos de uma vez por todas, não importando quando, por que, por quem e em que circunstâncias fosse medida. O mesmo valia para o intervalo de tempo entre dois eventos. O tempo e o espaço existiam independentemente de qualquer espécie de matéria e de seu movimento. A matéria só podia existir no espaço e no tempo. Mas o tempo continuaria a fluir imperturbavelmente e o espaço se espalharia até o infinito quer o universo contivesse qualquer matéria ou não.

A influência dessas idéias ainda é forte e, para muitos de nós, elas ainda soam naturais e auto-evidentes. Mas, de fato, há muito pouco realmente natural nelas. Embora evoluíssem a partir de percepções sensoriais diretas, eram abstratas em relação a elas, a tal ponto que muitas vezes contradiziam aquilo que percebemos espontaneamente. Nenhuma criatura terrestre, para usar o exemplo mais óbvio, pode jamais perceber o espaço como isotrópico. A diferença entre "acima" e "abaixo" é muito real, e levar tais diferenças em consideração é um dado de nossa composição neural. A isotropia, portanto, é uma abstração, e uma abstração difícil. Professores instruídos das universidades européias argumentaram durante séculos, durante e depois da Idade Média, que se a Terra fosse redonda os seres vivos do "outro" lado "cairiam" no vazio. Nem nós jamais sentimos que o espaço, para dar um outro exemplo, seja homogêneo. Nós somos nosso próprio sistema de referência e isso dá ao "nosso" lugar uma posição diferente da de qualquer outro lugar no universo.

As noções científicas de tempo e espaço eram aterrorizantes para muitas pessoas. Ao tirar deles os símbolos de valores subjetivos e inquietações, a ciência criou a primeira cosmologia humana que era indiferente não apenas aos temores e esperanças humanas do dia-a-dia mas até à própria existência da raça humana. Não é de admirar que a emergência de tal ponto de vista sobre o mundo produzisse medos e ansiedades. Um antigo testemunho do místico-matemático Blaise Pascal, do século XVII, reflete comovedoramente essas ansiedades:

> Vejo a terrificante imensidade do universo que me circunda, e me encontro limitado a um canto dessa vasta extensão, sem saber por que estou colocado aqui e não em outro lugar, nem por que o breve período destinado à minha vida me é designado neste momento e não em outro de toda a eternidade que existiu antes e que virá depois de mim. De todos os lados não vejo senão o infinito, do qual sou mero átomo (...).

Pascal não foi a única nem a última pessoa a se sentir alienada por essa visão científica do mundo. Seus temores e apreensões, o trauma causado pela visão científica do mundo, freqüentemente tiveram eco em séculos posteriores. Mas outros, entre eles muitos cientistas, tiveram uma visão diferente. No sucesso da ciência viram a prova reconfortante de sua crença em um universo que era racional e não caótico, respeitador da lei e não arbitrário. A necessidade dessa crença originou-se na doutrina judaico-cristã de um único Criador cujas leis são racionais e, assim, acessíveis à razão humana. Os ensinamentos de Platão sobre as idéias perfeitas subjacentes a um mundo imperfeito dos sentidos foram também influentes. Qualquer que fosse sua origem *a priori* na ordem da natureza era necessária para a evolução da ciência. Teria sido despropositado usar a observação sensorial para encontrar leis matemáticas na natureza sem supor que tais leis já existissem em primeiro lugar. E era satisfatório para muitos cientistas que essas suposições fossem justificadas pela própria autoridade da ciência.

O princípio supremo que garantia a racionalidade e a ordenação era a *causalidade*. Se um evento fosse inevitavelmente seguido de outro, reconheceríamos a inevitabilidade observada chamando o primeiro evento de causa do segundo. A percepção da causalidade, como a do espaço e do tempo, é provavelmente parte de nosso equipamento mental, já que o reconhecimento de que alguns eventos são sempre ou quase sempre seguidos por certos outros parece ser um fator chave na adaptação. Esta não pode realizar-se em um mundo totalmente desprovido de causalidade – um mundo em que os eventos não tenham causas nem conseqüências.

Com a revolução científica, a causalidade tornou-se não apenas o princípio dominante, mas virtualmente o único princípio regulador do mundo exterior. E também com razão. As leis da mecânica clássica eram justamente o tipo de leis que se poderia prever em um mundo perfeitamente causal. De acordo com as leis do movimento de Newton, se você conhecesse todas as forças em atuação sobre um corpo e também a posição e a velocidade desse corpo em um determinado instante, poderia então calcular tão precisamente quanto quisesse onde o corpo estaria e como se movimentaria em qualquer outro instante do futuro.[12] Tais cálculos foram realmente feitos em relação ao movimento dos planetas e dos cometas (a exata predição de Halley do retorno de "seu" cometa, por exemplo), e a precisão de tais cálculos impressionou tremendamente o público pensante e contribuiu muito para o estabelecimento da visão de mundo geral de um universo causal, totalmente mecanicista.

O poder profético da mecânica clássica era totalmente sem paralelo em qualquer experiência humana prévia. A fonte desse poder, a ferramenta mais importante em seu uso, foi o método matemático conhecido como cálculo. O cálculo, coevo da mecânica clássica,[13] forneceu a maquinaria perfeita para descrever o movimento suave e as mudanças contínuas, previsíveis. Era o método matemático ideal para retratar o passado, o presente e o futuro em termos causais. Em contraste, era, ao menos inicialmente, incapaz de lidar com mudanças rápidas e inesperadas ou com o movimento descontínuo, aos arrancos. Em outras palavras, adaptava-se exatamente ao mundo da ciência clássica, com o modelo mamífero do mundo, no qual o cérebro abrandava e tornava contínuo e predizível o fluxo desconexo e irregular da informação recebida.

---

[12] Com os mesmos dados poderia calcular também sua história passada.

[13] O método foi descoberto simultânea e independentemente por Newton e pelo filósofo-matemático alemão Leibniz.

Tão impressionantes foram as realizações da mecânica clássica baseada no cálculo que, no final do século XVIII, alguns físicos realmente pensaram que o mundo nada mais continha senão corpos simples (átomos), influenciando-se uns aos outros pela atração gravitacional mútua e seguindo suas trajetórias contínuas prescritas de acordo com as equações do movimento. Uma formulação extrema desse ponto de vista foi feita pelo matemático francês Pierre Simon Laplace. Ele realmente pensava que, para uma hipotética inteligência superior (comumente referida mais tarde como o demônio de Laplace), que conheceria todas as forças em ação no universo e as posições e velocidades de todos os átomos em determinado instante, não poderia haver surpresas. O conhecimento desses dados permitiria ao demônio determinar qual seria o movimento de cada átomo isolado em qualquer tempo futuro.* Embora o próprio Laplace não acreditasse que tal inteligência pudesse existir, ele acrescentou, contudo, com a característica autoconfiança da ciência clássica, que, ao realizar uma criação tão perfeita como a ciência da astronomia, a mente humana já dera um exemplo modesto de tal inteligência.

Retornando aos problemas científicos de tempo e espaço, podemos perceber que havia algumas razões compelidoras para se ver tanto o tempo quanto o espaço como absolutos. As mais importantes delas eram relacionadas com as próprias leis da mecânica clássica. Consideremos a primeira lei, originada essencialmente com Galileu. Diz respeito a um dos mais simples e aparentemente menos excitantes fenômenos que se possa imaginar: o movimento de um corpo em linha reta, com velocidade constante. Na formulação de Newton, a lei diz: "Qualquer corpo continua em seu estado de repouso ou de movimento uniforme em linha reta, a não ser que seja compelido a mudar esse estado por forças que sobre ele atuem." Essa é uma lei extremamente interessante por várias razões. Num contexto histórico, representava uma nova visão revolucionária do movimento. Antes de Galileu, pensava-se (com base principalmente na errada mas

---

* Essa interpretação filosófica da mecânica clássica não foi, naturalmente, nem a única nem a primeira visão de mundo fortemente fatalista. Muitas religiões do mundo foram, e algumas ainda são, igualmente fatalistas. Cerca de 700 anos antes de Laplace, por exemplo, o poeta persa Omar Khayyam expressou a filosofia fatalista de Laplace de modo talves menos científico, mas decerto não menos poderoso:

> Com o primeiro Barro da Terra fizeram a mistura do Último Homem,
> E então da Última Colheita plantaram a Semente:
> Sim, a primeira Manhã da Criação escreveu
> O que a Última Madrugada de Cálculo lerá.

universalmente aceita física de Aristóteles) que um objeto comum só possuía um estado natural, e este era o repouso. O repouso era natural porque um corpo ficaria em repouso até que alguma coisa o movesse. O movimento, por outro lado, não era natural, pois um corpo não se moveria a não ser que alguma coisa, alguma espécie de motor, o forçasse a se mover. Quando parasse a ação do motor, o corpo pararia de se movimentar e voltaria novamente ao estado natural de repouso.[14]

Galileu e Newton desafiaram esse ponto de vista e consideraram o movimento uniforme em linha reta (chamado "movimento inercial") como um estado tão natural para um corpo quanto o repouso. Um corpo continuará a se mover, disseram, não enquanto alguma coisa o *mova*, mas até que alguma coisa o *pare*. Essa é, essencialmente, a lei da inércia. É uma lei abstrata e não se segue da observação superficial. De fato, nunca a vemos realmente satisfeita. Nenhum dos corpos que vemos se movimentará uniformemente em linha reta para sempre. Mais cedo ou mais tarde, virá a parar. Mas agora sabemos que eles assim o fazem porque são parados por forças externas (tais como a fricção e a resistência do ar).

Foi precisamente essa lei da inércia que exigiu, de acordo com Newton, que o espaço fosse absoluto; o espaço absoluto era necessário porque a lei exigia um sistema de referência absoluto. Pois, se um corpo devia continuar movendo-se para sempre em linha reta e com velocidade uniforme, então devia existir alguma coisa que determinasse o que era uniforme e o que era reto. Em outras palavras, devia haver uma propriedade fundamental da natureza referente a que movimento devia ser uniforme e retilíneo. Essa propriedade fundamental, de acordo com Newton, era o próprio espaço, que incluía, explícita ou implicitamente, um sistema de referência absoluto: "Que o centro do sistema do mundo é imóvel. Isso é conhecido por todos (...)". Um corpo movimentava-se em relação a esse centro, e então estava realmente se movendo, ou não o fazia, e então estava em repouso. O movimento, tal como o espaço e o tempo, era absoluto.

Tudo isso era relativamente claro e direto. Os problemas começaram quando se quis determinar a estrutura do espaço absoluto. Então, as leis da mecânica fizeram uma brincadeira com seus inventores. Pois tal determinação mostrou-se impossível com a estrutura da mecânica clássica. Imaginem-se dois sistemas: um está em re-

---

[14]Estudos recentes mostram que uma fração razoável de pessoas instruídas ainda crê que essas idéias são essencialmente corretas.

pouso no espaço absoluto, o outro está se movendo em linha reta com velocidade uniforme relativa ao primeiro. Os dois parecem mover-se um em relação ao outro, mas apenas um deles realmente se move, isto é, move-se em relação ao espaço, e gostaríamos de verificar qual é. No entanto, se você executar experiências mecânicas em ambos os sistemas, os resultados serão exatamente os mesmos em ambos. Sabemos disso agora a partir da experiência ordinária. Em uma aeronave de vôo suave, não sentimos em absoluto o movimento e podemos fazer toda sorte de experiências mecânicas com queda livre, ou com um pêndulo, ou com bolas colidindo, ou qualquer outro aparelho mecânico, e as experiências todas mostrarão os mesmos resultados, como se estivessem sendo executadas em laboratório, em repouso em relação à Terra. Não há experiências mecânicas que possam fazer distinção entre sistemas que se movem uniformemente ou em linha reta um em relação ao outro. Todos esses sistemas são equivalentes para a mecânica. Esse fato já era conhecido de Galileu e agora é chamado o princípio da relatividade de Galileu.[15] Esse princípio não só se seguiu das observações práticas, mas era uma conseqüência matemática estrita das leis da mecânica. Assim, essas mesmas leis que pareciam ter exigido a existência do espaço absoluto e imóvel em primeiro lugar proibiram a sua detecção.

Se, evidentemente, ninguém pode provar a existência do espaço absoluto, então por que até mesmo falar sobre ele? Entretanto, havia outros fenômenos que pareciam provar que o espaço absoluto,

---

[15]Esse princípio foi descrito por Galileu com uma força e uma eloqüência que estão faltando na seca e cautelosa linguagem da ciência contemporânea. Eis como Galileu argumentou:

> Fechem-se você e um amigo, abaixo do tombadilho, na maior sala de um grande navio, e tenham ali algumas moscas, borboletas ou pequenos animais voadores semelhantes; levem também um grande vaso com água, com um peixinho dentro dele; arrumem também um vaso alto que derrame água em outro receptáculo de gargalo fino, abaixo. Agora, com o navio em repouso, observem diligentemente como todos esses pequenos animais voadores vão em todas as direções; verão o peixe nadar indiferentemente para cada parte do vaso, e as gotas que caírem entrarão no receptáculo colocado abaixo.(...) Quando tiverem observado essas coisas, façam o navio mover-se com a velocidade que quiserem (contanto que o movimento seja uniforme e não variável); vocês não perceberão a menor mudança em qualquer das coisas apontadas nem poderão determinar se o navio está se movendo ou está parado, pelos eventos relacionados com suas pessoas.(...) E se vocês me perguntassem a razão para todos esses efeitos, eu lhes diria agora: "Porque o movimento geral do navio é comunicado ao ar e a tudo mais contido nele, e não é contrário às suas tendências naturais, mas indelevelmente conservado nelas." E em outra ocasião vocês ouvirão as respostas específicas e uma explicação completa.

afinal, não era uma ficção. Se, por exemplo, nosso movimento não for uniforme e retilíneo, mas acelerado (ou retardado), então não haverá problema em não saber se estamos em movimento ou não. Podemos sentir muito bem os efeitos da aceleração, como todos os instrumentos. Ela pode facilmente matar-nos, como muitas vezes acontece em acidentes de carro. Parece não haver nada relativo acerca da aceleração e era natural supor que a aceleração fosse realmente um processo absoluto, que era a aceleração em relação ao espaço absoluto. Então, sentiu-se que a impossibilidade de detectar o movimento absoluto em sistemas que se movimentam uniformemente em linha reta, embora possa causar confusão, não tinha importância fundamental. E também se esperava que, em algum ponto do futuro, novas espécies de experiências, de tipo não-mecânico possivelmente, poderiam detectar e provar a incondicionalidade do espaço e do movimento.

Foi principalmente por essas razões que a existência do espaço absoluto foi universalmente aceita. Em breve se tornou um axioma cuja validade era geralmente assumida e não mais questionada. E, no que diz respeito ao tempo, as propriedades fundamentais do tempo absoluto foram ainda mais firmemente aceitas como reais do que as do espaço absoluto. Nenhum físico questionou, por exemplo, se o tempo passava uniformemente ou se fluía sempre e em todo lugar, a uma mesma velocidade, apesar do fato de essa idéia ser, de fato, bastante absurda. Em relação a que se podia medir, afinal, o fluxo do tempo para ver se era uniforme ou não? Não obstante a idéia de tempo absoluto floresceu, e só depois que Einstein entrou em cena, após quase três séculos triunfantes de física clássica, é que sua realidade foi seriamente questionada.

Além dos axiomas do tempo, espaço e movimento absolutos, evoluiu, lenta mas irresistivelmente, outra crença que também se tornou algo como um axioma. Era a crença de que o universo estava cheio de um tipo curioso de matéria chamada "éter". Isto era motivo de tão pouca dúvida por parte dos físicos antes do século XX quanto a "velocidade constante" do fluxo de tempo ou o "centro imóvel" do espaço. E, assim como ocorria com o tempo e o espaço absolutos, havia algumas boas razões para que a existência do éter fosse tão amplamente aceita.

Quem precisava do éter e para que fim? Considere-se a lei da gravidade, tal como descoberta por Newton. Ela diz que duas massas quaisquer, em qualquer parte do universo, atrair-se-iam com uma força proporcional às suas massas e inversamente proporcional ao quadrado de suas distâncias. De acordo com essa lei, o Sol e a Terra estariam continuamente se atraindo por essa força. Nenhum problema até aqui. Mas, se quisermos entender essa lei um pouco melhor, devemos verificá-la em ação. A força é algo físico, tem de ser "sentida" por um corpo, se este deve ser influenciado por ela. Se eu sou empurrado ou puxado por algum objeto, sinto a força. Agora, como, onde e por que meios a Terra, por exemplo, sente a atração do Sol? Em outras palavras, o que diz à Terra que ela está sendo atraída por um corpo a 160 milhões de quilômetros de distância? O Sol não parece estar estendendo braços ou cordas a fim de puxar a Terra para si. Como é que a Terra "percebe" essa atração? Que agente físico a comunica? É uma questão séria.[16] A única resposta imaginável na época era que deveria haver alguma espécie de matéria entre o Sol e a Terra, e assim, por conseqüência, em qualquer parte do universo (já que dois corpos atrairiam um ao outro em qualquer lugar), que realmente transmitiria tais forças. Essa matéria, que foi chamada de "éter", tinha de ter propriedades curiosas. Tinha de ser invisível e, se algum corpo se movesse nela, não podia oferecer resistência apreciável.[17] No entanto, sua consistência tinha de ser suficientemente forte para transmitir o tremendo puxão gravitacional do Sol.

Além disso, o éter era uma explicação racional aceitável mesmo que ninguém soubesse como "apanhá-lo" ou como provar que ele realmente existia. O que tornou ainda mais lógica a existência do éter foi que não só a força da gravidade o exigia, mas também o fenômeno da luz. Por fim, foram essas preocupações a respeito da propagação da luz, mais que qualquer outra coisa, que deram ao éter um lugar tão proeminente na física clássica a ponto de sua realidade não ser seriamente debatida até o século XX.

Havia no século XVII duas idéias antagônicas a respeito da natureza da luz. Newton afirmou que a luz consistia em pequenas partículas viajando em linha reta, o que é uma suposição lógica, pois geralmente vemos a luz propagar-se deste modo. O físico holandês Christian Huygens, porém, tinha outra idéia. Seu ponto de partida era a observação de que a luz de uma fonte se propaga em todas as direções, e nessa propriedade ele viu uma analogia com as ondas. As ondas de água, por exemplo, também se propagam a partir da fonte em todas as direções – pensemos, por exemplo, na ondulação causada por uma pedra atirada na água. As idéias de Huygens mostraram-

[16]O problema dos agentes que comunicam forças ainda é assunto importante na física contemporânea.

[17]Mesmo uma pequena resistência iria, com o tempo, retardar o movimento de todos os planetas do sistema solar, e não havia evidência mostrando esse retardo.

se bastante corretas e, durante os séculos XVIII e XIX, demonstrou-se experimentalmente, e sem qualquer dúvida possível, que a luz era de fato um fenômeno ondulatório. Até aí, tudo bem! Então surgiu a pergunta: ondas de quê? As ondas são sempre ondas de alguma coisa – água, ar, seja o que for. Não se pode ter ondas de nada. Já se sabia, provavelmente desde que Torricelli, aluno de Galileu, criou o vácuo em um tubo de vidro, que a luz (diferentemente do som) se propaga sem qualquer distúrbio quando não existe ar. Conseqüentemente, a luz não consiste em ondas de ar. O fato de a luz propagar-se em aparentes espaços vazios foi considerado uma prova de que o próprio vácuo devia conter alguma outra espécie de matéria que permaneceria depois da retirada do ar. Isso conduziu à conclusão de que o éter devia realmente preencher todo o universo, já que a luz oriunda de estrelas muito distantes deve chegar a nós sob a forma de vibrações do éter.

Havia, portanto, razões muito lógicas para a pronta aceitação de um éter invisível, sempre presente. Isso fazia com que o processo de propagação da luz ficasse fácil de visualizar. Ondas propagando-se em uma substância eram, afinal, um fenômeno comumente observado. E o éter parecia explicar fenômenos tais como a eletricidade, o magnetismo, a gravitação, a propagação da luz – nenhum dos quais era diretamente perceptível – de uma forma natural e facilmente aceitável. Como bônus adicional, isso também tornava mais ameno o problema do espaço absoluto. O misterioso centro imóvel do mundo era agora substituído pelo éter onipresente. Uma vez que o éter penetrava o espaço por toda a parte, não podia mover-se. Se, porém, estava fixo no espaço, então estava realmente em repouso absoluto, e o movimento relativo ao éter era um movimento absoluto. A partir desse ponto, a tarefa de provar a existência do espaço absoluto e determinar sua estrutura parecia mais definida. A única coisa que restava a ser feita era mostrar que alguma coisa se movia em relação ao éter!

Cada vez mais se aprendia a respeito das propriedades da luz e, em conseqüência, sobre as supostas propriedades do éter. Já no século XVII, o astrônomo dinamarquês Olof Romer pôde determinar, de forma indireta, o valor aproximado da velocidade da luz. Pareceu enorme. Medidas mais precisas mostraram mais tarde que era de cerca de 300 mil quilômetros por segundo.[18] Em outros progres-

[18] A estimativa de Romer era cerca de 20% menor.

sos, tornou-se claro que a vibração das ondas de luz, ao contrário da das ondas de som, era perpendicular à direção da propagação. Também se descobriram métodos de calcular, por medições, os comprimentos das ondas de luz.[19] Estas mostraram-se incrivelmente pequenas, muito menores que quaisquer objetos visíveis em microscópio. Surgiu então a curiosa situação de que, enquanto o fenômeno da luz se tornou naturalmente, ele mesmo, o epítome de algo "perceptível", muitas das características da luz não podiam ser diretamente percebidas pelos sentidos humanos em absoluto. A informação sensorial sobre os aspectos mensuráveis, quantitativos, da luz, que mais interessavam aos cientistas, permaneceu sempre indireta, de segunda mão. Tudo isso era não só interessante como importante. Não obstante, pensando-se a respeito da luz, a questão mais excitante não era como ela se propagava, mas sua natureza. Que é a luz? De que é "feita"? Uma resposta definitiva a essa pergunta, que, como se pode imaginar, era tão antiga como a curiosidade humana, foi também encontrada no século XIX, e a conseqüência dessa resposta foi – finalmente – a ruptura das idéias clássicas de tempo e espaço.

A resposta veio, não de estudos de mecânica, mas de um campo que não parecia correlato: dos estudos de fenômenos elétricos e magnéticos. Na década de 1860, James Clark Maxwell, baseando seu trabalho nas experiências e, em parte, nas idéias de Michael Faraday, formulou as leis matemáticas que descrevem todos os fenômenos elétricos e magnéticos. Descrevendo-os, essas leis também os unificaram, mostrando-os como sendo duas manifestações da mesma realidade física: o mesmo campo. Essa foi a primeira "teoria do campo unificado" e agora é chamada de eletromagnetismo.

As equações de Maxwell sugeriam fortemente que a luz era essencialmente as oscilações, em forma ondulatória, do campo eletromagnético. Uma descrição verbal bastante simplificada dessas equações é a seguinte: (1) mudanças temporais do campo elétrico produzem um campo magnético que muda no espaço; (2) mudanças temporais do campo magnético criam um campo elétrico que muda no espaço. As equações propriamente ditas, naturalmente, continham informações detalhadas e precisas sobre o modo exato como essas mudanças estavam relacionadas em magnitude e em direção, qual a função das correntes e cargas elétricas, e assim por diante. Havia duas conseqüências particularmente interessantes dessas equações. A primeira era que, com base nelas, podia-se concluir matematica-

[19]Entre os mais importantes pesquisadores das propriedades da luz estavam Foucault, Aragon e Fresnel, na França, e Young, na Inglaterra.

mente que tanto o campo elétrico como o magnético se propagavam em forma de onda no espaço e no tempo, e que essa onda, além disso, tinha propriedades que experiências anteriores haviam mostrado serem características da luz. Por último, mas não a menos importante, caso se calculasse a velocidade de propagação dessa onda, verificar-se-ia que era exatamente a velocidade da luz. Maxwell também afirmou que não apenas a luz não era meramente a oscilação do campo eletromagnético, mas que havia outras oscilações do mesmo campo e que a razão de serem invisíveis era que seus comprimentos de onda eram diferentes dos da luz e, por isso, não excitavam os receptores humanos. Invisíveis, porém, não significava indetectáveis. Na verdade, em 1888, as experiências de Heinrich Hertz, na Alemanha, realmente mostraram a existência de ondas eletromagnéticas com comprimentos maiores que as da luz. Nós agora as chamamos (pela ordem decrescente de comprimento de onda) ondas de rádio, ondas de radar, microondas e ondas infravermelhas. Outro quarto de século mais tarde, o físico alemão Max von Laue mostrou que os raios X são também ondas eletromagnéticas com comprimentos de onda menores que os da luz visível. A radiação dos núcleos atômicos, chamados de raios gama, tem comprimentos de onda ainda menores. Todas elas são diferentes manifestações dos mesmos fenômenos, todas são eletromagnéticas por natureza e todas se propagam, no vácuo, à velocidade da luz.

Tal como as equações de movimento de Newton no século XVIII, as do campo eletromagnético de Maxwell estavam destinadas a se tornar, no século XIX, o foco das tentativas de determinar a existência e a estrutura do espaço absoluto. Os dois conjuntos de leis não competiam um com o outro porque cada um descrevia um aspecto diferente da natureza. Portanto, não surpreende que não se relacionassem com o espaço absoluto da mesma forma. Com as equações de movimento de Newton não se podia detectar o movimento inercial. Este era precisamente o conteúdo do princípio da relatividade de Galileu. As equações de Maxwell prometiam uma solução para esse enigma. Descreviam – ou pelo menos todos pensaram assim durante o século passado – a propagação das ondas no éter. O éter estava em repouso no espaço absoluto. Conseqüentemente, caso se medisse a velocidade da luz enquanto se estivesse parado no éter, obter-se-ia seu verdadeiro valor. Se, porém, se medisse a velocidade da luz enquanto se estivesse movendo no éter (isto é, movendo-se em termos absolutos), obter-se-ia um valor maior ou menor, dependendo de se estar movendo ao contrário ou na direção do movimento da luz. Ainda mais, justamente por se mostrar que essa diferença existia, seria estabelecida uma clara prova da existência do éter e do espaço absoluto. Tudo que restava era, na realidade, realizar as experiências corretas.

O resto, como se diz, é história. Na década de 1880, o físico americano A. A. Michelson executou várias experiências precisas, minuciosamente planejadas, com o propósito de provar de uma vez por todas a realidade do éter em repouso no espaço.[20] Também é história que, embora as experiências tenham sido bastante precisas para detectar movimento no éter, nenhum movimento foi observado. A existência do movimento inercial e do espaço absoluto continuava tão impossível de provar com experiências usando a luz e o eletromagnetismo como o fora com as experiências com o movimento de corpos na mecânica clássica. Numa compreensão tardia, sabemos que os conceitos de espaço e tempo absolutos na verdade se tornaram sem muito sentido com as experiências de Michelson. Ao tempo dessas experiências, porém, ninguém se compenetrava disso, Michelson menos que todos. Ele esperava, como praticamente todos os seus contemporâneos, que fosse encontrada alguma razão aceitável para explicar por que seu equipamento falhara em produzir os resultados esperados e em detectar o movimento absoluto no éter, e que outras experiências ainda estabelecessem diferenças detectáveis entre o movimento e o repouso.

Tais esperanças não eram inteiramente irrazoáveis. Ao terminar o século XIX, os físicos tinham terminado a exploração de todos os processos fundamentais da natureza então conhecidos e pensavam haver descoberto as leis básicas desses processos. Essas leis estavam logicamente ligadas umas às outras por teorias elegantes, totalmente abrangentes, que descreviam a natureza imersa na estrutura do tempo e do espaço absolutos. Praticamente todas essas leis tinham sido, além disso, verificadas por experiências e observações cuidadosas. Assim, sentia-se, com alguma razão, que a física era um empreendimento mental excepcionalmente bem-sucedido que abria caminho para mostrar a todas as outras ciências como explorar e dar sentido ao mundo exterior. O fracasso em detectar o espaço absoluto parecia, nessa atmosfera, apenas uma mancha desagradável, mas não realmente significativa. Tal como o próprio Michelson expressou o consenso dos físicos em 1899: "Os mais importantes fatos e leis fundamentais da ciência física já foram todos descobertos, e estão tão firmemente estabelecidos que a possibilidade de poderem vir a

[20]Uma pequena descrição dessas experiências consta do próximo capítulo.

ser suplementados em conseqüência de novas descobertas é excessivamente remota."

Mas as coisas se mostraram muito diferentes. A física recusou-se a se assentar em graciosa perfeição. Ao contrário, tornou-se catalisador e agente de uma das mais radicais transformações de toda a história das cosmologias humanas.

7
Rupturas na Fundação Mamífera

(As teorias da relatividade)

O universo é real, mas você não o pode ver.
Tem de imaginá-lo.
ALEXANDER CALDER

Quando a física clássica rompeu com as visões de mundo mitológicas e culturalmente determinadas de todas as sociedades pré-científicas e tradicionais, esse foi um empreendimento deveras radical. A física do século XX, porém, mostrou-se muito mais audaciosa. Não somente questionou a validade das antigas idéias humanas como desafiou o testemunho dos nossos sentidos, o mundo que nossos cérebros haviam criado, nossos modelos congênitos da realidade exterior – a própria cosmologia dos mamíferos. Em particular, declarou que as próprias intuições sobre o espaço e o tempo que havíamos adquirido durante eras de evolução biológica não mais mereciam crédito. E tudo isso aconteceu porque algumas mesquinhas questões de física permaneceram sem resposta.

As revoluções na física foram iniciadas por uma gradual acumulação de pequenas inconsistências, por uma quantidade de problemas que, embora não parecessem causar terremotos por si mesmos, ainda resistiam obstinadamente à solução. No final do último século, muitos desses problemas não-resolvidos se haviam acumulado na física. A maioria deles, de uma forma ou de outra, associava-se às propriedades da luz. É verdade que a teoria eletromagnética de Maxwell havia esclarecido muita coisa sobre a natureza e o comportamento da luz. Mas, no princípio do século XX, dois fenômenos ainda permaneciam inexplicados. Eram a criação e absorção da luz pela matéria e a propagação da luz.

Já que a luz é emitida e absorvida por átomos, o desejo de compreender a criação e a absorção da luz conduziu logicamente ao estudo dos processos que se realizavam no interior dos átomos. Tais processos não podem ser observados diretamente. Os sentidos humanos – não importando a sofisticação dos auxílios sensoriais que usemos – nunca podem obter informações diretas sobre processos atômicos. O interior do átomo é um domínio no qual a informação sensorial é necessariamente indireta, de segunda mão. Observaremos mais de perto esse problema particular no próximo capítulo e veremos com detalhes que a discrepância entre nossos modelos congênitos e a realidade exterior foi, de longe, maior quando tentamos entender o mundo dos átomos e das partículas subatômicas. Aqui, vamos considerar outro exemplo de um fenômeno para sempre fechado aos nossos sentidos: a propagação da luz no vácuo. A velocidade da luz no vácuo é tão grande que os sentidos humanos não podem percebê-la diretamente.

E assim aconteceu na história que a primeira contradição amplamente observada entre o mundo real, por um lado, e nossas intuições sobre tempo, espaço e movimento, por outro, foi resultado de observações referentes à propagação da luz. Essas observações deveriam conduzir ao abandono de algumas das posições mais fundamentais da física clássica, tais como o éter, o espaço absoluto e o tempo absoluto. Conduziram também à rejeição de uma outra intuição profundamente estabelecida: que espaço e tempo eram duas dimensões da existência independentes e inteiramente distintas. Essa última intuição era comum a todas as antigas cosmologias humanas, fossem elas científicas, filosóficas ou mitológicas, e seu abandono foi, por si, bem radical.

A nova estrutura do tempo e do espaço simbólicos, em que se perdeu o caráter distinto de ambos, foi sugerida por Albert Einstein, em 1905, na teoria especial da relatividade. Essa nova estrutura negava o significado objetivo de quase todas as propriedades puramente espaciais ou puramente temporais do mundo exterior. Em outras palavras, nem o espaço por si mesmo nem o tempo por si mesmo tinham muita significação nessa estrutura conceitual. Em seu lugar, a teoria da relatividade criou uma nova construção simbólica chamada "espaço-tempo", fusão conceitual de tempo e espaço. Esse conceito não somente dava conta de algumas das então novas observações que não podiam ser racionalmente explicadas pela estrutura do espaço e do tempo absolutos, mas também abrangia e dava sentido a todas as observações que antes tinham sido interpretadas satisfatoriamente supondo espaço e tempo separados. Conseqüentemente, o novo conceito de espaço-tempo foi fácil e rapidamente aceito, apesar do fato de não ter relação com experiências sensoriais diretas. Em breve se tornou tão indispensável à física contemporânea como os conceitos de espaço e de tempo absolutos tinham sido para a física clássica.

Este capítulo é devotado a uma descrição do modo como o tempo e o espaço foram fundidos em um único conceito na teoria especial da relatividade, bem como a uma explicação do modo como essa nova estrutura simbólica oferecia um entendimento da realidade tão melhor que a mais antiga, a clássica.

A teoria da relatividade é baseada em dois postulados ou declarações fundamentais: (1) todas as verdadeiras leis da física são absolutas e (2) a velocidade da luz é absoluta. A partir desses postulados, pode-se desenvolver toda a teoria especial da relatividade. "Absoluto", nesse caso, refere-se a qualquer característica do universo que permaneça o mesmo quer o observador esteja se movendo em relação a ele ou não.[1] Tentando responder uma questão óbvia – por que uma teoria de absolutos é chamada de teoria da "relatividade" –, vamos dar uma olhada em alguns exemplos de não-absolutos. Quando dizemos que "a velocidade de um carro é de 60 quilômetros por hora", não estamos falando de um fato absoluto. Pois, se você estiver sentado em outro carro, o primeiro parecerá estar indo mais depressa ou mais devagar, dependendo da velocidade e direção do trajeto do *seu* carro. Se um carro toca a buzina, o tom produzido também não é absoluto. À proporção que você se afasta do carro que está buzinando, o tom se torna mais grave e, quanto mais depressa você se afasta, mais grave se torna o tom. Na verdade, não é fácil fazer declarações "absolutas" nesse sentido. Mas, antes de Einstein, era uma idéia comumente aceita, como nos recordamos do capítulo anterior, que o espaço e o tempo e muitas outras características eram absolutas. Pensava-se que, por exemplo, contanto que você fizesse suficientes medidas cuidadosas, o comprimento de um corpo seria o mesmo, quer ele se movesse em relação a você ou não. Pensava-se, também, que a duração de um intervalo de tempo era absoluta; isto é, era a mesma quer você estivesse se movendo em relação ao relógio que o media ou não. No entanto, com o nascimento da relatividade especial, tudo isso foi visto como sendo falso. Essa foi a grande surpresa na teoria de Einstein – até mesmo para o próprio Einstein. O fato de o espaço e o tempo serem "relativos" parecia tão original na época que essa descoberta foi o que deu nome à teoria. Sabemos agora que esse nome não é realmente apropriado. A teoria, como está evidente em seus postulados básicos, procura proprieda-

[1] A não ser que esteja especificado de outra maneira, "movimento", neste capítulo, significa movimento em linha reta com velocidade constante.

des absolutas e não relativas. Não diz, de modo algum, que "tudo é relativo". Diz, ao contrário, que só as propriedades absolutas são realmente importantes. Mas o nome "relatividade" pegou e, embora inadequado, está aqui para ficar.

O postulado "todas as verdadeiras leis da física são absolutas" refere-se ao fato de essas leis serem válidas para todos os observadores, independente de eles se movimentarem um em relação ao outro ou não. Conseqüentemente, nenhuma verdadeira lei da física poderia auxiliar-nos a decidir qual dos dois sistemas ou observadores está "em movimento" e qual está "parado". Tudo que se pode dizer em relação a eles é que se movimentam um em relação ao outro. Esse princípio, chamado o princípio da relatividade de Einstein, é uma extensão do princípio da relatividade de Galileu. Galileu, como podemos recordar, verificou que nenhuma experiência mecânica podia jamais decidir se um sistema se movimentava em relação ao "espaço absoluto" ou não. Einstein ampliou essa idéia e postulou que nenhuma experiência de qualquer espécie, mecânica ou de outro tipo, poderia jamais detectar o "movimento absoluto" e que, portanto, não há movimento absoluto – com uma exceção. A exceção é *a propagação da luz no vácuo*.

Foi precisamente essa idéia que nos sóa inocente, de que a velocidade da luz é absoluta, que acabou realizando tal devastação em nossos modelos congênitos e aprendidos de tempo e espaço. Pois essa idéia contradiz nossas experiências sensoriais básicas, nossa cosmologia congênita e, assim, o próprio "bom senso". Nossa experiência genética nos ensinou, com a consistente corroboração de nossas experiências sensoriais, a calcular velocidades da seguinte maneira: suponhamos que você esteja dirigindo um carro em uma estrada reta com uma velocidade constante de, digamos, 80 quilômetros por hora e é alcançado por outro carro fazendo 100 quilômetros por hora. Então o outro carro tem uma velocidade de 20 quilômetros por hora *em relação a você*. Se um terceiro carro está vindo na direção oposta, também com a velocidade de 100 quilômetros por hora, então esse carro está com uma velocidade de 180 quilômetros por hora em relação a você. Em outras palavras, o primeiro carro parece ultrapassá-lo "lentamente", enquanto o segundo, vindo em direção oposta, logo desaparece – embora ambos estejam viajando à mesma velocidade de 100 quilômetros por hora na estrada. Essa é uma experiência comum e não depende da velocidade com que os carros, ou qualquer outra coisa, estejam se movendo. Podemos imaginar, em vez de carros, coelhos ou veados movimentando-se a 20 quilômetros por hora, ou espaçonaves a 80 mil quilômetros por hora. O raciocínio não muda.

A luz viaja muito depressa – cerca de 18 milhões de quilômetros por minuto no vácuo.[2] Podemos, ao menos em princípio, supor uma situação semelhante à descrita no parágrafo precedente, com a variação de que o segundo e o terceiro veículos são substituídos por raios de luz. Seguindo o raciocínio prévio, podemos esperar que, quando a luz nos alcançar, possamos observar e medir sua velocidade em relação a nós como sendo menor que a velocidade da luz vinda em direção oposta. Mas não é isso que acontece. Quando fazemos essa experiência, o que observamos é o seguinte: quer a luz nos alcance ou se aproxime de nós, quer nos movamos vagarosa ou rapidamente, a velocidade da luz medida por nós (isto é, a velocidade da luz em relação a nós) *é sempre a mesma*, como se estivéssemos parados. Em outras palavras, mesmo supondo que estejamos nos movendo a 99,99% da velocidade da luz (essa é uma velocidade que uma partícula elementar, tal como um elétron ou um próton, pode facilmente alcançar em um grande acelerador) e a luz nos alcance, sabemos que ainda iremos medir sua velocidade como sendo de 18 milhões de quilômetros por minuto. E nossa medida também será a mesma se a luz estiver avançando em relação a nós. A velocidade da luz é sempre a mesma, sejam quais forem a nossa velocidade e a direção de nosso movimento. É independente do movimento de qualquer observador. Se, ademais, um objeto estiver emitindo luz e se encontrar em movimento – não importa a que velocidade –, a velocidade da luz emitida ainda será de 18 milhões de quilômetros por minuto. Assim, a velocidade da luz é também independente do movimento da fonte luminosa. Em suma, a velocidade da luz é absoluta.

Esse fato inesperado sobre a velocidade da luz foi precisamente o que Michelson e seu companheiro de trabalho, C. Morley, descobriram em suas experiências realizadas em 1887 na cidade de Cleveland, Ohio. Michelson e Morley não possuíam nenhum veículo artificial para trabalhar, mas tinham à sua disposição um veículo espacial natural: a própria Terra. A Terra viaja em sua órbita em torno do Sol com uma velocidade média de cerca de 96 mil quilômetros por hora, o que corresponde a aproximadamente 27 quilômetros por segundo. Michelson e Morley lançaram raios de luz em duas direções, em ângulo reto, um em relação ao outro. Os raios eram então refletidos por espelhos colocados a igual distância da fonte de luz, e

[2]"Velocidade da luz" sempre significa a velocidade de qualquer radiação eletromagnética (isto é, ondas de rádio, luz, raios X) no vácuo. Acredita-se que a gravidade também se propaga à mesma velocidade.

voltavam ao lugar de onde ambos tinham sido enviados. Uma das direções coincidia com a do movimento da Terra, a outra lhe era perpendicular. É um problema simples calcular o tempo necessário a cada um dos dois raios de luz para voltar ao seu ponto comum de origem. Os cálculos, ou suas explicações não-técnicas, podem ser encontrados em praticamente todos os livros técnicos e populares sobre a relatividade. Vamos restringir-nos a observar que, se a Terra e os raios de luz estivessem realmente se movimentando no éter (isto é, em relação ao espaço absoluto), então os dois raios de luz não chegariam de volta ao ponto comum de origem ao mesmo tempo. O que estivesse viajando na direção do movimento da Terra chegaria depois. Mas nenhuma diferença nos tempos de chegada foi observada nessa ou nas experiências posteriores. O instrumento era suficientemente sensível para detectar mesmo uma pequena fração da diferença esperada, mas nenhuma diferença foi observada. A experiência Michelson-Morley mostrou simplesmente que a velocidade da luz em relação a um observador é a mesma, quer o observador esteja "em movimento" ou "em repouso". Nos anos e décadas seguintes, muitas experiências semelhantes ou equivalentes, algumas diretas, outras indiretas, foram realizadas. Todas provaram o caráter absoluto da velocidade da luz.

Como mencionei anteriormente, quando Michelson e Morley se dispuseram a realizar suas experiências, não tinham a menor noção de que a velocidade da luz era absoluta. Ninguém tinha. Ao contrário, a finalidade de sua experiência era determinar a velocidade da Terra no espaço absoluto. A velocidade da Terra em torno do Sol era, naturalmente, conhecida. Mas, uma vez que o Sol também estava se movendo dentro da galáxia e era perfeitamente concebível que a galáxia também se movesse no espaço, o movimento "real" da Terra, sua velocidade "real" no espaço absoluto (ou no éter), podia ser medido por meio dessa experiência. O resultado negativo da experiência foi realmente um golpe para Michelson, que esperava entrar para a história da ciência como a primeira pessoa que realmente provara a existência do éter. Ele se tornou, ao contrário, o primeiro a mostrar que o éter era uma ficção. Ficou muito infeliz com isso, mas não havia outro jeito. Dedicou muito tempo a procurar explicações que, de alguma forma, pudessem salvar o éter. Repetiu as experiências em várias ocasiões para ter a certeza de que o movimento do Sol não cancelava acidentalmente o efeito do movimento da Terra, e também as aperfeiçoou de vários modos. De nada adiantou: não havia forma de detectar o éter; a velocidade da luz mostrou-se absoluta.

À primeira vista, essa descrição do comportamento da luz parece incrível. É como verificar que "na realidade" duas maçãs e três maçãs somam três maçãs. Ela contradiz totalmente nossa experiência comum de velocidade, e é por isso que somos inclinados a dizer que contradiz o bom senso. Essa contradição surge de duas circunstâncias: que a velocidade da luz nunca foi – e não pode ser – observada diretamente por nossos sentidos e que o comportamento da luz nunca foi relevante para a evolução cultural humana ou biológica. Conseqüentemente, não desenvolvemos um modelo sensorial ou simbólico da natureza que desse conta do estranho comportamento da luz. Mas, uma vez que aprendemos isso, temos de extrair sentido disso, e foi Einstein que nos mostrou como.

A atitude de Einstein foi, em essência, a de que os fatos fundamentais da natureza têm de ser encarados como eles são. Não podemos esperar explicar imediatamente "por que" o mundo é da forma que é. Se uma sondagem mais profunda mostra que o universo é diferente do que indicam nossas experiências sensoriais imediatas, tudo que temos a fazer é tentar usar nosso cérebro para desenvolver uma nova estrutura, um novo modelo simbólico de tempo e espaço – neste caso, um modelo que seja capaz de levar em consideração o comportamento inesperado da velocidade da luz. Que é que a velocidade da luz tem a ver com espaço e tempo? "Velocidade" é uma idéia composta, feita exclusivamente de dois conceitos mais simples: (1) distância e (2) duração. "Velocidade" significa certa distância percorrida em determinado tempo. Nada tem a ver com qualquer das outras propriedades do objeto em movimento. Sessenta quilômetros por hora significam a mesma coisa, quer se refiram a um carro ou a um leopardo, a um elétron ou a uma galáxia. Conseqüentemente, se, como neste caso, a própria "velocidade" se comporta "estranhamente", como acontece com a velocidade da luz, não devemos imputar essa "estranheza" a algumas novas – ou talvez não descobertas até agora – propriedades da matéria ou da luz (embora tais tentativas fracassadas tivessem sido feitas pela física pré-relatividade). Ela deve ser imputada à nossa concepção de distâncias, durações e suas relações. Em outras palavras, a nossas idéias sobre espaço e tempo.

Em vez de atacar diretamente os conceitos de espaço e tempo absolutos, Einstein propôs-se, em seu artigo de 1905, investigar o que os dois postulados da relatividade especial dizem sobre espaço e tempo. O primeiro conceito que analisou foi a *simultaneidade*, que é, aparentemente, uma idéia bastante comum. Nenhum artigo de física técnica jamais questionou ou lidou com essa noção antes. Poucos viram problemas nela. Quando dois eventos acontecem, ou acontecem simultaneamente, isto é, ao mesmo tempo, ou não. Isso era verdadeiro quaisquer que fossem os eventos. Parecia haver pouca ambigüidade nesse conceito. Mas Einstein verificou que os dois axiomas da relatividade especial tinham feito uma devastação na simples idéia de simultaneidade. Tornaram-na uma idéia "relativa". Essa relatividade, por sua vez, demoliu o "tempo" que se havia desenvolvido na ciência e na filosofia durante os séculos precedentes.

Os parágrafos seguintes são devotados a uma análise detalhada da teoria de Einstein. O raciocínio usado aqui não é abstrato; não é matemático e não é complicado. Vale a pena acompanhá-lo até o fim porque a fascinante conclusão contradiz tanto o que julgamos ser bom senso como a nossa noção comum de "tempo", e também porque, assim fazendo, podemos ver a simplicidade cativante de um argumento que revolucionou a idéia de tempo, mais que qualquer outro acontecimento na história conhecida. As únicas coisas a se lembrar o tempo todo são que a velocidade da luz é a mesma para todos os observadores, não importando como se movimentem, e que, de acordo com o princípio da relatividade, não é possível decidir quais os observadores que estão "em movimento" e quais os que estão "em repouso".

Pergunta: como poderá um observador dizer que dois acontecimentos que ocorrem em dois lugares diferentes são simultâneos? Antes de tentar responder, vamos primeiro estabelecer como uma pessoa obtém informação a respeito de um acontecimento distante. Como eu soube, por exemplo, sobre Neil Armstrong ter pisado na Lua? Vendo pela televisão, naturalmente. Em determinado momento, eu o vi pôr o pé na superfície da Lua. Os dois eventos, a pisada propriamente dita e a minha visão dela, não foram simultâneos, pois foi necessário um certo tempo, cerca de um segundo e meio, para que a onda eletromagnética viajasse da superfície da Lua à Terra. Sei, portanto, que minha percepção desse acontecimento não foi exatamente simultânea com o próprio evento, mas retardada de cerca de um segundo e meio. Se, um segundo e meio antes de ver a famosa pisada de Armstrong, eu deixasse cair meu cachimbo, então eu saberia, tardiamente, que a pisada de Armstrong e a queda de meu cachimbo tinham sido simultâneas.

Suponhamos agora um observador – digamos, Jack – em pé exatamente no meio de um longo vagão de carga de estrada de ferro, segurando uma lanterna em cada mão. Suponhamos que, em determinado instante, ele acenda as duas lanternas em direções opostas. Então os jatos de luz atingirão cada parede do vagão exatamente no mesmo instante e, naturalmente, Jack observará que a luz atinge cada parede oposta simultaneamente. Ele vai dizer que os dois eventos foram simultâneos.

Imaginemos agora que o vagão de Jack se movimente, digamos, para a direita, em relação a Jill, que está parada a uma certa distância (ver Figura 7-1). A observação de Jack não muda. Todo o seu sistema – ou vagão – se movimenta, a distância entre as duas paredes permanece a mesma e, uma vez que a velocidade da luz se mantém constante, qualquer que seja o modo pelo qual o sistema se movimenta, ele ainda observa os dois acontecimentos como simultâneos. Até aí tudo bem. Mas que é que Jill estará vendo? A velocidade da luz no vagão é a mesma para Jack, como dissemos, mas a velocidade da luz ao longo do caminho do vagão é também a mesma para Jill – sendo essa a propriedade peculiar da luz. A distância que ela vê a luz viajar, porém, não é a mesma, uma vez que a parede à sua esquerda viaja em direção oposta à da luz emitida pela lanterna de Jack. Portanto, ela verá algo bem diferente – verá a luz iluminar primeiro a parede esquerda. A parede direita, que está se afastando da luz da lanterna, de acordo com Jill, será iluminada depois. E assim Jill não vê os dois acontecimentos como simultâneos, como Jack.

Agora surge a pergunta – qual dos dois está certo? De acordo com o primeiro postulado da relatividade, ambos estão certos. Não há modo de se dizer qual dos observadores está "parado" e qual está se "movendo". São ambos confiáveis, de acordo com o princípio da relatividade, para descrever qualquer acontecimento. Temos então de concluir que, quando dizemos que "esses dois acontecimentos são simultâneos", não estamos exprimindo uma declaração significativa. Devemos também dizer para qual dos observadores eles parecem ser simultâneos.

Essa simples observação causa uma devastação em toda a idéia do tempo como dimensão objetiva e única de nossa existência. Para avaliar isso, temos de pensar um pouco mais sobre o significado das palavras "simultaneidade" e "relativo". A relatividade da simultaneidade significa que não podemos dizer que dois acontecimentos distantes são "realmente" simultâneos. Sua separação temporal depende do movimento do observador em relação aos acontecimentos. Isso coloca a idéia de simultaneidade aproximadamente no mesmo nível das idéias de "esquerda" e "direita". Não se pode discutir seriamente se uma casa está "de fato" do lado esquerdo ou direito da rua. O que é lado esquerdo para mim é lado direito para alguém que esteja me encarando. Esse estado de coisas pode causar problemas para alguém com três ou quatro anos de idade, mas a criança rapidamente se orientará. Discutir se dois acontecimentos distantes são "realmente" simultâneos, se eles "realmente" acontecem ao mesmo tempo, tem o mesmo sentido de discutir sobre qual é o "verdadeiro" lado esquerdo de uma rua. Sua resposta, nesse caso, depende de se e como você está se movendo em relação aos acontecimentos.

Figura 7-1 A experiência mental para examinar a simultaneidade.

Considerem-se dois indivíduos. Cada um se movimenta, em relação ao outro, em linha reta, com velocidade uniforme. Ambos estão, em outras palavras, em sistemas inerciais. Suponha-se, também, que esses observadores tenham consigo relógios idênticos sob todos os aspectos. Você não pode "realmente" sincronizar dois relógios em diferentes pontos do espaço. Se um observador vir dois relógios mostrando meio-dia simultaneamente, outro observador igualmente confiável dirá que eles não mostram o mesmo tempo, mas um está adiantado em relação ao outro. Os observadores não podem concordar precisamente porque a simultaneidade é um conceito "relativo", dependente do observador. *Mas, se você não pode sincronizar dois relógios em lugares diferentes, em sentido absoluto, então você também não pode falar sobre "o tempo" como sendo o mesmo em dois lugares diferentes*. Muito menos falar de um "mesmo tempo" em todos os lugares. Se todos os relógios do universo indicassem 4h, por exemplo, para um observador, os mesmos relógios mostrariam tempos enormemente diferentes para outros observadores que se movimentassem em relação ao primeiro. Tudo isso nada tem a ver com as maneiras específicas com que nossos relógios são feitos. Estamos nos defrontando aqui com uma propriedade intrínseca do tempo, não dos instrumentos de medida. E, como conseqüência dessa propriedade, "o fluxo uniforme do tempo sem relação com qualquer coisa externa", de Newton, resulta ser uma ilusão. Há tantos "tempos" quantos "observadores" possam existir movendo-se um em relação ao outro.

Não seria surpreendente que esses argumentos científicos, racionais, sobre observadores impessoais e relógios imaginários fizessem surgir uma furiosa resposta emocional ao serem propostos pela primeira vez. O tempo, para começo de conversa, nunca tinha sido uma idéia muito confortável de se pensar. Movia-se inexoravelmente mesmo quando se estava pensando, e não era possível pará-lo ou retardá-lo ou redirecioná-lo. Passava rapidamente e não dava segurança. Se alguma vez oferecia algum conforto, este vinha de sua universalidade, da noção de que ele fluía uniforme e imutavelmente. Era democrático no mesmo sentido em que a morte o é. Seu fluxo era sempre o mesmo para qualquer um, em qualquer lugar. Você não pode pará-lo, mas pelo menos podia resignar-se e nadar com ele, e ele o transportaria da mesma forma que a todos e tudo. A declaração de que a simultaneidade era relativa suprimiu até mesmo esse conforto. Ela dizia que não havia tal coisa, afinal, como o mesmo tempo em todos os lugares, nem isso de o tempo fluir a uma mesma velocidade em qualquer lugar. Não há tempo universal. O que se descobriu foi que não apenas não se podia parar o rio do tempo, mas que, de fato, *não havia nenhum rio simples em absoluto*. Há, apenas, regatos desconexos. O "tempo", que se julgava ser uma dimensão ímpar em nossa existência, resultou não existir como tal.

Algumas vezes ajuda a evitar confusão se nos lembrarmos de que o caráter relativo da simultaneidade se refere apenas à simultaneidade de acontecimentos distantes. Se dois eventos ocorrem no mesmo lugar simultaneamente, são simultâneos para todos os observadores. Com referência ao mesmo ponto no espaço, a simultaneidade é absoluta. Isso é razoável, uma vez que, se dois eventos acontecem no mesmo lugar, o caráter absoluto da velocidade da luz não influi e não há ambigüidade na idéia da simultaneidade. Assim, quando a adaga de Bruto se encontrou com o coração de César, este morreu, seja qual for o sistema de referência. A morte permanece absoluta na relatividade – assim como os beijos dos amantes, já que são trocados ao mesmo tempo e no mesmo lugar.

Depois das primeiras tempestades, a oposição do caráter relativo da simultaneidade morreu surpreendentemente depressa. Em questão de cerca de dez anos, a teoria especial da relatividade tornou-se uma parte da física universalmente aceita, e o problema da simultaneidade não pareceu incomodar mais os físicos. Isso aconteceu principalmente porque a teoria foi muito bem-sucedida em explicar as observações e também porque sua lógica intrínseca se tornou gradualmente evidente a todos. De uma posição puramente lógica, essa aceitação bastante rápida da relatividade parece natural. Na verdade, os textos de física enfatizam que a oposição inicial à simultaneidade de Einstein resultou de um pensamento confuso – os físicos, portanto, não se surpreenderam de que a resistência às novas idéias em breve se exaurissem.

O ponto de vista de um psicólogo, porém, pode ser diferente, e é bastante justificado. Os julgamentos dos seres humanos nem sempre são determinados exclusivamente pela lógica – particularmente quando está envolvido um tópico emocional como a natureza do tempo. Jean Piaget, por exemplo, julgava a oposição inicial ao caráter relativo da simultaneidade perfeitamente natural, mas achou desconcertante, a princípio, que essa oposição tivesse cessado tão rapidamente. Como era possível, perguntava, que a descoberta do caráter relativo da simultaneidade não tivesse causado uma oposição maior, mais duradoura e mais persistente? Por que não causou uma crise mais profunda e mais duradoura, pelo menos na filosofia? Para tentar explicar isso, Piaget invocou os resultados de seus próprios experimentos lidando com a percepção da simultaneidade por crianças pequenas. De acordo com seus resultados, a simultaneidade não é uma propriedade do tempo que as crianças possam perceber de maneira precisa.

Em um dos experimentos de Piaget, mostram-se às crianças duas bonecas andando na mesma direção. Enquanto as bonecas começam a andar juntas, lado a lado, na mesma velocidade e param juntas, as crianças de cinco e seis anos de idade percebem sua partida e sua chegada como sendo simultâneas. Mas, se uma boneca se move mais depressa e passa à frente, embora realmente pare ao mesmo tempo que a outra, as crianças insistem em que a que estava na frente parou depois. A simultaneidade, portanto, parece ter um significado diferente, mais restrito, quando se tem pouca idade do que nos anos posteriores. Crianças mais velhas não tinham, de fato, dificuldade em perceber a simultaneidade da parada das duas bonecas. Mas esses experimentos nos dizem que a simultaneidade não é uma noção primitiva, congênita ou cedo adquirida. É adquirida mais tarde, é mais um construto intelectual que se desenvolve em um estágio mais avançado do desenvolvimento do cérebro humano. E essa foi a razão, argumenta Piaget, de ter sido relativamente fácil abandoná-la e substituí-la por um novo e diferente construto intelectual: a simultaneidade einsteiniana.

Outra idéia interessante originada dos experimentos da escola de Piaget, a qual já mencionei anteriormente, é que a noção de velocidade é mais fundamental na percepção das crianças pequenas do que qualquer outra propriedade perceptível do tempo, como a duração ou a simultaneidade. A "velocidade", em outras palavras, é uma noção mais básica, mais intuitiva e menos derivada do que nossos conceitos sobre as características puramente temporais do movimento. Esse é um resultado notável. Como indica o físico David Bohm, ele pode auxiliar-nos a compreender por que podemos construir intelectualmente, sem muita dificuldade, a estrutura simbólica de tempo e espaço da relatividade em torno da velocidade da luz. Pois, quando construímos o espaço e o tempo da relatividade em torno de uma "velocidade", podemos ter repetido, em nível muito mais abstrato, o que fizemos com os primeiros construtos mentais de tempo e espaço de nossa infância.

O experimento mental com os raios de luz, do qual se deduziu o caráter relativo da simultaneidade, é um simples exemplo do raciocínio usado para examinar as propriedades do tempo e do espaço na teoria especial da relatividade. À proporção que a teoria se desenvolvia, argumentos matemáticos e experimentos idealizados se seguiam uns aos outros e, cada vez mais, as características do espaço e do tempo vieram a se tornar relativas e a ter um significado científico pouco preciso. A distância entre dois pontos fixos no espaço, por exemplo, e daí uma coisa simples como o comprimento de uma vara, resultou ser relativa. "Relativa" significa aqui a mesma coisa que significou com relação à simultaneidade. Suponhamos que eu tenha uma vara em minha mão, a qual meço como tendo um metro de comprimento. Você passa por mim, paralelo à vara, a grande velocidade, mede o comprimento da vara e verifica que é, digamos, de apenas meio metro.[3] Mas aqui vem a relatividade: se você também tiver uma vara na mão, cujo comprimento você mediu como sendo de um metro, eu também medirei sua vara como tendo apenas meio metro de comprimento. Ambos os resultados estão corretos. Nós dois temos de ver o mundo nos mesmos termos, pois não há maneira de determinar qual de nós está se movendo. Outros observadores podem encontrar comprimentos muito diferentes, dependendo da velocidade em que se movimentem em relação a mim ou a você. Isso não se deve a qualquer inabilidade técnica de medir com precisão os comprimentos das varas em movimento. Os resultados de tais experimentos, como os dos experimentos sobre o caráter relativo da simultaneidade, devem-se à característica básica do tempo e do espaço – o comportamento da velocidade da luz. É por isso que o comprimento de um corpo depende da velocidade com que você se move em relação a ele, e é por isso que o conceito de comprimento ou distância não é terrivelmente significativo. O volume de um corpo também é relativo. Sua medida depende, novamente, de o observador estar se movendo ou em repouso em relação a ele. A duração entre dois eventos também não é absoluta e, conseqüentemente, a duração de existência de qualquer processo também é relativa. Tudo depende da velocidade com que o observador que faz a medida se move em relação a ele.

Entre todas as propriedades relativas de tempo e espaço, foi justamente essa propriedade do tempo, a *relatividade das durações*, a primeira confirmada por medidas precisas no mundo real. Mais de 40 anos atrás, no fim da década de 30, descobriu-se que, quando os raios cósmicos (que consistem em núcleos atômicos, principalmente prótons, vindos de algum lugar do espaço exterior e portando grande quantidade de energia) atingem os átomos das camadas externas da atmosfera terrestre, essas colisões produzem certas partículas elementares, entre as quais está um tipo de partícula que agora chamamos de "múon". Essas partículas são instáveis: depois de certo tempo, decaem em elétrons e outras partículas. O tempo de vida médio dos múons, quando estão em repouso em laboratório, foi medido com cerca de 2 milionésimos de segundo. "Tempo de vida médio" significa aproximadamente que, se 100 múons fossem criados ao

[3]Para que você chegue a essa resposta em particular, sua velocidade relativa a mim deve ser, de acordo com a fórmula de Einstein, calculada por minha calculadora de bolso, cerca de 87% da velocidade da luz.

mesmo tempo, 2 milionésimos de segundo depois haveria somente cerca de 50 múons presentes e, depois de 4 milionésimos de segundo, apenas 25. Algumas centenas de milionésimos de segundo depois não haveria praticamente nenhum mais. Os múons criados durante as colisões na atmosfera trafegam muito rapidamente; sua velocidade é muito próxima da velocidade da luz. Mas, mesmo que os múons viajassem exatamente à velocidade da luz, não poderiam cobrir, em alguns milionésimos de segundo, mais que um par de quilômetros. As camadas externas da atmosfera, por outro lado, estão a cerca de 10 quilômetros do nível do mar. Como, então, seria possível que esses múons fossem encontrados em grandes quantidades ao nível do mar? A resposta é que, quando trafegam a essa velocidade relativa a um observador em repouso, seu tempo flui a uma taxa menor. Para um observador em repouso na Terra, o tempo de vida médio do múon pareceria maior do que se fosse medido com o múon em repouso no laboratório. Pode-se calcular que, se um múon se move a uma velocidade ligeiramente maior que 99% da velocidade da luz, então seu relógio se atrasa num fator de 10; isso é suficiente para explicar como pode atingir o nível do mar.

Essa é uma explicação convincente, mas agora se pode perguntar o seguinte: se é verdade que todos os observadores são igualmente confiáveis, então como poderia um observador hipotético, *que se movesse junto com o múon*, explicar tudo isso? Esse observador não veria o múon deslocando-se em absoluto. De fato, ele ou ela, em repouso com relação ao múon, mediria o tempo de vida médio do múon como sendo justamente 2 milionésimos de segundo. Como é que nosso observador explicaria como o múon consegue atravessar a atmosfera em um período de tempo tão curto? A resposta é que ele não mediria a distância a ser coberta como sendo de dez quilômetros. Lembram-se do exemplo da vara e do encurtamento de distâncias para observadores em movimento? O observador sentado no múon veria a atmosfera movendo-se muito depressa, calcularia, conseqüentemente, a distância através da atmosfera como sendo mais curta e, assim, não teria dificuldade em entender como o múon cobre uma distância mais curta em um tempo menor. Nem o observador no nível do mar nem o que estivesse sentado no múon veriam qualquer paradoxo nisso, contanto que ambos usassem os conceitos relativistas de espaço e tempo. Ambos julgariam a chegada do múon ao nível do mar impossível de explicar, caso pensassem nisso em termos de espaço e tempo newtonianos.

E que dizer da propagação da luz? Com o desaparecimento do éter, de que meio as ondas de luz eram formadas? Se não havia éter, de que tipo de onda eram feitas as ondas de luz? A resposta da relatividade é que as ondas de luz (e as ondas eletromagnéticas em geral) são oscilações autônomas. Propagam-se por si mesmas no espaço totalmente vazio. São suas propriedades elétricas e magnéticas que oscilam e se espalham em forma de ondas.

Essa é uma resposta notável por duas razões. Primeiro porque a idéia de oscilações autônomas, que existem sem um meio transportador, embora não particularmente estranha aos nossos ouvidos, era completamente inacreditável para muitos dos contemporâneos mais idosos de Einstein. "Sabemos que a luz é a vibração de alguma coisa – mas de quê? – daquilo que chamamos éter", dizia Michelson, o próprio indivíduo cujos experimentos constituíram uma das melhores peças de evidência para a relatividade. É sempre difícil abandonar decisivamente idéias que aprendemos em nossa juventude. Os contemporâneos mais velhos e mais tradicionais de Einstein estavam presos ao conceito do éter a um grau que poderíamos considerar às vezes como irracional. A principal razão pela qual o conceito de éter era tão atraente pode muito bem ter sido que a propagação da luz em um meio era um processo que se ajustava muito bem aos modelos internos de nosso cérebro. Era congruente com nossas experiências. As oscilações autônomas da propagação eletromagnética são menos fáceis de visualizar e mais difíceis de se ajustar aos nossos modelos mentais do mundo exterior.

A velocidade da luz é a única velocidade absoluta na natureza, mas podemos encontrar outros absolutos também. Ao procurá-los, ajuda lembrar que nem as propriedades puramente espaciais nem as puramente temporais (com exceção de um importante absoluto temporal que descreverei agora) podem ser absolutas, mas apenas alguma combinação de ambas. A velocidade da luz em si é uma dessas combinações, mas há outras. Uma interessante e típica medida absoluta é a chamada "evento-distância". Imaginem-se, por exemplo, dois eventos que ocorrem em dois lugares diferentes, em dois tempos diferentes. (Não importa em absoluto quais eventos sejam imaginados. Meu tocar no papel com minha pena quando comecei a escrever esta frase pode ser um evento e a visão de uma explosão de uma supernova em uma galáxia distante, outro). Meçamos a distância espacial entre os dois lugares e a chamemos de a. Em seguida, meçamos o tempo entre os dois eventos. Calculemos agora a distância que a luz teria coberto durante o intervalo de tempo que se mediu. Chame-se essa distância de b. Sabemos que nem a nem b têm um significado muito objetivo, já que nenhuma das duas é absoluta. Observadores que se movessem um em relação ao outro poderiam encontrar valores amplamente diferentes tanto para a como para b. Mas, se achassem a diferença entre os quadrados das duas (isto é, $b^2 - a^2$), esse número seria o mesmo para todos os observadores (supondo-se que usassem as mesmas unidades). Embora as distâncias espaciais e temporais sejam, em si, relativas e destituídas de muito significado, o evento-distância, como definido acima, é uma quantidade absoluta, uma propriedade objetiva do mundo exterior. Não depende do modo como um observador se movimenta em relação aos eventos. Mas essa propriedade absoluta da natureza é algo do qual não temos um modelo perceptual. Não temos sentidos para perceber e nenhum modelo intuitivo para imaginar eventos-distâncias. São partes do modelo científico da realidade; pertencem a uma cosmologia conceptual cuja representação mental do mundo é emoldurada por um espaço-tempo unificado.

Mas, como mencionei, há realmente uma propriedade da natureza puramente temporal para a qual a ordem temporal é absoluta e que se ajusta muito bem aos nossos modelos mentais. A ordem temporal de dois eventos não pode jamais apresentar-se invertida a qualquer observador, se um dos eventos puder ser a causa do outro. Suponhamos que A atire em B de uma certa distância. O intervalo de tempo entre A puxar o gatilho e a morte de B pode parecer e pode ser medido diferentemente por diferentes observadores, já que estes podem achar a velocidade da bala como sendo diferente. Mas nenhum observador pode jamais ver B morrer *antes* de A puxar o gatilho. É crucial que isso seja assim. Se todos os observadores têm uma posição igual de observar o mundo real, então o mundo deve ser igualmente racional para todos eles. Em um mundo racional, a "causa" sempre precede o "efeito". A teoria da relatividade garante isso, exigindo que nenhuma forma de matéria, nenhuma forma de energia possa jamais ser propagada, nenhuma informação possa jamais ser transmitida mais depressa que a velocidade da luz. Uma vez isso suposto, o formalismo matemático da teoria garante que, se um observador vê o evento C causar o evento D, então a ordem temporal dos dois permanecerá a mesma para todos os observadores. A velocidade da luz, então, não é apenas uma velocidade absoluta na relatividade, mas também uma velocidade *limitante*. Nenhuma informação, nenhum sinal pode jamais mover-se mais depressa. Já que o movimento de partículas de um lugar para outro pode sempre constituir um sinal ou uma informação, nenhuma partícula, então, pode jamais trafegar mais depressa que a velocidade da luz.[4]

---

[4]É, porém, perfeitamente certo ter velocidades puramente geométricas que possuam qual-

A própria existência de uma velocidade limitante permite considerar dois eventos diferentes que não possam ter uma conexão causal. Imaginem-se duas pessoas, A e B, colocadas em posições tão afastadas uma da outra que a luz precise de cinco minutos para ir de A até B. A está disparando uma arma quando o relógio do observador marca meio-dia. Quando o relógio marca 12h 2min, B cai morto. Uma vez que a velocidade da luz é a velocidade limitante, o tiro da arma não pode ter causado a morte de B, já que a bala teria de viajar duas vezes e meia mais depressa que a luz para atingir B em dois minutos. O fato de B ter morrido depois que A disparou a arma deve ter sido puramente uma coincidência nesse caso. Ninguém, nem um Sherlock Holmes, nem mesmo um Nero Wolfe, poderia pôr a culpa em A.

Em tais casos, a ordem temporal dos dois eventos não é mais importante. Outro observador, movendo-se em relação ao primeiro, poderia ver B morrendo antes que A disparasse. Uma vez que os dois eventos não tinham qualquer relação entre si, o observador não teria visto algo irracional. A teoria, portanto, pode permitir que isso aconteça. A ordem temporal dos dois eventos é absoluta somente se há uma conexão causal entre eles. É irrelevante nos outros casos.

O reconhecimento de tudo isso resulta em encontrar uma nova e interessante característica do espaço-tempo. No espaço e no tempo clássicos, a ordem temporal de dois acontecimentos era sempre absoluta. Se o acontecimento C tinha lugar antes de D para um observador, assim ocorria com todos os observadores. No espaço e no tempo clássicos, portanto, C estava sempre no passado em relação a D (ou, o que corresponde à mesma coisa, D estava sempre no futuro em relação a C). Conseqüentemente, quaisquer dois eventos no espaço e no tempo clássicos, ou tinham acontecido ao mesmo tempo, ou um estava no passado em relação ao outro, de modo absoluto – isto é, para todos os observadores. Na relatividade, há possibilidades mais absolutas. Um evento pode coincidir no tempo com outro para todos os observadores se os dois ocorrem no mesmo lugar. Em segundo lugar, um evento pode estar no passado em relação ao outro

---

quer valor que se queira. Imagine-se, por exemplo, que se produza uma marca na Lua, proveniente de um jato de luz originado da Terra. Mesmo um lento movimento da lanterna faria com que a marca se movesse mais depressa que a velocidade da luz, pois a Lua está muito distante de nós. Mas, em tal caso, o que se move é meramente um ponto geométrico – o ponto em que os fótons do jato atingem a superfície da Lua. Esse "movimento" não envolve qualquer objeto material ou qualquer energia, e nenhuma informação pode ser transmitida por ele. Nenhuma coisa física se move mais depressa que a velocidade da luz nesse processo – nem os fótons, nem a lanterna.

para todos os observadores se o primeiro puder ser a causa do segundo. Finalmente, como no nosso exemplo do disparo de arma, um evento pode não estar no passado nem no futuro em relação a outro, nem também ser contemporâneo a ele – pode estar no "outro lugar" absoluto. A expressão "outro lugar" significa que a ordem temporal dos dois eventos – se não podem ter relação de causa – pode ser diferente para observadores diferentes e que, portanto, não é significativo declarar que um ocorreu mais cedo ou mais tarde que o outro.

Não há velocidades limitantes de qualquer espécie no espaço e no tempo clássicos. Você pode adicionar velocidade sobre velocidade o quanto quiser. Imagine-se sentado em um banco ao lado dos trilhos de uma estrada de ferro. Um grande trem passa, digamos, a 99% da velocidade da luz. Pode-se, além disso, imaginar que há trilhos nesse longo trem, nos quais se movimenta, na mesma direção, outro trem cuja velocidade é novamente 99% da velocidade da luz *em relação ao grande trem*. Então, de acordo com o raciocínio clássico, você mediria a velocidade do segundo trem em relação a você como 198% da velocidade da luz. Pode-se, além disso, imaginar que também há trilhos no segundo trem e que um terceiro trem se move neles, novamente com 99% da velocidade da luz em relação ao segundo trem, e assim por diante. Pode-se, então, observar uma velocidade tão alta quanto se queira. Todas essas suposições estão de acordo com as propriedades do tempo e do espaço clássicos.

Mas o quadro é muito diferente na realidade. A matemática do espaço-tempo relativístico é diferente da matemática do espaço e do tempo clássicos. Conseqüentemente, as regras de "adição" de duas ou mais velocidades são também diferentes na relatividade. Se você combinar as velocidades de todos esses trens usando as regras do espaço-tempo relativístico, terá um quadro inteiramente diferente: nunca encontrará uma velocidade resultante maior que a da luz. De fato, a fórmula para combinar velocidades é tal que, se você "somar" a velocidade da luz quantas vezes quiser, a resultante será sempre justamente a velocidade da luz, e não mais. O caráter limitante dessa velocidade está, em outras palavras, inerente na estrutura matemática da relatividade.[5]

[5]A hipótese de que a velocidade da luz é um limite superior para todas as velocidades foi verificada como sendo correta durante 60 anos, desde a criação da teoria especial da relatividade. Análises teóricas mais recentes mostraram, contudo, que a existência de partículas movendo-se mais depressa que a velocidade da luz não contradiria a teoria da relatividade, contanto que essas partículas *sempre* se movessem a velocidades maiores que a da luz. Algumas pessoas então sugeriram que tais partículas poderiam existir. A velocidade da luz, de acordo com sua análise, ainda permanecia absoluta e também permanecia como veloci-

Neste ponto surge uma questão legítima: se a estrutura espaço-tempo da relatividade é assim tão diferente do espaço e do tempo clássicos, e se é a estrutura relativística que descreve melhor a realidade, então como foi possível à física clássica despender três séculos de desenvolvimento com ilusões sem significado como espaço absoluto e tempo absoluto? Por que foram necessários três séculos para se descobrir o caráter fictício do espaço e do tempo absolutos?

A resposta a essas perguntas está no fato de a velocidade da luz ser muito grande em comparação com todas as outras velocidades que estamos habituados a encontrar quando observamos o movimento de vários corpos na Terra ou no sistema solar. Para verificar melhor esse ponto, imaginemos que, em vez de estarmos em nosso universo real, evoluímos e vivemos em um outro onde a velocidade da luz – isto é, a única velocidade absoluta e também a maior velocidade conseguida por qualquer coisa – é bem menor, de tal forma que nossos sentidos podem facilmente percebê-la.[6] Vamos ainda supor que, nesse universo imaginário, as leis da física são as mesmas do mundo real e as leis da evolução biológica também são essencialmente as mesmas. Em um universo assim, a percepção de um espaço e de um tempo separados entre si nunca poderia evoluir em animais maiores porque tais percepções não seriam adaptativas. Haveria um "mapa" em nosso cérebro para o espaço-tempo, mas não mapas espaciais e temporais separados. Os últimos não teriam qualquer utilidade. Também não haveria palavras distintas para "espaço" e "tempo", só a palavra para "espaço-tempo". Viveríamos em um mundo onde qualquer criança esperta de seis anos compreenderia o caráter relativo de distâncias e intervalos de tempo, tão facilmente como as crianças de nosso mundo compreendem o caráter de esquerda e direita. Nesse universo imaginário, qualquer informação seria processada no cérebro por meio de modelos do mundo em termos

dade limitante. Mas para essas partículas – até agora inteiramente hipotéticas – seria uma velocidade limitante mínima. Essas partículas, chamadas "táquions" (do grego *tachys*, veloz) não podem, em outras palavras, mover-se mais lentamente do que a velocidade da luz. Mostrou-se também que a existência dessas partículas não conduziria necessariamente a violações da ordem causal do mundo se seus efeitos observáveis fossem interpretados cuidadosamente. Durante a década de 70, foram feitos vários experimentos com a finalidade de detectar tais partículas. Mas a caçada, até agora, não teve sucesso.

[6]Não se importe por isso não ser possível de maneira alguma. Se a velocidade da luz fosse muito diferente do que é, a velocidade de trabalho de nosso sistema nervoso poderia ser correspondentemente diferente, já que as interações moleculares são sempre eletromagnéticas. Portanto, a velocidade da luz provavelmente seria sentida pelos seres vivos como muito grande, qualquer que fosse seu valor real. No entanto, as suposições acima ajudam a esclarecer a relação do espaço-tempo com o espaço e o tempo.

de espaço-tempo. Os equivalentes humanos em tal universo teriam que pensar muito para se compenetrar de que, se sua velocidade limitante fosse muito maior, o mundo poderia ser percebido em termos de espaço e tempo separados. Em outras palavras, em contraste com nosso universo real, onde desenvolvemos intuições distintas para tempo e espaço, enquanto o espaço-tempo é um construto intelectual, nesse universo imaginário teríamos mais propriamente desenvolvido uma intuição para espaço-tempo, enquanto o espaço e o tempo distintos se teriam desenvolvido como conceitos abstratos difíceis de abarcar.

Podemos agora imaginar um outro universo onde não haja velocidade absoluta ou limitante, de modo algum. Isso significa que alguns sinais (digamos, a luz) poderiam trafegar com velocidade infinita. Uma lanterna bastante forte iluminaria todas as partes do universo no momento em que fosse ligada. Em tal universo não poderia haver teoria da relatividade (o segundo axioma tornar-se-ia sem sentido) e o espaço e o tempo seriam ambos verdadeiramente absolutos e independentes um do outro. O "espaço-tempo" seria inimaginável.

Em nosso universo real, a velocidade da luz não é infinita, mas é muito grande, tão grande que não podemos percebê-la. Assim, no que diz respeito aos nossos sentidos, pode ser infinita. Conseqüentemente, nosso sistema nervoso desenvolveu-se como se a velocidade da luz fosse realmente infinita e, portanto, percebe o mundo em termos de espaço e tempo distintos. Foi somente muito mais tarde, através de nossa capacidade de imaginar meios de medir a velocidade da luz e de nos certificar de seu caráter absoluto, e de nossa capacidade de raciocinar abstratamente, que chegamos à fascinante conclusão de que propriedades espaciais distintas, assim como propriedades temporais distintas, são, de fato, grandes ilusões. Não nos ajudam a extrair sentido de nossas observações do mundo mais exigentes. O "espaço-tempo", ao contrário, nos ajuda a fazê-lo e, assim, tornou-se nosso "mundo real".

Este "mundo real" científico, porém, não é idêntico ao mundo do dia-a-dia, nem mesmo ao mundo do dia-a-dia científico. Se tivermos de andar dez milhas, o esforço necessário não se tornará ilusório por sabermos que, para algum observador em movimento rápido, essa distância pode ser de apenas algumas jardas. Quando afirmamos que a galáxia de Andrômeda está a 2 milhões de anos-luz de nós, não dizemos que isso é verdadeiro apenas em um sistema em que ambos, nós e a galáxia, estamos em repouso. A ilusão de tempo e espaço distintos é e permanecerá sempre muito importante para nós. Mas, agora que conhecemos os limites dessa ilusão, sabemos até onde ela nos pode levar e sabemos quando deixá-la para trás.

A importância da relatividade é dupla. Além de corrigir e esclarecer nossas percepções do mundo e nos permitir compreender melhor a natureza do espaço e do tempo, é também vitalmente importante como ferramenta de pesquisa prática. Embora nossos sentidos não possam perceber velocidades próximas à da luz, partículas elementares, assim como galáxias distantes, se movem, uma em relação à outra, a velocidades bem aproximadas desta. Portanto, sem usar os conceitos de tempo e espaço relativísticos, não nos seria possível extrair sentido do que observamos naqueles reinos situados fora dos limites do imediatamente perceptivo: os mundos do muito pequeno, do muito grande e do muito rápido. Como todos os modelos adaptativos na história, o "espaço-tempo" amplia o mundo compreensível.

As leis fundamentais da física são absolutas, diz o primeiro postulado da teoria especial da relatividade. Mas um grande número de importantes leis da física foi descoberto antes que a relatividade nascesse. Elas são erradas então? Se algumas o são, como vamos descobrir quais as que são e quais as que não são? Lembramo-nos de que, no fim do século XIX, a física clássica consistia, essencialmente, em duas grandes teorias: a mecânica clássica e o eletromagnetismo clássico.[7] É um fato matemático da vida que ambas as teorias não podem ser absolutas. Se uma delas o é, então a outra certamente não o é. A experiência de Michelson-Morley foi essencialmente um voto para a teoria de Maxwell e, conseqüentemente, um voto contra as equações da mecânica de Newton. A teoria da relatividade presume, em outras palavras, que as equações de Maxwell do eletromagnetismo constituem protótipo de uma lei verdadeira da natureza. A relatividade não muda, em absoluto, essas equações.[8]

Mas, se as equações de Maxwell são um protótipo das verdadeiras leis da natureza, então a mecânica de Newton, as equações newtonianas do movimento, não o são. Para que também tivéssemos leis absolutas em mecânica, as equações de Newton tinham de ser modificadas. A teoria da relatividade deu uma clara prescrição para essas modificações e elas foram executadas sem muita dificuldade. No processo, um novo ramo da física, que chamamos de mecânica relativística, foi criado. Foi no contexto da mecânica relativística

[7] Ignoro a termodinâmica por não ser relevante para o nosso tema.

[8] Uma olhada à página 142 o convencerá de que essas leis apresentam uma simetria em que espaço e tempo desempenham funções semelhantes e permutáveis. Essas leis descrevem mudanças em espaço e tempo de uma maneira absoluta.

que surgiram muitos desses fatos novos, surpreendentes, contribuindo para a fama da teoria. A nova mecânica predisse, por exemplo, que a massa inercial de um corpo em movimento aumentaria à proporção que aumentasse a velocidade do corpo. Mais precisamente, dizia que, se um corpo se movesse em relação a um observador, esse observador mediria essa massa como maior que a medida por outro observador que estivesse em repouso com relação ao mesmo corpo. O aumento de massa é tal que é uma impossibilidade prática para qualquer corpo jamais atingir a velocidade da luz. Isso dá um fundamento físico à necessidade teórica de que nenhum sinal possa viajar mais depressa que a velocidade da luz. Outra descoberta famosa refere-se às duas importantes leis de conservação na mecânica clássica, as leis da conservação do momento e a da conservação da energia. A nenhuma dessas leis se podia dar uma forma absoluta. Einstein, porém, pôde criar uma nova e absoluta lei da conservação, redefinindo e unificando as idéias de energia e momento. A unificação da energia e do momento foi conseguida com o mesmo método matemático utilizado para a unificação do tempo e do espaço. Dessa nova e unificada lei da conservação surgiu ainda uma outra lei, que ligava a conservação da energia à conservação da massa: $E = mc^2$. Essa equação estava destinada a se tornar a mais famosa lei científica na história.

A fama inusitada de $E = mc^2$ deve-se à sua relação observada com a energia nuclear. Essa relação, porém, muitas vezes é mal compreendida. A própria equação não faz referência em absoluto à energia nuclear. Quando Einstein descobriu essa lei, possivelmente não sabia que os átomos tinham núcleos. Essa idéia só foi sugerida por Ernest Rutherford depois de uma série de experimentos célebres durante os anos de 1908-1911. A relação entre a energia nuclear e a equação $E = mc^2$ só se estabeleceu no princípio da década de 20, quando se verificou que a lei de Einstein podia ser usada para medir o conteúdo energético dos núcleos atômicos. A equação diz que a energia de qualquer coisa pode igualmente ser considerada como parte de sua massa inercial. Portanto, a massa pode ser considerada como energia. E a equação dá a prescrição para se calcular o conteúdo energético de uma certa quantidade de massa (ou a massa de uma certa quantidade de energia). O fator que converte um no outro é o quadrado da velocidade da luz. A equação expressa uma lei geral, válida para todos os processos naturais envolvendo massas. É tão válida para o queimar de uma vela quanto para o funcionamento de um reator nuclear. No caso da vela, porém, as energias envolvidas são muito pequenas para provocar uma mudança mensurável na massa, e portanto a relação entre energia e massa não se manifesta de maneira observável. Mas as energias que a natureza coloca nos núcleos atômicos são enormes, e seus equivalentes de massa se manifestam de maneira mensurável.

A razão pela qual os físicos tiveram tal interesse imediato por essa equação foi que, por toda a história, massa e energia tinham sido consideradas duas características distintas e independentes da matéria. A equação $E = mc^2$ mostra que as duas são realmente equivalentes. O principal significado desse resultado foi ter simplificado o mundo e o tornado mais coerente.

A reformulação das leis da mecânica de Newton foi extremamente bem-sucedida. Conduziu à descoberta de novas leis e novos fenômenos. Mas o outro grande produto do gênio de Newton, a lei da gravitação universal, ainda permanecia um enigma. A própria lei não era absoluta, já que, antes de tudo, diz que a força gravitacional entre dois corpos depende da distância espacial entre eles. Essa declaração, por si só, tornaria a lei suspeita, uma vez que as distâncias não são absolutas. Uma análise mais exata mostrou que a lei da gravitação de Newton não era realmente absoluta porque observadores movendo-se a diferentes velocidades verificariam que a lei assumia diferentes formas. Durante alguns anos, Einstein e outros tentaram mudar a lei da gravitação para torná-la absoluta, de acordo com o espaço-tempo da relatividade especial. Todas as tentativas falharam. Mas dessas falhas nasceu, dez anos depois da teoria especial, uma teoria que uma vez mais mudou os conceitos de espaço e tempo e o fez de outras maneiras inesperadas. Foi a teoria geral da relatividade.

Foi por volta de 1907 que Einstein ficou convencido de que o problema da gravitação não podia estar separado do da aceleração.[9] A idéia que liga as duas pode ser compreendida por meio de uma pequena peça de ficção científica. Suponha-se que, como Rip van Winkle na história de Washington Irving, você durma e acorde muitos anos depois em um quarto fechado. Você não sabe onde está, mas uma nota na mesa diz que você foi raptado e deixado em algum

[9]Aceleração é a quantidade que mede quão rapidamente a velocidade de um corpo está mudando. Um corpo que caia livremente na Terra, por exemplo, aumenta sua velocidade de cerca de 10 metros por segundo durante cada segundo. Depois de cair durante um segundo, sua velocidade é de 10 metros por segundo; depois de cair por dois segundos, sua velocidade é de 20 metros por segundo, e assim por diante. A queda livre, a propósito, é um exemplo do que se chama de aceleração "uniforme", em que a taxa de aumento da velocidade permanece constante.

lugar. Duas alternativas são dadas a respeito do lugar em que você está, supondo-se que uma delas seja verdadeira. Ou você está em uma casa comum em algum lugar perto de onde normalmente vive, ou está a muitos milhões de milhas do sistema solar, no espaço exterior, numa espaçonave equipada com foguetes. A nota pede que você decida, por meio de experimentos físicos, qual das duas alternativas corresponde à realidade. Se a solução for correta, você será recompensado por um rápido transporte para casa. Se não for, um destino terrível estará esperando por você.

A princípio, seu problema parece bem simples. Você se lembra de todos aqueles astronautas que viu na televisão flutuando sem peso em espaçonaves e verifica que você não está flutuando em absoluto. Seus pés estão firmemente plantados no chão, assim como a mobília do quarto. Então você percebe uma bola em algum lugar do quarto e decide usá-la para realmente testar a lei da queda livre. Quando o faz, verifica que a bola cai cerca de cinco metros no primeiro segundo, cerca de 15 no segundo, 25 no terceiro, e assim por diante.[10] Você redescobre, em outras palavras, a lei que Galileu descobriu quase 400 anos antes. Todos esses fatos parecem estabelecer que você não está em nenhum lugar do espaço exterior, mas repousando em segurança na boa e velha Terra.

Mas você pode realmente ter certeza? Na verdade, mesmo depois de todos esses experimentos, a resposta ainda está em dúvida. Ainda é igualmente possível que você esteja em uma espaçonave no espaço exterior. Que tal se os foguetes da espaçonave estiverem funcionando suave e silenciosamente em uma direção que para você parece "para baixo" e, assim, estejam aumentando a velocidade "para cima" da espaçonave de dez metros por segundo? Se esse for o caso, seus pés e tudo mais no quarto estarão sendo pressionados contra o chão, tal como se estivesse na Terra, e a bola pareceria cair exatamente como se estivesse na Terra. E você não terá meios de determinar se a causa de tudo isso não é a gravitação – não há uma grande massa em lugar algum perto de você –, mas na verdade a *inércia*, que é a mesma força que você sente sempre que se encontra em um veículo que esteja mudando de velocidade.

Você pode quebrar a cabeça e imaginar outros experimentos capazes de estabelecer uma distinção entre os efeitos da gravitação na Terra e os da aceleração uniformemente suave em um sistema fe-

---

[10]Esses dados correspondem exatamente aos dados sobre a aceleração descritos na nota anterior. Se eles parecem não combinar, lembre-se de que a velocidade vai mudando constantemente durante a queda livre, mesmo durante frações de segundo.

chado. Mas nada vai funcionar. Não há jeito. Nenhum instrumento e nenhum cálculo pode responder esta pergunta: você está na Terra ou em uma espaçonave em aceleração uniforme? Em outras palavras, você está sendo atraído por uma massa ou está meramente acelerando? Para você, no quarto, os efeitos produzidos por essas circunstâncias externas inteiramente diferentes vão ser exatamente os mesmos.

Fazendo uma generalização arrojada, Einstein concluiu que os efeitos da gravitação e da aceleração devem ser idênticos. E não podemos fazer distinção entre eles, não porque sejamos desajeitados ou estúpidos, mas porque realmente não há diferença entre eles. Em uma pequena região do espaço, qualquer que seja, gravitação e aceleração são um e o mesmo fenômeno.

Einstein fez dessa suposição da equivalência da gravitação e da aceleração, comumente conhecida como "princípio da equivalência", o ponto de partida da teoria geral da relatividade. E, embora esse princípio fosse, sob certas formas, conhecido desde os primórdios da ciência moderna – a descoberta de Galileu de que todos os corpos caem livremente da mesma forma já era uma declaração desse princípio –, não foi senão até Einstein analisá-lo que se descobriram certas conseqüências importantes do princípio da equivalência.

Quais foram essas conseqüências? Para descobri-las, vamos decidir que tentaremos extrair sentido de cada fenômeno observado supondo que o princípio da equivalência seja uma lei básica da natureza, e vamos firmar-nos nessa suposição, mesmo que ela temporariamente pareça contradizer o bom senso. Agora imagine novamente que você está no quarto não-identificado e que, dessa vez, descobre nele uma janela e pode ver que está realmente em uma espaçonave, muito longe de qualquer estrela, planeta ou outra concentração de massa. Se a nave acelera, você sente os efeitos, que, como dissemos, são os mesmos que os efeitos gravitacionais de uma massa próxima, mas agora você sabe que os efeitos não vêm de qualquer corpo externo, mas são o resultado de sua própria inércia. Uma vez que consideramos o princípio da equivalência como uma lei básica, somos levados a dizer que, se os efeitos de aceleração não se devem a uma força exercida por um corpo externo, então os efeitos de gravitação idênticos provavelmente não devem ser também causados por forças originárias de um corpo externo. A conclusão que somos levados a estabelecer, portanto, é de que não pode haver essa tal coisa como uma "força gravitacional" proveniente de uma massa.

Embora essa conclusão possa parecer deveras absurda à luz da experiência diária, temos, contudo, que nos firmar nela. E, para ver aonde nos vai levar, vamos concentrar-nos nos sistemas acelerados e tentar aprender, por meio deles, a natureza da gravitação. Suponha que você está em um sistema que se acelera para cima de tal forma que sua velocidade aumenta de dez metros por segundo a cada segundo. Suponha, então, que você está de pé contra uma parede e lançando uma bola pesada cruzando o compartimento. Uma vez que o sistema se acelera para cima enquanto a bola está voando, a bola vai atingir a parede oposta em um ponto mais baixo do que aquele de onde partiu. A bola, em outras palavras, vai comportar-se exatamente como em um compartimento normal na Terra – vai cair. Nenhuma surpresa nisso – é precisamente o que diz o princípio da equivalência: a aceleração é totalmente equivalente à gravitação.

Em seguida, suponhamos que as dimensões da nave sejam tão grandes que a luz precise de todo um segundo para atravessá-la. Você envia um pequeno impulso luminoso através da nave. Se o sistema se acelera para cima uniformemente durante o tempo em que a luz estiver atravessando o compartimento, a luz também atingirá a parede em um ponto mais baixo do que aquele de onde partiu. Não podemos realmente realizar esse experimento – não podemos ter compartimentos na Terra com 300 mil quilômetros de comprimento, já que o comprimento total do equador é de apenas cerca de 40 mil quilômetros –, mas podemos imaginá-lo.

Ora, tanto a bola quanto o raio de luz eram, como dissemos, objetos completamente livres.[11] Não havia literalmente nada nem ninguém nas proximidades que pudesse ter influenciado esses objetos. Poderia parecer, portanto, que em seu sistema de referência a primeira lei do movimento de Newton não era válida. Esses corpos completamente livres, como a bola e o raio de luz, não se movimentaram em linha reta com velocidade constante, mas se comportaram como se houvesse, nas proximidades, grandes corpos exercendo força gravitacional.[12]

A teoria geral da relatividade explicava todos esses paradoxos aparentes de maneira direta, perfeitamente lógica. O raciocínio usava duas suposições. Uma era o princípio da equivalência que, como

---

[11] A luz pode ser considerada como um "objeto" ou um "corpo", pois conduz energia e sabemos, pela relatividade especial, que a energia é equivalente à massa.

[12] É de interesse histórico observar que todos esses experimentos são puramente imaginários. Os primeiros experimentos em sistemas acelerados vieram com o advento da era espacial, cerca de meio século depois que Einstein reconheceu a importância do princípio da equivalência. Mas foram esses experimentos, nunca diretamente realizados (chamados experimentos mentais), que deram a Einstein o indício (cerca de 1912) da natureza real da gravitação. Depois que ele verificou isso, levou mais três anos para encontrar as ferramentas matemáticas para formular as leis matemáticas corretas da teoria completa.

vimos, concluía não haver "força gravitacional". O segundo, que é uma extensão do primeiro postulado da teoria especial, diz que as leis fundamentais da natureza devem ser válidas não apenas para sistemas de referência que se movem *uniformemente* um em relação ao outro, mas também para *qualquer sistema de referência*, não importa quão complicado ou irregular seja seu movimento relativo. A teoria geral da relatividade é baseada, portanto, nas mais fortes exigências possíveis sobre o caráter absoluto das leis da natureza. Havia, desse modo, muito menos justificativa para denominá-la teoria da "relatividade" do que a que pudesse ter existido para a teoria especial.

Examinemos a segunda suposição. Pode parecer estranha a princípio, pois, como vimos anteriormente, a primeira lei do movimento de Newton parecia ser invalidada em um sistema de referência acelerado. Corpos completamente livres não se movem absolutamente em linha reta – movem-se em uma trajetória curva. Então, a primeira lei do movimento, a da inércia, é falsa? De modo algum, disse Einstein, se reformularmos a primeira lei de Newton da seguinte maneira: em vez de dizer que um corpo livre sempre se moverá em linha reta, com velocidade constante, vamos dizer que um corpo livre sempre percorrerá o menor trajeto entre dois pontos. A princípio isso parecerá perder-se em minúcias. O menor caminho entre dois pontos *é* a linha reta que os une. Quando dizemos isso, porém, supomos implicitamente que as regras da geometria no espaço são as mesmas que aprendemos na escola de segundo grau – as regras da geometria euclidiana. Mas, desistindo dessa suposição, podemos ainda nos firmar na primeira lei do movimento de Newton, mesmo em um sistema acelerado. A bola que jogamos, o raio de luz que enviamos percorreram o menor trajeto em um sistema acelerado, se a geometria desse sistema não for euclidiana. Se nos lembrarmos do princípio da equivalência, porém, deveremos dizer também que a geometria, na presença de um campo gravitacional, não pode tampouco ser euclidiana – e aqui descobrimos a característica essencial da teoria geral da relatividade.

Se somarmos tudo isso de modo mais coerente, emergirá o seguinte quadro: a gravitação não é uma força, em absoluto. A interação gravitacional não existe. Mas, se você coloca um corpo em algum lugar no espaço, então *a massa desse corpo influencia a estrutura do espaço em torno dele*. E como sabemos que não podemos expressar leis absolutas apenas em termos de espaço, será melhor corrigir-nos imediatamente e dizer que *massas influem na estrutura do espaço-tempo*. É fácil visualizar como essa coisa acontece invocando uma simples analogia. Imagine uma folha de borracha esticada em uma moldura. Enquanto não há nada na folha, ela é plana. Se você colocar nela uma bola pequena e leve, a bola provavelmente ficará onde você a puser ou, na ausência de qualquer interferência, como a fricção, rolará em linha reta com velocidade constante. No entanto, se você puser na folha uma bola pesada, a bola modificará a folha e, assim, esta não mais ficará plana, e sim curva. E se agora você puser uma bola leve na folha já modificada pela bola pesada, a bola leve mover-se-á em direção à pesada, seguindo a depressão na folha. De fora, se a folha fosse completamente transparente, pareceria que a bola pesada havia realmente atraído a leve.

Isso é fácil de imaginar ou desenhar. Não podemos, porém, nem imaginar nem desenhar a curva de um espaço tridimensional, quanto mais a de um espaço-tempo quadridimensional. Mas o fato de não podermos construir um modelo sensorial não significa que não tenhamos possibilidade de lidar mentalmente com tais conceitos como um espaço curvo. De fato, a exploração conceitual de tais espaços – na forma da geometria não-euclidiana – precedeu de muitas décadas a teoria geral da relatividade.

A primeira geometria não-euclidiana foi construída já na década de 1820. Foi descoberta, simultânea e independentemente, por J. Bolyai, na Hungria, N. I. Lobachevsky, na Rússia, e C. F. Gauss, na Alemanha. Gauss nunca publicou seus resultados, provavelmente por estar receoso da controvérsia que poderiam levantar, e talvez por essa razão a primeira geometria não-euclidiana seja hoje conhecida como a geometria de Bolyai-Lobachevsky. É uma geometria em que se supõe a validade de todos os axiomas de Euclides, exceto o quinto, que, como recordamos do Capítulo 4, é o axioma relativo às linhas paralelas. Bolyai e Lobachevsky mostraram que uma geometria logicamente consistente e perfeita pode ser construída sobre uma suposição que contradiz frontalmente o quinto axioma.

Essa foi uma descoberta importante. Durante toda a sua evolução, a matemática moderna muitas vezes construiu conceitos que não tinham modelos observáveis ou contrapartes em qualquer coisa real, sendo, contudo, altamente relevantes e úteis, tais como os números imaginários. A física não poderia ter evoluído tão depressa como o fez se não tivessem sido criados os números imaginários. Mas foi a geometria de Bolyai e Lobachevsky a primeira *geometria* – disciplina que se supõe lidar com linhas e curvas perceptíveis e outras coisas mais – que deliberadamente contradisse as propriedades sensoriais do mundo e baseou suas leis exclusivamente na lógica.

Em 1854, os conceitos da geometria não-euclidiana foram amplamente aperfeiçoados e generalizados pelo matemático alemão Bernhard Riemann. Os instrumentos matemáticos da teoria geral da relatividade baseiam-se grandemente nas idéias de Riemann, nas idéias daquilo que hoje se chama a geometria riemanniana.

A geometria de Euclides – que praticamente monopolizou o pensamento sobre o espaço até o último século – supunha, implicitamente, que o espaço tridimensional fosse "plano". Admitia linhas e superfícies curvas, mas sempre imersas em um espaço plano no qual o menor trajeto entre dois pontos era sempre uma linha reta. A geometria riemanniana era mais geral. Dizia que o menor trajeto entre dois pontos era determinado pela estrutura do espaço, assim como o menor trajeto entre dois pontos em uma superfície era determinado pela forma da superfície.

Na teoria geral da relatividade, a estrutura do espaço-tempo é determinada pela maneira como as massas são distribuídas nele. O modo como é determinada é o conteúdo das equações fundamentais da relatividade geral, as equações de campo de Einstein. Essas equações foram construídas de tal maneira que, se a distribuição das massas no espaço-tempo for conhecida, poderemos calcular, pelo menos em princípio, a geometria do espaço-tempo. Essas equações ligam a geometria do mundo real à maneira pela qual os objetos são distribuídos nele. Tentando verificar como essas idéias funcionam, Einstein aplicou-as primeiramente ao sistema solar. Era a coisa mais imediata e lógica a fazer. A massa do Sol era conhecida e também se sabia que essa massa era aproximadamente esférica. Então, a distribuição da massa no sistema solar era conhecida.[13] As equações de campo então permitiram a Einstein calcular a geometria do espaço-tempo no sistema solar.

Tudo que restou foi lembrar a idéia básica da relatividade geral: não há atração gravitacional entre o Sol e os planetas. A única função do Sol é mudar a estrutura do espaço-tempo. Nessa estrutura do espaço-tempo, os planetas não experimentam qualquer força. Movem-se como corpos livres. Se a estrutura do espaço fosse euclidiana ou "plana", todos os corpos livres, inclusive os planetas, mover-se-iam em linha reta. Mas, por causa da presença do Sol, o movimento livre (que usaria o menor trajeto entre dois pontos) não se faz em linha reta, mas em uma curva mais geral.[14] Quando Einstein calculou os trajetos curvos em que se moviam livremente os plane-

[13]As massas dos planetas são muito menores que a massa do Sol e sua influência na geometria do sistema solar é, portanto, insignificantemente pequena.

[14]Num livro-texto sobre a relatividade geral, C. Misner, K. Thorne e J. Wheeler resumiram tudo muito nitidamente: "O espaço diz à matéria como se mover", "a matéria diz ao espaço como se curvar."

tas, os resultados foram as mesmas elipses que Newton havia calculado três séculos antes, quando supôs a presença das forças gravitacionais.

Assim, a idéia de espaço curvo explica que os planetas se movem em elipses e, nesse respeito, produz o mesmo resultado da teoria de Newton. As duas teorias parecem igualmente boas até agora. Mas Einstein logo descobriu que a sua era melhor. Não apenas levava em conta os mesmos fenômenos que a de Newton, mas também uma ocorrência até então inexplicável. Fora observado, desde o princípio do século XIX, que o ponto em que o planeta Mercúrio ficava mais próximo do Sol em seus movimentos modificava-se.[15] Esforços muito grandes foram feitos durante o século XIX para explicar a magnitude desse movimento dentro da estrutura da teoria gravitacional de Newton. Todos esses esforços fracassaram. A teoria de Einstein é que deu o resultado correto para esse movimento.

Esse é um bom exemplo do modo como uma teoria começa a ser aceita em física. Em primeiro lugar tem que recobrir todos os resultados estabelecidos pela teoria anterior que pretende substituir e, então, introduzir-lhe aperfeiçoamentos. Ambos os aspectos são importantes. Seria perda de tempo desenvolver uma teoria que conduzisse ao resultado verdadeiro para um pequeno efeito como o avanço do periélio de Mercúrio se ela não pudesse explicar, por exemplo, as leis de Kepler, muito mais significativas.

Mais provas estavam a caminho em relação à validade da teoria geral. Durante uma famosa expedição da Real Sociedade Astronômica, em 1919, Arthur Eddington verificou que o trajeto de um raio de luz realmente se tornava curvo próximo ao Sol, exatamente no valor determinado pelo princípio da equivalência. Outra conseqüência do mesmo princípio, de que o tempo passa mais lentamente na presença de um corpo gravitante, também foi verificada com muita precisão. Até hoje, todos os fatos observados sobre a gravitação e a estrutura do espaço-tempo estão de acordo com as predições da teoria geral da relatividade.

Mas o grande significado dessa teoria é independente da questão de ser ou não a palavra final na busca de uma teoria sobre espaço, tempo e gravitação. Se a história da física é um guia confiável, então não há – e nunca haverá – palavras finais em assuntos fundamentais. A teoria geral da relatividade, porém, permanece a primei-

---

[15]O fenômeno é chamado de "avanço do periélio de Mercúrio". Na realidade, as órbitas de todos os planetas se comportam assim, mas só no caso do planeta mais próximo do Sol (isto é, Mercúrio) o efeito é suficientemente grande para poder ser observado.

ríssima tentativa bem-sucedida de unir os principais elementos de toda a cosmologia física – espaço, tempo, matéria e movimento – em uma estrutura conceitual bonita e sumamente lógica.

A teoria geral da relatividade só se torna uma ferramenta de pesquisa realmente prática quando a estrutura do espaço-tempo se desvia fortemente da planeza. Quando não é esse o caso, isto é, quando o espaço-tempo é mais ou menos plano, a teoria da gravitação newtoniana e (quando as velocidades envolvidas são muito grandes) a teoria especial da relatividade são suficientemente boas para todas as finalidades práticas.[16] No mundo real, há dois importantes casos em que o espaço e o tempo se desviam significativamente da simples planeza euclidiana. Um é quando nas proximidades há objetos grandes e compactos – quando, por exemplo, estamos próximos a uma estrela grande e densa. O segundo é quando as distâncias envolvidas são grandes – quando, por exemplo, falamos de todo o universo. Nos dois casos, o espaço e o tempo comportam-se diferentemente do que estamos acostumados.

Para perceber outra importante propriedade da geometria do universo, imagine que estejamos desejando medir a distância entre dois objetos. Queremos ser muito precisos e, a fim de eliminar todas as possíveis influências de outros objetos, levamos nossos objetos para o espaço aberto, bem longe de qualquer outra coisa. Deixamos os dois objetos flutuarem livremente e longe o bastante um do outro para que um não possa influenciar apreciavelmente o outro. Asseguramo-nos, também, de que os dois objetos não se movam um em relação ao outro. Medimos então a distância entre os dois, enviando sinais luminosos de um para o outro. O tempo que a luz leva para viajar entre eles é simplesmente proporcional à distância. Agora digamos que esperássemos um pouco e repetíssemos a medição. O que descobriríamos é que uma medição *posterior* sempre mostra uma distância *maior*. Isso significa que a distância entre dois corpos aparentemente "em repouso" sempre cresce com o tempo. Esse é o fenômeno chamado de "expansão do universo", e é uma propriedade do *próprio espaço* e não dos dois corpos. Pois a distância aumenta quaisquer que sejam os dois corpos. O próprio processo é bem real, mas só se torna mensurável em grandes distâncias – distâncias da ordem das que separam as galáxias.

A descoberta de que o espaço realmente se expande foi ainda

---

[16] A gravitação newtoniana e a mecânica clássica são, e continuarão a ser num futuro previsível, bastante adequadas ao planejamento e execução de vôos espaciais.

outra prova de como eram inadequadas as idéias clássicas de espaço e tempo. No que diz respeito ao espaço e ao tempo reais, bem como à geometria do universo, até os conceitos da relatividade especial se haviam tornado inadequados. Se dois corpos estão em repouso em relação um ao outro, a relatividade especial declara que a distância entre os dois será diferente para observadores que se movam em relação aos dois corpos em velocidades diferentes. Embora isso permaneça verdadeiro, agora podemos ver que cada observador também encontrará a distância aumentando no tempo. A prova observacional para esse efeito, isto é, a descoberta real de que o universo estava se expandindo veio do astrônomo americano Edwin Hubble, durante os anos de 1924-1928. Hubble também formulou a lei básica que governa a expansão. A possibilidade teórica de tal processo, a idéia de que as distâncias no universo podem não permanecer constantes, já fora proposta pelo teórico russo Alexander Friedmann, que em 1922 encontrou soluções para as equações de campo de Einstein que descreviam o próprio espaço como mudando no tempo. Essa noção era bastante estranha na época, e o significado da solução de Friedmann não foi reconhecido até a descoberta de Hubble. A cosmologia física agora se baseia em grande parte nas idéias de Friedmann e Hubble.

A presença do Sol perturba o espaço-tempo plano a tal ponto que as órbitas dos planetas em movimento livre no espaço são elipses em vez de linhas retas. Se o Sol fosse muito mais denso ou tivesse massa muito maior, as distorções no tempo e no espaço seriam ainda maiores. Isso porque, quanto mais compacto e pesado é um objeto, mais pronunciado é seu efeito na estrutura do espaço-tempo em torno dele. Uma manifestação desse efeito é que, quanto mais compacto é um objeto pesado, mais ele curva os raios de luz. Em determinada concentração, a curvatura será tão pronunciada que a luz que chega não poderá prosseguir para fora de modo algum – ficará presa em torno ou dentro do objeto. O objeto então absorve toda a luz que chega, mas não a deixa sair. Para uma massa esférica, isso acontecerá quando o raio da esfera tiver diminuído até um certo tamanho crítico. Esse tamanho crítico é chamado de "raio de Schwarzschild", e é proporcional à massa do objeto. No caso do Sol, esse raio é de cerca de 3 quilômetros; para uma estrela duas vezes mais pesada que o Sol, o raio de Schwarzschild seria de cerca de 6 quilômetros.

Suponhamos agora que uma estrela esférica perca seu equilíbrio e comece a encolher, a entrar em colapso.[17] Quando a superfície

---

[17]A teoria geral da relatividade prediz que estrelas que sejam significantemente mais pe-

da estrela em colapso se torna uma superfície de Schwarzschild (isto é, a superfície da esfera cujo raio é o raio de Schwarzschild), dizemos que *foi criado um buraco negro.*[18]

A superfície de um buraco negro separa o interior desse objeto do restante do universo de maneiras importantes: se a curvatura do espaço-tempo é tão forte nessa superfície que a luz não pode sair, então nada também pode. Dizer que alguma coisa pudesse fazê-lo seria equivalente a dizer que essa coisa poderia mover-se mais depressa que a velocidade da luz. A superfície de um buraco negro é, portanto, uma membrana de mão única: as coisas podem entrar, mas não podem sair.

As leis da física também nos dizem que a formação da superfície não interrompe o processo de colapso. Embora nunca possamos ver a última parte do processo, de vez que nem a luz nem qualquer outra forma de informação nos podem atingir a partir do interior do buraco, podemos acompanhar o que acontece por meio de cálculos. Nada há de estranho nessa proposição. Em princípio, temos tanta razão para confiar nesses cálculos como para confiar naqueles que predizem quando o cometa Halley vai voltar. De acordo com nossos cálculos, o volume total de matéria, a massa de vários sóis ou mesmo massas maiores, desaparecerá muito depressa, tornando-se *um simples ponto*. Esse ponto é denominado uma *singularidade*. O que acontece com esse ponto, não sabemos. Importantes propriedades físicas, como a densidade da matéria ou a temperatura, tornam-se todas infinitamente grandes, e o mesmo ocorre com a curvatura do espaço-tempo. Tanto a matéria como o espaço-tempo se reduzem a um ponto matemático. Parece que a interpretação profunda entre o espaço-tempo, por um lado, e a matéria, por outro, conduz a uma situação em que eles se comprimem um ao outro até deixarem de existir. Como resultado, enfrentamos uma situação em que nem a matéria, nem

---

sadas que o Sol caminham inevitavelmente para tal colapso no fim de sua "vidas" – isto é, quando elas gastaram todas as fontes de energia que, até aquela época, permitiram que resistissem ao puxão gravitacional para dentro. A relatividade geral também nos diz que, no caso das grandes estrelas, o processo de colapso não pode ser interrompido ou controlado. A expressão "não pode" não se refere a limitações práticas de qualquer espécie. Em vez disso, expressa uma propriedade fundamental do espaço-tempo. Que "o colapso não pode ser interrompido ou controlado" é uma declaração tão profunda e inexorável quanto esta frase que se refere ao tempo ordinário do nosso ambiente: "O passar do tempo não pode ser interrompido ou controlado."

[18]O termo "buraco negro" foi criado pelo físico americano John Wheeler. Especulações sobre estrelas tão pesadas que a luz não pode escapar delas têm sido feitas durante séculos. Foi somente depois que Einstein formulou a relatividade geral, porém, que a importância de tais objetos na compreensão das propriedades do espaço-tempo se tornou evidente.

o espaço ou o tempo podem existir no sentido normal dessas palavras. Sem nos referirmos, porém, ao espaço e ao tempo, nosso cérebro não pode trabalhar. Não apenas nossa imaginação visual pára, não só nossas palavras e nossa gramática falham, mas até a matemática sucumbe totalmente. O pensamento consciente, controlado, simplesmente pára nesse ponto. Tudo que podemos fazer é dar um nome, um símbolo, a essa situação: singularidade. Essa palavra nada mais é que um símbolo para o tempo e o espaço simbólicos que jamais encontramos. Se significa alguma coisa, é que nossa capacidade de extrair sentido do mundo em termos de espaço e tempo atingiu um limite.

Não é de admirar que os problemas dos buracos negros e das singularidades tenham intrigado muitas pessoas dedicadas à pesquisa. Nas décadas de 60 e 70, um esforço muito grande foi dedicado às tentativas de esclarecer esses problemas. Em 1965, Roger Penrose, então na Universidade de Londres, e Stephan Hawking, da Universidade de Cambridge, puderam demonstrar matematicamente que, pelo menos enquanto as leis do micromundo não eram levadas em consideração, a natureza das singularidades era tal que o universo real em que vivemos poderá terminar sua existência justamente em tal insondável singularidade. Esse mesmo resultado inspirou a especulação posterior de que o universo não só terminará em uma singularidade como também deve ter-se originado de uma.

Foi também a partir de idéias sobre buracos negros e singularidades que um novo e importante entendimento se desenvolveu durante as duas últimas décadas. Foi o reconhecimento de que o princípio do universo e o princípio do espaço e do tempo não podem ser entendidos sem se levarem em consideração as leis que governam o mundo das partículas elementares: as leis da mecânica quântica. O primeiro resultado que mostrou que essas leis podiam mudar profundamente a própria natureza de objetos tais como buracos negros veio de Stephen Hawking. Ele foi capaz de demonstrar que as leis da mecânica quântica podem realmente tornar os buracos negros algo menos do que "perfeitamente negros". Alguns buracos negros podem até mesmo "evaporar-se" através de um processo de mecânica quântica e assim enviar matéria para o restante do universo. Esse foi um resultado importante, uma das primeiras demonstrações teóricas convincentes de que as leis da mecânica quântica podem desempenhar uma função direta nas propriedades de larga escala do universo.

8
Espaço, Tempo e Quanta

(A volta da rã)

Ninguém pode saber como isso é assim.
RICHARD FEYNMAN

A luz tornou-se uma ferramenta de pesquisa das mais extraordinárias. Como vimos, os estudos sobre a propagação da luz conduziram a mudanças profundas e revolucionárias nos conceitos de tempo e espaço. A criação e a absorção da luz pelos átomos, porém, ainda permaneciam inexplicadas, e o estudo desses problemas acarretou conseqüências ainda mais radicais.

A partir de 1860, os cientistas começaram a estudar as propriedades da luz e de outras formas de radiação em uma cavidade cheia de radiação. As paredes dessa cavidade eram negras e, por essa razão, a radiação interior foi chamada de "radiação do corpo negro". O objetivo dessas experiências era medir como a energia da radiação do corpo negro era distribuída nos comprimentos de onda envolvidos e como essa distribuição de energia dependia da temperatura das paredes. Quando todos esses dados foram coligidos, os pesquisadores tentaram interpretá-los à luz das teorias de física então correntes. Todas as suas tentativas foram, contudo, malsucedidas. Nenhuma expressão matemática podia ser derivada das leis da física então conhecidas, que descrevesse a distribuição esperada e a dependência da temperatura, que não se desviasse seriamente dos dados experimentais reais.

Em 1900, porém, o físico alemão Max Planck sugeriu uma fórmula matemática que descreveria todas as propriedades observadas da radiação do corpo negro. A fórmula de Planck era muito boa. Reproduzia e predizia tudo que os instrumentos mediam com alto grau de precisão. Tornou-se então necessário verificar o que a mesma fórmula dizia a respeito da emissão de luz pelos átomos. Planck logo constatou que o que sua fórmula dizia era, com efeito, que a emissão de luz não é um processo contínuo, suave. Os átomos pareciam emitir luz em saltos pequenos, distintos e descontínuos. Essa era uma idéia bastante estranha e, a princípio, poucos físicos estavam preparados para acreditar nela. Eles achavam muito difícil imaginar que os processos naturais pudessem ser descontínuos ou em forma de saltos.

É fácil compreender a razão de sua descrença. Todas as nossas experiências com o mundo ao nosso redor parecem mostrar que as mudanças são sempre contínuas.[1] Considere este exemplo: você empurra um pêndulo ou um balanço livremente pendurado e ele começa a oscilar para a frente e para trás. Essas oscilações podem ser grandes ou pequenas, dependendo da força que você tenha empregado. Imagine porém que, quando você empurrou esse balanço livremente pendurado, ele começou a oscilar com uma amplitude de um metro ou, se você empurrou com mais força, de dois ou talvez três ou quatro metros, mas não poderia jamais, por mais cuidadosamente que você ajustasse seu impulso, oscilar com uma amplitude de 1 1/2 ou 2,657 metros – logo, quando você aumenta a oscilação, ela nunca cresce senão em números inteiros. E que, correspondentemente, quando você tenta reduzir sua oscilação, ela se reduz de uma amplitude de três metros para uma de dois metros – ou de um –, mas nunca se reduzirá para uma amplitude que não seja de um número inteiro. Um pêndulo ou um balanço comportar-se-ia assim se, por alguma razão, absorvesse ou despendesse energia sempre em unidades distintas bem definidas, e nunca em frações de unidade. A física clássica nunca poderia imaginar tal objeto. No entanto a hipótese que Planck usou para explicar sua fórmula foi de que os átomos emitem luz da mesma forma que funcionam nossos imaginários balanços do pêndulo. Supôs que os átomos consistiam em cargas oscilantes e que, quando atingidos pela luz, mudavam o alcance de suas oscilações, conseqüentemente mudando o conteúdo de sua energia. Mas essas mudanças não eram arbitrárias. Tinham de acontecer de modo descontínuo, e havia uma quantidade mínima de energia que um átomo podia emitir ou absorver. Essa energia mínima foi chamada de um "*quantum*" de energia. Ao descobrir o caráter quântico da emissão

[1] Isso parece ser conseqüência do processamento de informação dos mamíferos. Como vimos antes, os sentidos dos mamíferos tendem a suavizar a informação que chega a fim de tornar o mundo mais previsível.

e da absorção de luz, Planck descobriu que a descontinuidade é uma propriedade fundamental da natureza e criou a teoria quântica.

Em 1905, no mesmo ano em que criou a teoria especial da relatividade, mas precedendo-a de cerca de três meses, Einstein publicou um artigo sobre um assunto que nada tinha a ver com a relatividade: o artigo referia-se à natureza da luz. Einstein sugeria que a luz tinha uma estrutura "corpuscular", ou seja, que era composta de pequenas concentrações, ou *quanta,* de energia (ou, como são chamados agora, fótons). A principal razão por que Einstein fez essa sugestão foi que a teoria ondulatória, que na época monopolizava todo o pensamento a respeito da luz, não podia explicar como a luz ejeta elétrons de um metal. (Esse fenômeno é chamado de efeito fotoelétrico e hoje é amplamente usado em fotocélulas.) A hipótese de Einstein, por outro lado, explicava todas as propriedades observadas do efeito fotoelétrico.

Em seu artigo, Einstein escreveu que "a teoria ondulatória da luz (...) funcionou bem em (...) fenômenos puramente óticos e provavelmente jamais será substituída por outra teoria". No entanto, acrescentou no parágrafo seguinte, algumas observações "são mais facilmente compreensíveis supondo-se que a energia luminosa (...) consiste em (...) *quanta* de energia que são localizados em pontos do espaço, que são indivisíveis e que só podem ser produzidos e absorvidos em unidades completas". No restante do artigo, ele desenvolveu algumas leis matemáticas que se seguiam a essa hipótese.

O destino subseqüente desse artigo é virtualmente único na história da física. Considerem-se os antecedentes: de 1905 a 1923, a física moderna evoluiu de modo rápido e constante. Teorias inicialmente controvertidas, como a teoria especial da relatividade, a teoria quântica de Planck, a primeira teoria atômica (conhecida como modelo Rutherford-Bohr), a teoria de Einstein do movimento browniano e sua obra magna, a teoria geral da relatividade, foram todas aceitas na corrente fundamental da física. Foram, em outras palavras, grandes anos, em que novas e revolucionárias descobertas tornaram-se quase que a norma.

No entanto, durante toda essa era de mentes abertas, criativas e não-convencionais, de crescimento e experiências, dificilmente houve um físico que imaginasse valer a pena prestar atenção à teoria quântica da luz de Einstein. Tal menoscabo não é incomum, naturalmente, na história da ciência, quando o autor de uma nova e arrojada teoria é um principiante lutando pelo reconhecimento. Mas Einstein não era um principiante. Durante esses mesmos anos, era não só considerado em geral como o maior físico do período, mas também aclamado como o maior desde Newton. Mas sua teoria da luz nada provocou senão embaraço ou escárnio.[2] Em 1913, por exemplo, Max Planck, junto com três outros eminentes físicos alemães, levaram ao seu governo uma proposta para que Einstein, na época professor de física em Zurique, ganhasse uma posição especial em Berlim que lhe permitisse devotar todo o seu tempo à pesquisa. A proposta continha uma avaliação das contribuições de Einstein à física e concluía: "Afinal, pode-se dizer que entre os grandes problemas em que a física moderna é tão rica dificilmente haverá um ao qual Einstein não tenha dado alguma contribuição notável. O fato de ele algumas vezes ter errado o alvo em suas especulações, como por exemplo na sua hipótese dos *quanta* de luz, não pode realmente ser lançado contra ele." Assim é que o próprio fundador da teoria quântica, grande protetor e mentor paternal de Einstein, Max Planck, da mesma forma que outros, encarava a idéia de a luz consistir em fótons. E Planck e os outros não estavam sós. Mesmo os físicos que realizaram os próprios experimentos que verificavam com grande precisão a equação do efeito fotoelétrico de Einstein não podiam aceitar sua premissa. Como Robert A. Millikan, eminente físico americano, escreveu em 1916: "A equação fotoéletrica de Einstein (...) aparece em cada caso para predizer exatamente os resultados observados (...)." Mas ele acrescentou que "a teoria pela qual Einstein chegou à sua equação parece, no presente, completamente insustentável". A teoria da luz de Einstein permaneceu essencialmente desprezada até que, em 1923, os experimentos de outro americano, Arthur H. Compton, ainda de modo inesperado, provaram final e decisivamente suas suposições fundamentais.[3] As experiências de Compton mostraram que, quando a luz atinge um elétron livre, o processo tem todas as propriedades características de uma colisão entre uma partícula como um "*quantum* de luz" e uma partícula mais convencional, como um elétron.

A única pessoa que não se impressionou com a rejeição universal da hipótese do *quantum* de luz foi o próprio Einstein. Ele não apenas não retirou sua teoria, mas continuou a trabalhar nela e a pensar sobre ela intermitentemente, e contribuiu com importantes resultados por todos os anos entre 1905 e 1924.

Por que a teoria da luz de Einstein gerou tal oposição forte,

---

[2]Sem levar em consideração os méritos desse assunto em particular, esse é um bom exemplo de como pouca autoridade muitas vezes é respeitada na física.

[3]Quando, em 1921, Einstein recebeu o Prêmio Nobel pela equação fotoelétrica, o relatório Nobel cuidadosamente ignorou a hipótese do fóton, tal como havia ignorado suas teorias da relatividade.

permanente e uniforme? Sua teoria da luz foi muito mais veementemente combatida do que a teoria da relatividade jamais o foi. Não é que Einstein quisesse abandonar a altamente bem-sucedida teoria ondulatória. A citação acima torna isso bem claro. Mas ele insistia em que a luz tinha propriedades "duais" – que ela tinha ao mesmo tempo propriedades corpusculares e ondulatórias. E esse era o problema. Sua insistência no caráter dual da luz é que tornava a teoria impossível de aceitar. Pois é simplesmente impossível imaginar qualquer coisa que seja simultaneamente (1) uma onda que se propaga por toda parte do espaço e (2) uma entidade tão pequena quanto um ponto. É como imaginar que a Terra é simultaneamente redonda e plana. Não faz sentido; não é possível pensar racionalmente sobre a luz com uma premissa tão contraditória.

Einstein, é claro, via esses problemas tão claramente como qualquer outra pessoa, mas também via, como no caso da propagação da luz na relatividade especial, que os fatos da natureza não dão atenção ao que podemos ou não imaginar. Gostando-se ou não, a luz tornava-se tanto uma "onda" como uma "partícula", simultaneamente, e essa particularidade não ficou limitada à luz. A idéia de Einstein da natureza dual da luz foi apenas o primeiro passo de uma revolução conceitual que veio a ser a mais radical na história da compreensão humana do mundo exterior – isto é, apenas o primeiro passo no desenvolvimento da teoria da mecânica quântica.

Os dois principais atores do drama inicial do *quantum* foram a luz e o átomo. Einstein cuidou da luz. A natureza quântica dos átomos levou mais tempo para ser entendida com detalhes, principalmente porque sua estrutura ainda era desconhecida. A primeira olhada nesse problema ocorreu em 1906, nos experimentos de Ernest Rutherford, então na Universidade de Manchester. Rutherford descobriu que os átomos consistem em (1) um *núcleo* eletricamente carregado, muito pequeno em relação ao tamanho do átomo, mas que contém, apesar disso, virtualmente toda a massa do átomo, e (2) elétrons leves, com carga oposta à do núcleo, situados na periferia do átomo. Nesse modelo, foi suposto que os elétrons orbitam em torno do núcleo. Em 1912 e 1913, o jovem físico dinamarquês Niels Bohr, trabalhando no laboratório de Rutherford, ofereceu a primeira teoria admissível de um mecanismo que podia explicar tanto a estabilidade dos átomos como sua emissão e absorção da luz. Bohr aplicou as idéias de Planck sobre distintos estados de energia ao modelo do átomo de Rutherford e apresentou uma teoria em que os elétrons ficariam para sempre em órbitas selecionadas em torno do núcleo e na qual a luz era emitida ou absorvida pelo átomo em um processo em que elétrons pulavam de uma órbita selecionada para outra. Bohr foi capaz de criar condições matemáticas para determinar essas órbitas.

O modelo de Bohr foi um passo gigantesco na compreensão dos mecanismos atômicos. Foi o primeiro modelo atômico que realmente funcionou. Explicava muito bem, por exemplo, a estrutura altamente complicada da luz emitida pelo mais simples dos átomos – o átomo de hidrogênio. Nenhum modelo atômico anterior jamais chegou perto de resolver esse problema. No entanto dentro de alguns anos se tornou claro também que essa teoria não podia ser a palavra final sobre a estrutura atômica. Embora o modelo de Bohr descrevesse corretamente o comportamento do átomo do hidrogênio, não era capaz de explicar a maneira pela qual o segundo átomo mais simples (o do hélio) emitia luz. Também o próprio modelo apresentava problemas conceituais que desafiavam a compreensão. Talvez o mais importante deles fosse o problema das próprias órbitas selecionadas. Embora fosse possível escrever regras matemáticas formais para determinar essas órbitas, não havia explicação na teoria por que a natureza havia selecionado tais órbitas em particular. Também não estava claro quais eram os agentes que mantinham os elétrons nessas órbitas. Como um elétron "sabia" que aquelas eram as únicas órbitas acessíveis? O que impedia que um elétron saísse de sua órbita?

Uma solução satisfatória desses problemas não estava longe. A mecânica quântica estava para nascer. A história desse nascimento é deveras extraordinária em muitos aspectos e vale a pena contá-la, mesmo que apenas brevemente. Diferentemente de muitas outras grandes teorias da física, a mecânica quântica não surgiu pronta da mente de um único gênio. Foi, ao contrário, o trabalho de um número relativamente grande de físicos. Entre eles estavam iniciantes muito jovens, assim como outros mais velhos, figuras mais estabelecidas. Alguns indivíduos trabalharam a partir de premissas semelhantes e seguiram linhas de pensamento paralelas. Outros começaram de idéias muito diferentes, até contrárias, e continuaram no que pareciam ser direções radicalmente diferentes. Algumas vezes eles até não gostavam das idéias um do outro. Um exemplo célebre: o físico austríaco Erwin Schroedinger (um dos inventores da teoria) achava as idéias de Werner Heisenberg (outro pioneiro) "repelentes", enquanto Heisenberg julgava a teoria de Schroedinger "odiosa". Houve outros exemplos de falta de compreensão mútua. No entanto a história teve um final feliz. Não que as pessoas envolvidas viessem a valorizar as idéias das outras. Realmente não era preciso. Pois aconteceu que, depois de alguma confusão inicial, embora estivessem trabalhando em direções aparentemente diferentes e usando técnicas diferentes, todos eles terminaram com *exatamente a mesma teoria*. Isso é que torna a história inicial da mecânica quântica tão fascinante. É difícil imaginar melhor exemplo para demonstrar que a evolução da física é muito menos determinada por vontades pessoais, gostos e aversões subjetivas, panelinhas, relações pessoais e sociais do que pela lógica intrínseca dos fatos e pelas idéias que os explicam.

A mecânica quântica começou em 1923 com a tese de doutorado do físico francês Louis de Broglie. A tese continha uma idéia muito audaciosa que se demonstrou igualmente feliz. Supondo que a teoria de Einstein do caráter dual da luz estava certa, de Broglie foi adiante e perguntou: por que limitar essa propriedade à luz? Se a luz tem um caráter dual, se a luz pode ser tanto "onda" como "partícula", então talvez outras entidades que reconhecemos como sendo apenas partículas (como elétrons – ou, para esse fim, pedaços de rocha) também podiam ter propriedades ondulatórias: propriedades que estavam ocultas à simples observação, mas que podiam ser descobertas (como de fato o foram subseqüentemente) através de experimentos habilidosos e cuidadosos.[4] O que encorajou de Broglie foi que essa teoria prometia uma solução para o problema das órbitas selecionadas.

Cerca de um ano depois de o trabalho de de Broglie ter sido publicado, o físico alemão Werner Heisenberg criou um engenhoso método matemático para descrever o mecanismo pelo qual os elétrons atômicos emitem luz. Heisenberg não estava interessado nem em ondas nem em partículas. Suas idéias não pareciam ter qualquer relação com as de de Broglie. Sua principal preocupação e maior realização era criar um meio consistente de lidar com mecanismos atômicos que evitasse o uso de conceitos não correspondentes a quantidades diretamente observáveis. Ele queria ser capaz de trabalhar sem eles, concentrando-se, ao contrário, nas propriedades do átomo que fossem diretamente observáveis, como a freqüência da luz por ele emitida.

Observadas em si mesmas, nem as idéias de de Broglie nem as de Heisenberg, a nenhuma das quais podemos fazer justiça aqui, constituíam uma "teoria"; de Broglie fez uma suposição engenhosa e Heisenberg produziu um formalismo matemático. Ambas eram ti-

[4]Essas experiências foram realizadas em 1927, nos Estados Unidos (Davisson e Germer) e na Grã-Bretanha (*sir* George Thompson), e comprovaram amplamente a hipótese de de Broglie.

ros no escuro inspirados em idéias anteriores: as de de Broglie, na hipótese dos fótons de Einstein, as de Heisenberg, em um importante princípio matemático enunciado anteriormente por Niels Bohr. Mas ambas se tornaram catalisadores muito eficazes. Em 1926, Schroedinger desenvolveu as idéias de de Broglie em uma teoria mais completa que se tornou conhecida como a mecânica ondulatória. As idéias de Heisenberg foram desenvolvidas em conjunto pelo professor Max Born, de Göttingen, pelo assistente de Born, Pascual Jordan, pelo próprio Heisenberg e, independente e simultaneamente, por um estudante graduado de Cambridge, Paul Dirac, em 1925. Em 1926, Schroedinger pôde provar matematicamente que todas essas formulações eram totalmente equivalentes e que a aparente diferença entre elas era apenas uma diferença na linguagem matemática que usavam.

Depois de 1926, a mecânica quântica evoluiu em duas direções. Uma foi uma direção "interior"; alguns pesquisadores procuravam responder às inúmeras perguntas relacionadas com átomos, moléculas, física nuclear, química e problemas de estado sólido, entre outros. Nessa direção, a mecânica quântica conseguiu ser quase inacreditavelmente bem-sucedida. A teoria podia resolver qualquer problema independente a que fosse dirigida, e ninguém hoje duvida de que, nesse domínio, permanecerá bem-sucedida também no futuro. A outra direção era "exterior", invadindo o então completamente desconhecido mundo quântico do eletromagnetismo e das partículas elementares. Quem abriu caminho nessa nova direção foi Dirac. Em 1927, ele estendeu a mecânica quântica ao domínio dos campos eletromagnéticos, apresentando a primeira representação satisfatória envolvendo os dois atores da peça quântica, a luz e os átomos. Em outro artigo, um ano depois, ele estabeleceu a harmonia entre a mecânica quântica, por um lado, e a teoria especial da relatividade, por outro. Pode-se dizer, numa visão posterior, que quase todo o trabalho que tem sido feito em quase todos os problemas fundamentais da física, desde essa época, tem raízes nesses dois artigos.

E chega de história. No que segue tentarei descrever o que a teoria quântica diz a respeito dos fundamentos da cosmologia humana: sobre o tempo, o espaço e o comportamento da matéria. Uma forma instrutiva de nos aproximarmos desse problema é entrar em alguns detalhes sobre o caráter "dual" dos constituintes da matéria. Todas as partículas elementares apresentam a "dualidade onda-partícula" e, conseqüentemente, assim também toda a matéria. Um elétron (essa partícula representará, no que segue, qualquer partícula elementar) algumas vezes se comporta como uma partícula compacta, localizada no espaço, outras vezes como uma onda espacialmente estendida. Em outras palavras, toda a matéria apresenta a propriedade que Einstein encontrou, em primeiro lugar, na luz. Os elétrons são tanto "ondas" como "partículas". Mas que é um elétron na realidade? Uma onda, uma partícula, alguma estranha combinação das duas coisas, ou o elétron muda sua natureza de tempos em tempos?

Para responder essa pergunta, é vantajoso primeiro concentrar-se em um aspecto da "dualidade", considerar esse aspecto com maiores detalhes e, depois, ver como o outro aspecto pode emergir. Vamos esquecer as ondas por um momento e concentrar-nos no aspecto da partícula. Como se move o elétron como partícula? Na mecânica clássica, tal questão podia ser respondida com exatidão. Se a *posição* e *velocidade* da partícula, bem como as forças que atuam sobre ela, são conhecidas com exatidão em determinado instante, então seu futuro movimento também é conhecido com exatidão. Ou, em palavras mais simples, se você sabe onde alguma coisa está, quão depressa está se movendo e qual a força que a está puxando ou empurrando, então você pode saber onde ela estará depois de certo tempo.

Esses dados, porém, não podem ser obtidos simultaneamente quando se está lidando com uma partícula elementar. Nem mesmo em princípio. Esse fato importante foi descoberto por Heisenberg e constitui o conteúdo de seu famoso "princípio da incerteza". É um princípio sutil, e muitas vezes é inteiramente confundido como o princípio da relatividade de Einstein. Antes de tratarmos do significado do princípio da incerteza, porém, vamos considerar um simples exemplo do que uma medição simultânea da posição e velocidade de um elétron nos daria se tentássemos realizá-la.

Imagine-se, então, que queiramos determinar a posição de um elétron iluminando-o em um microscópio. Temos primeiro de considerar os seguintes fatos: a luz tem a propriedade fundamental (isto era parte da teoria dos fótons de Einstein) de que, quanto maior for seu comprimento de onda, maior será a quantidade de energia que ela carrega. Também é um fato que só podemos ver um objeto se ele refletir a luz. Além disso, um objeto não pode refletir a luz se o comprimento de onda da luz é muito maior que o próprio objeto. Conseqüentemente, o que acontecerá, falando de um modo geral, é isto: se usarmos a luz de baixa energia, seu comprimento de onda será tão grande que o elétron não a refletirá, e portanto o procedimento dará pouca informação sobre o paradeiro do elétron. Podemos tentar remediar a situação e usar alta energia, isto é, luz com pequeno comprimento de onda. Então a luz será refletida pelo elétron, e isso poderá dar informações precisas sobre onde o elétron estava naquele determinado instante. Mas o impacto da luz de alta energia vai tirar o elétron, de modo violento e incontrolável, de sua posição, de tal forma que não obteremos informação sobre a velocidade do elétron no instante preciso em que recebemos informação sobre sua posição.

O experimento acima é importante por ser característico de uma situação e *não* por refletir a incapacidade humana de determinar esses dados simultaneamente. Isso, por si mesmo, não seria de tão grande interesse. Afinal, há muitas coisas que não somos capazes de fazer. O ponto principal desse e de outros experimentos mentais semelhantes provando a mesma questão é que, mesmo que esses experimentos viessem a ser executados pelas melhores ferramentas que a *natureza* (que inclui da mesma forma todas as habilidades humanas presentes e futuras) pode fornecer, ainda assim não haveria qualquer informação disponível quanto à posição e à velocidade simultâneas do elétron. Não apenas *nós* não poderemos obter tais dados, mas nenhum computador, nenhum supermicroscópio, nenhum ultra-esperto demônio de Laplace o poderia. Quaisquer que sejam os agentes que tentem determinar esses dados precisamente, todos ficarão frustrados do mesmo modo, já que não existem ferramentas de medição mais sutis e precisas do que elétrons, fótons e similares. Conseqüentemente, também não existem na natureza informações exatas sobre os valores simultâneos da posição e velocidade de um elétron. Não existem para nós ou para qualquer aparelho de medição, nem existem para outra partícula elementar.

Inicialmente, isso parece um exagero. Certamente, o elétron deve estar em algum lugar definido e, se está se movendo, deve fazê-lo a alguma velocidade exata.[5] Só porque não podemos medi-los simultaneamente não significa que não possam existir simultaneamente. Parece razoável, contudo não é assim. Se, por exemplo, executarmos um cálculo referente ao comportamento de uma partícula, no qual tenhamos de admitir um valor definido tanto para a velocidade como para a posição, chegaremos, então, a um resultado empiricamente errado. Não só não podemos medir a posição e a velocidade simultaneamente, mas também não podemos nem mesmo supor que existem simultaneamente. A parábola seguinte pode ajudar a explicar a situação. Imaginemos um mundo onde, por algum capricho no processo de adaptação, o cérebro mamífero evoluiu com um sis-

---

[5]É, na realidade, momento e não velocidade o que aparece nestes argumentos, mas a distinção não é importante para nossos propósitos.

tema de conexões nervosas complexas entre os centros auditivo e visual. Esse sistema de conexões produziria o efeito de, a cada momento em que ouvíssemos um som de um certo tom, veríamos determinada cor, e vice-versa (a própria visão de uma cor criaria a sensação de um som). Desde a hora do nascimento perceberíamos todos um mundo mais agradável, onde os sons teriam cores vivas e as cores teriam um som alto e claro. No devido tempo, descobriríamos também as leis empíricas que determinam quais os sons que evocam certas cores e vice-versa. Somente indivíduos com sérios problemas na cabeça ou defeitos de nascença não teriam essa capacidade de perceber o mundo em toda a sua riqueza e estariam condenados, por exemplo, a ouvir vozes sem ver as cores.

Mas a física evoluiria também e, em certo momento, algum indivíduo inteligente descobriria que o som consistia em ondas de pressão de ar, enquanto a luz nada mais era que oscilações eletromagnéticas. "Conseqüentemente", diria o inteligente indivíduo, "cor e som nada têm a ver um com o outro, e a relação que percebemos entre os dois é meramente uma ilusão que resulta do modo particular com que nosso sistema nervoso processa as informações auditivas e visuais". Tal idéia pareceria, a princípio, deveras incrível, uma vez que não haveria nada mais óbvio naquele mundo do que o fato de o som e a cor sempre virem juntos, e que as leis que determinavam como eles vinham juntos eram leis bem estabelecidas da natureza. Mas, na medida em que mais e mais dados fossem acumulados, a nova idéia viria a ser aceita e em breve apareceriam livros descrevendo o novo e estranho mundo da física onde as cores não têm som e o som existe sem cores.

A moral da peça de ficção científica acima é óbvia. A maneira mamífera de processar informações oriundas do mundo diretamente perceptível evoluiu de tal forma que, independentemente das circunstâncias, sempre dotamos cada corpo, simultaneamente, com uma posição e uma velocidade exatas. Isso pode muito bem ser outro inevitável subproduto do processo interno de organização inerente de nosso cérebro, que prefere salientar as características suaves, regulares e previsíveis do meio ambiente e tenta suprimir as convulsivas, repentinas e irregulares. Essa tendência foi provavelmente muito útil durante a adaptação, mas não significa que essa forma de perceber possa extrair sentido da realidade em todos os níveis. A mecânica quântica faz-nos conscientes que, entre outras coisas, não existem valores simultaneamente precisos da posição e da velocidade das partículas. Então, quando recebemos informações do micromundo, temos de entendê-las e extrair sentido delas sem todos esses dados. A situação que estamos enfrentando aqui é semelhante à que encontramos na teoria especial da relatividade; lá, a idéia intuitivamente óbvia de simultaneidade e, com ela, o fluxo absoluto do tempo resultaram ser meras convenções e não características objetivas da natureza.

No entanto, mesmo depois de aprendermos tudo isso, permanece o fato de que, seja o que for que as partículas elementares façam ou deixem de fazer, *nosso cérebro permanece o de um mamífero, e objetos isolados movendo-se de forma contínua no espaço e no tempo é o único mundo que realmente pode fazer sentido para nós*. Por isso somos levados a "traduzir" para nós mesmos as características não-mamíferas, e por isso muito estranhas para nós, do micromundo em uma estrutura mais familiar. Resulta que a forma de fazer isso na mecânica quântica é substituir a descrição causal do movimento por uma descrição probabilística. Em vez de descrever em termos de espaço e tempo o paradeiro de uma partícula, a mecânica quântica oferece uma forma de falar sobre a distribuição, no espaço e no tempo, da *probabilidade* de uma partícula estar em algum ponto.

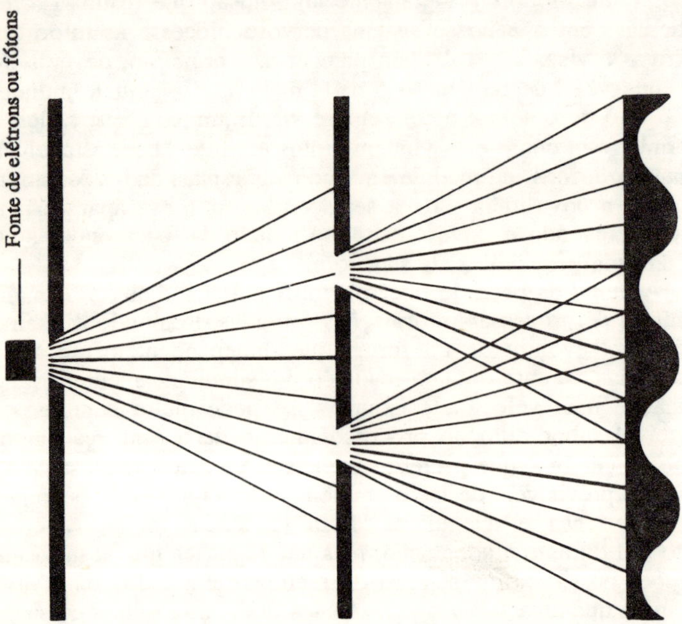

Figura 8-1 O experimento das duas fendas. As partículas (elétrons, fótons ou outra espécie qualquer) oriundas de uma fonte passam através de duas fendas e atingem uma tela. A taxa de chegada é mostrada pelos picos e depressões atrás da tela.

A descrição a seguir do chamado "experimento da interferência" (Figura 8-1) tornará claro como isso se faz. Nesse experimento, grande número de elétrons é enviado através de duas fendas em direção a uma superfície sensível, uma tela, que registra sua chegada. (Essa superfície pode ser uma chapa fotográfica onde o elétron deixa um pequeno ponto escuro ao chegar). Podemos enviar esses elétrons em grupo durante um curto espaço de tempo ou um a um durante um longo tempo. O resultado é o mesmo em ambos os casos: a imagem na tela é exatamente a mesma que vemos quando ondas contínuas espacialmente estendidas atravessam as mesmas fendas. A imagem consiste em faixas, alternadamente claras e escuras, chamadas "franjas de interferência". Tal imagem é naturalmente esperada quando *ondas* passam através de duas fendas assim. As ondas recombinam-se depois de passar pelas fendas e, onde duas cristas se encontram, elas se reforçam e, onde uma crista combina com uma depressão, cancelam-se. Essa a razão das faixas claras e escuras. Esse é um processo simples, conhecido há muito tempo e bem compreendido. Só se realiza se as duas fendas estiverem abertas, já que só nesse caso as ondas isoladas se recombinam. Se fecharmos uma das fendas, tudo que veremos será uma mancha negra na tela, oposta à fenda aberta.

No século XIX, esse tipo de experimento das duas fendas mostrou convincentemente a natureza ondulatória da luz, da mesma forma que mostrou com igual força, um século depois, a natureza ondulatória das partículas. Outros experimentos podem ser também imaginados para encontrar sinais inconfundíveis do mesmo comportamento. Os elétrons seriam então, na realidade, ondas estendidas? Não o podem ser, uma vez que há fortes evidências, provenientes de outros tipos de experimentos, de que os elétrons são, de fato, partículas indivisíveis, tão pequenas que não têm uma extensão mensurável no espaço. O dilema que enfrentamos naturalmente não é novo. Einstein enfrentou o mesmo quando postulou a existência dos fótons. Mas agora esse paradoxo se mostra válido para os elétrons e, de fato, para toda espécie de matéria. A mecânica quântica foi desenvolvida para dar sentido a esse paradoxo, e o faz da maneira como explicaremos a seguir.

Vamos voltar à representação de partícula por um momento. Desse ponto de vista, uma faixa escura na tela significa apenas uma coisa. É que chegam mais elétrons para formar essa faixa do que para formar uma faixa clara. Os elétrons chegam a toda a tela, mas em maior quantidade (muito maior na verdade) em algumas faixas do que em outras. Um modo lógico de descrever isso é dizer que, embora os elétrons em forma de partículas pudessem chegar a qualquer parte da tela, eles chegavam com muito maior freqüência, ou a probabilidade de sua chegada era muito maior, a uma região em que a placa estava escura do que a uma em que ela estava clara. As franjas de interferência, os graus de escuridão, em outras palavras, refletem as freqüências, as probabilidades de que os elétrons vão atingir a chapa em determinado lugar.

Isso parece razoável e simples. O que quer dizer, porém, é que os elétrons apresentam propriedades ondulatórias, produzindo as franjas de interferência, e portanto essas ondas devem ser *ondas de probabilidades*. Isso significa que o movimento das partículas está associado a probabilidades e que essas probabilidades se propagam como ondas no espaço e no tempo. A importância dessas ondas é que por meio delas podemos interpretar o movimento dos elétrons como um movimento em nosso mundo perceptível de espaço e tempo. Temos de nos convencer, porém, de que essas são ondas sem um meio, ondas feitas essencialmente de nossos conceitos. Suas propriedades são, contudo, mensuráveis, e nesse sentido são reais. Elas mostram o aspecto espaço-temporal do movimento dos elétrons.

A importante descoberta de que a natureza ondulatória das partículas reflete a forma pela qual as probabilidades se propagam no tempo e no espaço foi feita por Max Born. Born criou, assim, o importantíssimo instrumento que nos tornou possível entender o comportamento das partículas elementares em termos de nossa cosmologia congênita – isto é, como processos contínuos de espaço e tempo. Um exemplo nos ajudará a compreender como o aspecto da probabilidade funciona na prática. Considere-se a antiga teoria atômica de Bohr. Nessa teoria, suponha-se que os elétrons orbitassem em torno do núcleo, formando um minissistema solar. O movimento dos elétrons nessa teoria agora abandonada era claramente definido no tempo e no espaço, e também se supunha que eles obedecessem a leis totalmente causais. Recordamos agora que a teoria de Bohr teve um sucesso ambíguo. Em certos casos funcionou muito bem, em outros nada resolveu em absoluto. Isso sugere que havia algumas características nessa teoria que correspondiam a fatos reais e outras que não. Usando a interpretação de Born, podemos ver a situação bem claramente.

A teoria de Bohr supunha que o único elétron do átomo de hidrogênio se movia em uma órbita bem definida, e Bohr obteve bons resultados com essa hipótese. A mecânica quântica, ao contrário, declara que o movimento do elétron no átomo não pode ser descrito por um conceito espaço-temporal como uma órbita definida. Ela diz, em vez disso, que o elétron pode estar em qualquer lugar com probabilidades variadas. Mas, se agora você usar as regras da mecânica quântica e calcular essas probabilidades, verificará que são muito grandes em torno dos pontos das órbitas de Bohr e muito pequenas nos outros lugares. Assim, o elétron pode, em princípio, estar em qualquer lugar, mas de fato estará principalmente em torno da órbita original de Bohr. Esse estado de coisas explica por que a idéia das órbitas foi bem-sucedida e também mostra que as órbitas de Bohr não existem em absoluto.[6]

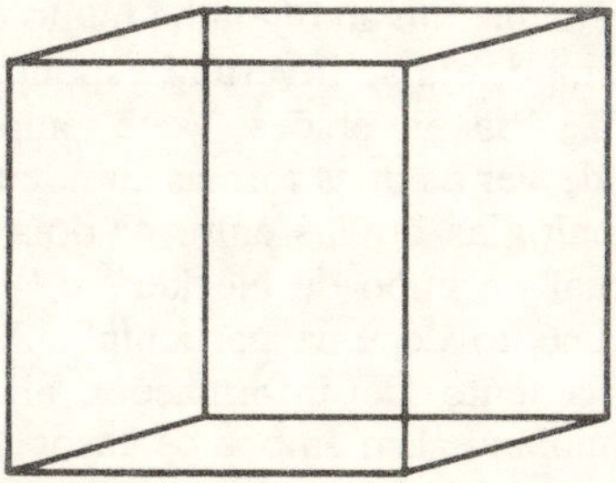

Figura 8-2 O cubo de Necker. A imagem inverte-se espontaneamente em profundidade.

Em 1927, um ano depois da descoberta das ondas de probabilidade por Bohr e no mesmo ano em que Heisenberg formulou o princípio da incerteza, Bohr foi capaz de definir o tipo de informação que a física quântica pode dar ao cérebro humano.[7] Seu célebre "princípio da complementaridade" declara que podemos ver o micromundo segundo nossa estrutura mental de espaço e tempo *ou* vê-lo como sendo causalmente determinado. Mas não podemos ter as duas visões ao mesmo tempo. A descrição espaço-temporal e a descrição causal são complementares por natureza, e só podemos usar uma delas de cada vez. Outro modo de expressar o princípio da

[6]Nesse exemplo em particular, a superioridade da mecânica não é evidente. Mas ela é muito superior ao modelo de Bohr pela seguinte razão: o átomo de hidrogênio tem muitas propriedades observáveis. O modelo de Bohr podia explicar algumas delas. A mecânica quântica, ao contrário, pode explicar cada uma delas. O modelo de Bohr, por exemplo, não pode explicar como dois átomos de hidrogênio podem formar uma molécula de hidrogênio. A representação das órbitas foi completamente inútil em relação a esse problema. A mecânica quântica explica a formação da molécula de modo relativamente simples, da mesma forma como explica cada fato conhecido da física atômica.

[7]Bohr foi o mais ardente defensor dos esforços de outros no sentido de destruir sua própria teoria anterior.

complementaridade é dizer que podemos observar a matéria seja como partícula, seja como onda, mas não podemos nunca observar ambas as propriedades simultaneamente.

Esse princípio expressa a essência da mecânica quântica. Mostra também até onde as noções clássicas podem ser aplicadas ao mundo dos átomos. A mensagem desse princípio pode ser vista de modo mais intuitivo considerando-se um exemplo paralelo que surge no processamento da informação visual. O cubo de Necker (Figura 8-2) é uma figura visualmente ambígua há muito conhecida. Se você a olhar por algum tempo, ela se inverterá espontaneamente. Se continuar a olhá-la, verá várias inversões. Você sempre vê tudo que está lá, mas não é capaz de ver as duas formas simultaneamente.

Há algumas analogias óbvias entre os dois processos mentais: "extrair sentido visual do cubo de Necker" e "extrair sentido conceitual do comportamento de uma partícula". Ambos os casos envolvem um processamento de informações altamente sofisticado dentro do cérebro humano. Em ambos os casos, ademais, o cérebro tem dois diferentes modelos à sua disposição. Cada modelo corresponde a alguns aspectos da realidade, mas os dois nunca podem ser empregados simultaneamente. Só podemos usar um de cada vez. Em cada caso, a pergunta "Que modelo é o 'real'?" não tem significação. Ambos os modelos são "reais"; os dados apóiam a ambos. Também não tem significação perguntar qual a forma do cubo quando ninguém está olhando para ele. Sem um observador, o problema originário da natureza do processamento de informação humana não existe. Por outro lado, o próprio ato de observação "força" o objeto a adotar uma das duas aparências possíveis. Isso é verdadeiro para o elétron assim como para o cubo de Necker, e é por isso que a função do observador é tão importante na mecânica quântica. Finalmente, a ambigüidade visual não prejudica nossa capacidade de coligir todas as informações existentes sobre o cubo. Nem o princípio da complementaridade – ou o princípio da incerteza, para este caso – nos impede de coligir todas as informações existentes sobre um elétron.[8]

---

[8]A analogia entre o cubo e o elétron não é entre os dois objetos. Um deles é, afinal, um elemento fundamental da matéria; o outro, uma construção humana com a finalidade de mostrar a incapacidade do cérebro de sempre processar a informação visual apenas de uma forma. A analogia está, antes, na maneira pela qual o cérebro processa a informação em ambos os casos. Nesse contexto, não é o caso de abandonar o cubo dizendo que ele consiste em 12 linhas retas e nada mais. Poder-se-ia dizer, com igual justiça, que o elétron é feito de massa, carga, *spin* e momento magnético, todos muito conhecidos, e nada mais. Ambas as declarações são verdadeiras, ambas são irrelevantes para o problema real: como é que nosso cérebro extrai sentido da informação que reflete a aparência desses objetos?

O princípio da complementaridade é muito mais geral que o da incerteza, mas os dois estão relacionados. O último expressa quantitativamente até onde o conceito espaço-temporal de um trajeto suave é aplicável ao movimento de um elétron. É por isso que o nome "princípio da incerteza" é impróprio, da mesma forma que o é a denominação "relatividade". O princípio não diz coisa alguma a respeito de incerteza. Em vez disso, diz que você pode medir o que houver na natureza, mas não pode medir objetivamente aquilo que apenas imagina existir nela, o que seus modelos mentais congênitos projetam na natureza. De fato, é muito seguro dizer que o conhecimento que podemos obter sobre o micromundo não é de forma alguma inferior ao conhecimento que podemos adquirir sobre o ambiente de dimensões humanas. Ao contrário, a disciplina mental imposta pela mecânica quântica, a rejeição de noções preconcebidas sobre o movimento das partículas, dotou esse ramo da ciência de uma precisão e um poder de previsão inacreditáveis. Não há parte da física ou de qualquer outra ciência que possa começar a se aproximar da exatidão dos cálculos teóricos quânticos ou da precisão das medidas teóricas quânticas.[9]

O que vem a ser o caso, contudo, é que o espaço e o tempo comuns na mecânica quântica não são a melhor arena para se interpretar tudo o que acontece. Mesmo o espaço-tempo da relatividade nem sempre é apropriado. Estruturas mais abstratas, construções matemáticas são muitas vezes mais úteis para extrair sentido do mundo exterior do que o espaço e o tempo. Assim é o mundo. As seções seguintes usam alguns exemplos para mostrar isso.

Não existe uma propriedade conhecida da matéria que seja mais significativa e mais profundamente importante na determinação da forma do universo do que a expressa pelo chamado "princípio de exclusão de Pauli", ou, para resumir, "princípio de Pauli".[10] Esse princípio foi formulado pela primeira vez em 1925, dentro da estrutura da teoria de Bohr. Pauli estava estudando as regras teóricas dos espectros atômicos (os padrões de luz emitidos por diferentes átomos em seus vários estados). Sua finalidade era entender o que determi-

---

[9]Todos os físicos sabem disso. No entanto os livros populares muitas vezes se descuidam em apontar esse aspecto da mecânica quântica. Talvez as incertezas dirijam-se a uma história mais interessante.

[10]Assim chamado de acordo com seu descobridor, o físico suíço, nascido em Viena, Wolfgang Pauli, figura monumental da física do século XX.

nava a distribuição dos elétrons entre as órbitas "selecionadas" na teoria de Bohr. Ele percebeu que muitas propriedades observadas dos espectros atômicos podiam ser explicadas caso se presumisse que, em qualquer órbita selecionada pela teoria de Bohr, nunca havia mais que um único elétron. Esse pressuposto foi a primeira expressão do princípio de Pauli.

De fato, Pauli foi capaz de formular seu princípio de uma forma que sobreviveu ao modelo de Bohr. De acordo com a teoria de Bohr, cada órbita eletrônica selecionada era caracterizada por quatro números. Cada número tinha um significado específico. A natureza desse significado[11], porém, não é tão importante quanto o fato de que esses quatro números caracterizavam completamente a órbita; isto é, não podia haver duas órbitas com os mesmos quatro números. Esses números eram tecnicamente conhecidos como os "números quânticos". Em vez de dizer, então, que nunca há mais que um elétron em determinada órbita, o princípio de Pauli pode ser formulado dizendo o seguinte: não existem dois elétrons com os mesmos quatro números quânticos. Essa formulação é preferível porque não se refere em absoluto às órbitas imaginárias dos elétrons. Em vez disso, refere-se apenas a números quânticos. Esses números também permanecem significativos na mecânica quântica moderna. Nesta, referem-se a um conceito geral e abstrato, porém, mesmo assim, muito exatamente definido: o *estado*. É um determinado estado que é caracterizado por números quânticos na mecânica quântica. O princípio de Pauli pode então ser formulado da seguinte maneira: em um sistema físico, *dois elétrons não podem estar no mesmo estado*.

Para avaliar o extraordinário significado desse princípio na determinação das propriedades de nosso mundo, tudo que temos a fazer é imaginar um universo em que ele não seja válido. Considere-se, para começar, como seriam os átomos. Já que os elétrons, como outros sistemas físicos, sempre tendem a ocupar o estado da mais baixa energia possível, sem o efeito do princípio de Pauli todos os elétrons de cada átomo estariam no estado mais baixo de energia. No universo real, ao contrário, só o átomo mais simples – o do hidrogênio, que só tem um elétron – apresenta essa propriedade. Uma vez que as propriedades químicas de um átomo são determinadas pelo número de estados nele ocupados, sem o princípio de Pauli em funcionamento todos os átomos seriam, em essência, quimicamente equivalentes ao átomo de hidrogênio. Em outras palavras, não pode-

[11] Um número, por exemplo, indicava o alongamento de uma órbita em particular – isto é, quanto ela se desviava de um círculo.

ria haver, no que se refere ao comportamento químico, nenhum outro elemento no mundo senão o hidrogênio. Nem carbono, nem oxigênio, nem ferro. Conseqüentemente, nenhum composto, nem terra, nem vida, nem você, nem eu. E isso é apenas o princípio. A suspensão do princípio de Pauli causaria também uma devastação nas propriedades dos núcleos atômicos e faria uma tremenda diferença mesmo em propriedades em larga escala do universo como os ciclos de vida das estrelas. Mas a mais admirável conseqüência do princípio de Pauli sobrepuja todas as outras. Como veremos depois, é o princípio de Pauli que realmente dá uma resposta, pelo menos sob o ponto de vista da física, a um dos mais profundos enigmas da filosofia: por que existe no mundo alguma coisa diferente do absolutamente nada? Como veremos, é esse princípio que explica por que toda a matéria do mundo não desaparece no vácuo.

A operação do princípio de Pauli não é apenas extremamente importante, mas é também muito difundida na natureza. Não só os elétrons obedecem a esse princípio, mas também os neutrinos, os *quarks,* os protóns e os nêutrons (os dois últimos compostos de *quarks*) entre outros.[12] E, finalmente o efeito físico que esse princípio descreve é extremamente forte, provavelmente infinitamente forte. Nenhuma ação física, por mais forte que seja, poderia jamais "comprimir" dois elétrons no mesmo estado. A resistência a tal pressão, por exemplo, sustenta muitas vezes o peso de estrelas inteiras, algumas quase tão grandes como o nosso Sol.

Há uma coisa notável no modo como falamos a respeito desse princípio. Primeiro, chamamos essa propriedade tremendamente importante da matéria de "princípio" e deixamos isso assim. Segundo, esse princípio raramente é discutido em termos populares ou filosóficos. De fato, não importa que tipo de livro você abra – técnico, popular ou filosófico –, a discussão do princípio de Pauli raramente ocupa mais que algumas páginas. A razão para esse tratamento escasso é simples. Há muito pouco que se possa dizer sobre esse princípio porque o modo pelo qual funciona não pode ser descrito em termos espaciais e temporais, no sentido normal dessas palavras. Conseqüentemente, a linguagem ordinária é inadequada para tratar dele.

A razão pela qual a ação desse princípio não pode ser descrita como um processo espacial e temporal é que não conhecemos ne-

[12]As partículas que obedecem ao princípio de Pauli são chamadas de "férmions", designação derivada do nome do físico italiano Enrico Fermi, que descobriu as conseqüências do princípio de Pauli sobre as propriedades de grande número de partículas.

nhum agente físico cuja ação produziria o efeito descrito pelo princípio de Pauli. E esse é o motivo por que o chamamos de "princípio". Se o chamássemos de interação, por exemplo, teríamos que imaginar algum agente transportando alguma espécie de força. Não podemos fazer isso. De fato, é virtualmente certo que não existe tal agente isolado dos próprios elétrons, e que os efeitos devidos ao princípio de Pauli têm origem inteiramente diferente. Qualquer que seja a origem, não corresponde a nada intuitivo. Uma coisa nós sabemos sobre esse princípio: é que todos os seus efeitos podem ser descritos exatamente dando-se a um objeto matemático (chamado "vetor do estado"), que descreve o comportamento de uma série de elétrons (ou outros férmions), uma estrutura específica. Mas essa estrutura não se refere a nada espacial, nem depende do tempo de maneira alguma. É apenas uma propriedade abstrata de um objeto matemático.

Outra coisa que sabemos sobre o princípio de Pauli, contudo, é que ele não diz nada indeterminado ou probabilista. Ele não diz que não é provável que haja dois elétrons com os mesmos números quânticos. Em vez disso, diz que isso não pode acontecer e ponto final. O comportamento dos elétrons a esse respeito é exatamente previsível, inteiramente determinado – e, nesse sentido, é causal. Já que o que temos aqui é uma lei estrita, não podemos surpreender-nos com o fato de que possa ser formulada abstratamente, sem referência a espaço ou tempo. Pois isso é precisamente o que esperávamos do princípio de complementaridade de Bohr.

Mas se nosso bom e velho cérebro mamífero insiste em querer imaginar o que acontece entre dois elétrons em um espaço observável, podemos também satisfazer esse desejo. Haverá, porém, um preço a pagar, exatamente como é exigido pelo princípio de Bohr. Como vimos anteriormente, o uso do espaço e do tempo na mecânica quântica reduz a certeza a probabilidades. Vamos supor que queiramos agora considerar o efeito do princípio de Pauli no comportamento espacial dos elétrons. Podemos apanhar o "objeto matemático" anteriormente mencionado e usá-lo de acordo com as regras da mecânica quântica para verificar, por exemplo, como dois elétrons livres (completamente isolados dos átomos e de qualquer outra coisa) se distribuem no espaço *ordinário*, de acordo com as prescrições do princípio de Pauli. O que encontramos é o seguinte: nossos dois elétrons podem estar virtualmente em qualquer lugar com igual probabilidade (afinal, eles são livres), exceto que é improvável que estejam perto um do outro.[13] Aqui vemos o princípio da complementa-

[13]Essa propriedade, a propósito, nada tem a ver com o fato de que, por serem ambos car-

ridade mostrar-se válido novamente. Quando queríamos saber o que acontecia no espaço ordinário, fomos levados a usar idéias probabilísticas.[14] Não achamos que havia uma lei estrita dizendo que dois elétrons *nunca* ficam perto um do outro, mas em vez disso uma declaração probabilística de que era improvável que o fizessem.

Como eu disse antes, o princípio de Pauli explica um aspecto básico da estabilidade do mundo. Para ser mais específico, podemos usar esse princípio para explicar por que não desaparecemos no vácuo. A noção de que isso realmente ocorreria veio quando, em 1928, Dirac pôs, com sucesso, as leis da mecânica quântica em uma forma que satisfazia os requisitos da teoria especial da relatividade de Einstein.

Dirac foi capaz de tornar compatíveis as idéias desses dois ramos da física, criando uma nova equação para as ondas de elétrons – a célebre equação de Dirac. Essa equação ainda é a melhor ferramenta disponível quando estamos interessados em determinar o comportamento de um único elétron sob a influência de determinadas forças externas. Funciona muito bem em todos esses casos e, naturalmente, essa foi a razão pela qual a equação foi rápida e entusiasticamente aceita por todos os físicos. Mas a maior proeza dessa equação surgiu, não dos seus muitos sucessos imediatos mas do que parecia ser sua única falha. Esta deu origem a idéias completamente novas que tiveram grande influência no que hoje pensamos sobre a natureza do espaço vazio, a direção do tempo, a origem do universo – e até sobre o antigo problema filosófico da relação entre o "real" e o "potencial". Mencionarei alguns desses tópicos aqui.

A equação de Dirac tem a interessante propriedade de, para cada problema associado ao movimento de um elétron, oferecer essencialmente duas soluções matemáticas. Uma delas descreve o comportamento de um elétron de uma forma que está muito de acordo com o que se observa. Essa é, naturalmente, a solução que fornece todos aqueles bons resultados. A outra solução, ao contrário, descreve partículas que têm uma propriedade muito estranha: "energias negativas". Esse é um resultado absurdo por várias razões. Antes de tudo, nada desse tipo foi jamais observado no universo. Em segundo

---

regados negativamente, os dois elétrons se repelem. Férmions sem carga (tal como os nêutrons) também obedecem a essa regra da mesma forma.

[14]É importante verificar que, em sua formulação exata, o princípio de Pauli nada diz a respeito de elétrons no espaço tridimensional ordinário. Diz que eles não podem estar no mesmo *estado*, e esse conceito tem muitas características. A posição espacial pode ou não estar entre elas.

lugar, se os elétrons pudessem estar em estados de energia negativa, então a matéria absolutamente não poderia existir no universo nas formas que observamos. Suponhamos um átomo de hidrogênio. Se estivesse perfeitamente isolado de influências externas, o elétron nele existente estaria em seu mais baixo estado de energia. Se não estivesse nesse estado no princípio, faria logo uma transição para ele, uma vez que todos os sistemas físicos tendem a estar no mais baixo estado de energia possível. Mas, se existissem estados negativos de energia, então não haveria o mais baixo estado de energia e o elétron ficaria fazendo, para sempre, transições espontâneas para os estados de energia negativos, sempre mais baixos! Um átomo de hidrogênio, portanto, não poderia existir no estado normal observado durante qualquer período de tempo. Nem nenhum outro átomo poderia pelo mesmo motivo. Na verdade, não poderíamos observar qualquer matéria no universo em seu estado normal costumeiro. Tudo teria de estar em algum estado de energia negativa não-especificado. Ora, isso é tão absurdo que ficamos inclinados a dizer que, não importa quão bem a equação de Dirac funcione na solução de certos problemas, certamente deve ser abandonada ou modificada radicalmente, já que conduz a conseqüências tão absurdas.

Dirac, porém, estava convencido de que sua equação estava correta e de que, uma vez que as soluções de energia negativa não podiam ser explicadas de outra forma, tinham de ter algum significado. Encontrar, porém, o que elas simbolizavam não ia ser fácil. Primeiramente ele teria de explicar por que, se havia um número infinito de estados de energia negativa, todos os elétrons não estavam nesses estados. Em outras palavras, como podiam existir permanentemente no mundo elétrons com energia positiva? Ele logo se saiu com uma audaciosa e imaginativa resposta a essa pergunta. Apresentou a teoria de que o que pensamos ser "espaço vazio" ou "vácuo" não é, de fato, vazio em absoluto, mas completamente povoado por elétrons ocupando todos os estados de energia negativa disponíveis. O chamado espaço vazio do universo, em outras palavras, está realmente cheio de uma infinidade de elétrons com energia negativa. Esses elétrons, porém, são completamente inobserváveis. Não exercem qualquer efeito físico sobre coisa alguma no mundo. O mundo real, inclusive nós, existe justamente nesse "mar" de partículas, sem jamais sentir qualquer de seus efeitos, algo como o fato de não sentirmos a tremenda pressão que a atmosfera exerce sobre nossos corpos.

Além desse infinito mar de elétrons com energias negativas, há, dizia Dirac, os elétrons reais observáveis, que têm energias positivas. Eles não podem, porém, entrar nos estados de energia negativa: *todos esses estados estão ocupados e, portanto, o princípio de Pauli impede que outros elétrons entrem neles.* Assim, a idéia de Dirac explica imediatamente por que no mundo só há elétrons com energia positiva, e também por que eles não descem todos aos estados de energia negativa.

Certamente, é difícil ficar impressionado com tal teoria quando a ouvimos pela primeira vez. Ela se aproxima do absurdo em muitos sentidos. Inventa todo um novo universo que não pode ser visto ou sentido de maneira alguma. E nos pedem para acreditar em sua existência meramente porque ela explica uma solução errada de uma equação. Mas a física já desenvolveu suas próprias regras para quando uma nova teoria pode ser aceita. Sempre que alguém surge com uma nova teoria em física, quer pareça estranha ou inteiramente crível, a questão crucial é sempre a mesma: a teoria pode *predizer* coisas que não foram pensadas antes, e essas predições podem, então, ser testadas por cuidadosas observações? Dirac, então, investigou as conseqüências de sua hipótese. Aonde elas levavam? Que novas predições podiam ser feitas?

Uma importante questão que surge é a seguinte: podemos de alguma forma perturbar esse infinito mar de elétrons com energia negativa para tornar manifesta a sua existência? Sim, podemos, pois seria possível a um elétron com energia negativa absorver um fóton, isto é, energia da luz. Se a energia de um fóton é alta o suficiente, ela pode "elevar" o elétron a um estado com energia positiva, convertendo-o, assim, em um elétron com energia positiva, observável. Um elétron real, em outras palavras. Isso pode acontecer porque os estados com energia positiva não estão todos ocupados e um elétron pode facilmente encontrar um para entrar. Fornecendo-lhe energia, portanto, podemos elevar um elétron de seu estado inobservável com energia negativa e torná-lo um elétron normal, decente. Mas quando se realiza tal processo o vácuo fica com menos um elétron; um estado com energia negativa torna-se vazio. Esse fato pode também ser descrito dizendo-se que, ao criarmos um elétron com energia positiva, elevando o elétron de seu estado com energia negativa, também estamos criando um estado vazio ou um "buraco" no vácuo. Parece fascinante, mas será realmente o que acontece? Será possível "ver" alguma vez um tal "buraco"? E, se for, como se saberá que é um "buraco"? O formalismo matemático da equação de Dirac é tal que se podem calcular o comportamento e as propriedades de tal buraco no vácuo e mostrar que ele se comportará *exatamente como um elétron normal com energia positiva, exceto por ter uma carga elétrica oposta.*

Assim, a teoria de Dirac predisse que, com o auxílio de fótons energéticos, podem-se criar partículas a partir do vácuo (isto é, literalmente do "nada"), o que até aquele momento nunca fora visto na natureza – elétrons carregados positivamente ou, como passaram a ser chamados, pósitrons. Além disso, a teoria diz que, quando os pósitrons passam a existir, devem ser sempre acompanhados de elétrons normais. (Não podemos criar um buraco [pósitron] sem elevar um elétron.) Finalmente, a teoria também torna claro que, em circunstâncias normais, os pósitrons não podem durar muito tempo. Eles nada mais são, afinal, do que "buracos vazios", e há elétrons suficientes no mundo real para "cair" dentro desses buracos e "enchê-los". Quando isso acontecesse, tanto o elétron quanto o pósitron desapareceriam para darem lugar a um fóton energético.

Essa teoria, que certamente parecia pouco provável a princípio, veio a se tornar uma das mais bem-sucedidas na física. Carl Anderson, do Instituto de Tecnologia da Califórnia, realmente descobriu o pósitron em 1932, dois anos depois de Dirac haver proposto sua teoria do vácuo. Logo depois, todas as outras predições da teoria foram verificadas em experimentos de laboratório. A radiação eletromagnética realmente criou pares elétron-pósitron do vácuo, e essas partículas, por sua vez, aniquilavam uma à outra sempre que se encontravam. E todos esses processos se realizavam exatamente da maneira prevista pela teoria de Dirac.

Assim, não apenas a única falha da equação da mecânica quântica de Dirac foi retificada, mas se descobriu uma inteiramente *nova espécie de matéria*.[15] Uma espécie de matéria, sobre a qual ninguém havia sonhado antes, que consistia em "buracos no vácuo" e que aniquilava a matéria comum a cada vez que entrava em contato com ela. Esse universo nebuloso tornou-se conhecido como "antimatéria".[16] Hoje em dia os pósitrons são usados rotineiramente na indústria e na medicina, e os estudantes repetem facilmente os experimentos originais, inicialmente com resultados inteiramente inacreditáveis. O que espantara a mente na década de 20 tornou-se lugar-comum poucas décadas depois. E, naturalmente, não houve

---

[15] Não estamos falando de um novo tipo de *material*, um novo átomo ou composto, mas, como foi enfatizado acima, a respeito de um tipo de matéria que é *diferente em espécie* da matéria comum.

[16] Algumas teorias correntes predizem outros tipos de universos nebulosos, bastante diferentes, observáveis somente a energias muito altas. Até agora não há confirmação experimental, talvez porque os aceleradores existentes não são dotados de energias suficientemente altas.

surpresa quando, do fim da década de 50 em diante, antiprótons, antinêutrons e uma quantidade de outros representantes do mundo da antimatéria foram sendo gradualmente observados em vários experimentos.

No fim da década de 40, o físico americano Richard Feynman mostrou que havia outra maneira interessante de caracterizar a antimatéria. Ele mostrou matematicamente que um *pósitron*, isto é, uma partícula com a mesma massa de um elétron, mas com carga elétrica igual e oposta, pode ser considerado como *um elétron movendo-se para trás no tempo.* Quando ele aplicou essa idéia à teoria de Dirac de um único elétron, eliminaram-se (por motivos demasiado técnicos para apresentarmos aqui) todas as dificuldades relacionadas com os estados de energia negativa. Não havia mais estados de energia negativa, apenas elétrons que trafegavam no tempo, às vezes para a frente, às vezes para trás, quando eram espalhados por algum agente externo, como os fótons. Ora, trafegar para trás no tempo não faz muito sentido na física macroscópica ordinária. Ao contrário, a idéia de que o tempo tem apenas uma direção é crucial para dar sentido ao mundo diretamente perceptível. No entanto a idéia veio a frutificar, não conduziu a nenhum paradoxo, não violou de modo algum a causalidade e foi equivalente, matematicamente, à teoria do vácuo de Dirac. Esse fato indica, mais uma vez, que os conceitos *normais* de espaço e tempo são de uso limitado no mundo das partículas elementares.

Começamos chamando de "vácuo" as regiões do espaço completamente livres de matéria – esse é o significado comum da palavra, afinal –, mas terminamos com a verificação de que o vácuo não era absolutamente vazio. Continha tantos elétrons, prótons e tudo mais nos estados de energia negativa que se quisesse imaginar. No entanto, em si mesma, toda essa série de partículas não tinha efeito sobre coisa alguma – nenhum efeito gravitacional, nenhum efeito elétrico, nenhum efeito em absoluto.

Mas a passividade do vácuo só dura até que alguma espécie de matéria comum entre nele – matéria comum (energia positiva) como elétrons ou fótons ou qualquer outra partícula comum. É na presença da matéria que o vácuo começa a se manifestar.

Para ver o que acontece, introduzimos outro princípio importante também chamado princípio de incerteza. É chamado a "incerteza energia-tempo" e foi também introduzido por Heisenberg. Esse princípio diz que, se uma partícula troca energia com seu meio ambiente, o âmbito dentro do qual a quantidade de energia pode variar é inversamente proporcional à duração do processo. Quanto mais tempo levar o processo, menor será o alcance da quantidade de energia trocada.[17] Para intervalos de tempo muito pequenos, de acordo com esse princípio, a energia trocada pode flutuar entre limites enormes e, ademais, quanto menor for a diferença de tempo, maiores poderão ser as flutuações de energia. Conseqüentemente, a amplitude dentro da qual a energia pode ser conservada em um processo depende do tempo que durar o processo e, assim, para processos muito rápidos, onde a energia trocada pode variar entre limites largos, e pode portanto adquirir valores maiores, não podemos falar nem mesmo em conservação aproximada de energia. Esse é outro fenômeno estranho que não pode ser explicado em termos da física clássica. Suponha-se agora que um fóton se propague no vácuo. Se o fóton tiver energia suficiente para elevar um elétron para fora de um estado com energia negativa, então (como foi descrito anteriormente) será criado um par elétron-pósitron. Mas, de acordo com o princípio de incerteza energia-tempo, um fóton pode criar um par elétron-pósitron mesmo se não tiver energia suficiente, contanto que o par exista apenas por um período de tempo muito pequeno. Mesmo um fóton não muito energético pode ser transformado em um par elétron-pósitron – em outras palavras, se o par se aniquila pouco tempo depois e reverte novamente a um fóton. É como se permitissem ao fóton pedir energia emprestada ao vácuo por um tempo muito pequeno.

As partículas que passam a existir violando a lei da conservação da energia, e que existem, portanto, apenas por um tempo muito curto, são chamadas de *virtuais* na teoria quântica. Não são apenas os fótons que podem criar uma série de partículas virtuais. Todas as outras partículas podem fazer isso. As partículas virtuais também não precisam ser pares elétron-pósitron. Há muitas outras possibilidades.

Há dois fatos importantes a respeito das partículas virtuais. O primeiro é que elas nunca podem ser observadas diretamente. E nunca significa realmente nunca. São inobserváveis por princípio. Então por que preocupar-se com elas? Por causa do segundo fato: se ignorarmos as partículas virtuais, a mecânica quântica não funcionará.

---

[17]Os números reais envolvidos nesse princípio de incerteza, bem como no previamente mencionado, são tais que essa restrição se torna completamente irrelevante quando uma energia macroscópica é trocada durante intervalos de tempo macroscópicos. Não temos de nos preocupar com princípios de incerteza na vida normal mais que com as conseqüências do caráter absoluto da velocidade da luz.

Eis um exemplo: o nêutron é um constituinte permanente dos núcleos atômicos. Tem seu nome derivado do fato de ser eletricamente neutro, isto é, não ter carga elétrica. No entanto ele prontamente apresenta propriedades eletromagnéticas. Isso só se torna compreensível quando percebemos que o nêutron pode, por intervalos de tempo muito pequenos, transformar-se em partículas virtuais eletricamente carregadas. Essa é simplesmente a maneira como um nêutron existe. O nêutron, portanto, passa uma parte de seu tempo em estados carregados, fazendo surgir propriedades eletromagnéticas. E esse é justamente um exemplo, entre muitos, que mostra que, se ignorarmos as partículas virtuais por serem *inobserváveis*, a teoria quântica não poderá explicar o comportamento *observado* das partículas *observáveis*. Nesse sentido, as partículas virtuais podem ser observadas indiretamente por intermédio dessa influência.

Concluímos então que uma simples partícula – um fóton, um elétron, ou qualquer outra – cria continuamente uma série de outras partículas em virtude de sua própria existência, e que todas essas partículas se criam e se destroem mutuamente em sucessão vertiginosa. É bem possível que o que chamamos de "elétron" seja a manifestação de alguns processos rápidos, muito complicados, que se realizam na espumante estrutura do vácuo. Essas manifestações são estáveis e apresentam propriedades mensuráveis como carga ou massa, mas elas não se parecem com uma "bola de bilhar" ou qualquer outro modelo macroscópico visível. O fato de sermos tentados a imaginá-las como partículas dotadas de formas, corpos, localizações exatas e outras coisas semelhantes deve-se ao funcionamento interno de nosso cérebro. Gostaríamos de ver até mesmo o micromundo em termos de nossos próprios modelos sensoriais.

Mas isso não é possível e nunca será. A mecânica quântica não oferecerá, porque não pode, modelos mamíferos intuitivos para o comportamento espaço-temporal das partículas. Se insistirmos em ter um modelo sensorial do micromundo, faremos pior do que pedir emprestado à rã. Pois a cosmologia da rã é uma caricatura razoavelmente fiel dos modelos sensoriais da mecânica quântica. Nessa cosmologia, como podemos lembrar-nos, o mundo consiste em coisas sem forma, sombrias, que aparecem e desaparecem rápida e imprevisivelmente. Essas coisas não têm identidade ou individualidade, nem permanência no espaço e no tempo. Nunca podem ficar em repouso. É, de fato, parte do treinamento de nossos jovens físicos representar tal mundo graficamente nos diagramas de Feynman. Estes foram inventados por Feynman em 1948 como auxílio visual para se fazerem cálculos. O exemplo de um desses diagramas mostrando o esqueleto espaço-temporal de um processo em que um elétron dispersa um fóton aparece na Figura 8-3. É fácil imaginar que versões animadas de tais diagramas parecerão familiares a uma rã atenta.

Uma vez que a importância de conceitos como tempo comum, espaço comum, objetos distintos e causalidade diminui para todos quando passamos a tratar de partículas elementares, a linguagem comum também se torna inadequada. De todas as nossas ferramentas mentais importantes, só a matemática não teve sua importância reduzida, e sim aumentada imensamente no estranho mundo do muito pequeno – e não apenas lá, mas em todas as áreas da física. A observação de Galileu de que a natureza foi escrita na linguagem da matemática passou a ser mais que uma peça inconseqüente do conhecimento geral. Ela tem sido total e consistentemente verificada pela experiência durante os sucessivos séculos. E tanto é assim que a matemática parece substituir todas as outras formas de simbolismo humano nas ciências básicas. Assim, a matematização cada vez maior da ciência é um fenômeno significativo que pode, um dia, fazer jorrar mais luz sobre o modo como a mente trata o mundo exterior. Esse assunto pode valer um pequeno desvio.

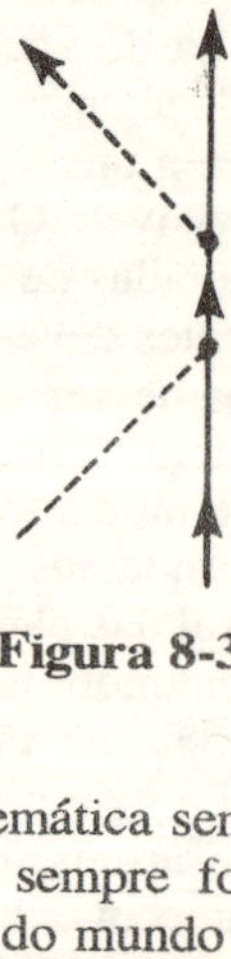

Figura 8-3

Até certo ponto, a matemática sempre esteve associada à realidade. Seu desenvolvimento sempre foi alimentado por problemas que surgiam de observações do mundo exterior. No entanto, desde a axiomatização da geometria por Euclides, a consistência lógica das regras e teoremas matemáticos gradualmente se tornou tão importante, ou mais, quanto a afinidade ou a relevância com o mundo real. Durante os últimos 200 ou 300 anos, a independência da matemática em relação ao funcionamento da natureza e da experiência sensorial veio se tornando cada vez mais pronunciada. A matemática tornou-se amplamente independente do mundo exterior; tornou-se o estudo de conseqüências lógicas e, nesse sentido, um estudo dos padrões da mente humana, do processo cognitivo humano. Isso não quer dizer que, mesmo hoje, desenvolvimentos na física, na biologia ou em algumas das ciências sociais não possam produzir enigmas matemáticos interessantes e manter os matemáticos ocupados. Mas a maioria dos problemas matemáticos tem sido, há longo tempo, gerada internamente pela própria lógica da matemática. Nada no mundo real, para se dar um exemplo, jamais precisou do estudo dos números complexos. Nenhum problema prático jamais exigiu que soubéssemos o "valor" de $\sqrt{-1}$. Mas nos séculos XVIII e XIX os matemáticos já estavam desenvolvendo não somente a teoria dos números complexos, mas também uma magnífica estrutura da análise complexa. Esse elegante e poderoso método, por sua vez, tornou-se extremamente útil na teoria e nas aplicações do eletromagnetismo.

Esse exemplo bastante usado ilumina o curioso relacionamento entre a matemática e a física, que vai muito além do fato de ser a primeira a "linguagem" da última. A física, afinal, coleta informações do mundo exterior executando medições, e as medições, na maioria dos casos, resultam em números. Portanto, não é de admirar ser a matemática o melhor método para expressar qualquer padrão que as medidas mostrem. Nem seria de admirar ter a matemática se tornado capaz não só de expressar, mas também de interpretar, ampliar e generalizar os padrões que encontramos nas medições *se* a matemática usada tiver sido desenvolvida a partir de problemas do mundo real e assim refletido as propriedades desse mesmo mundo.

O curioso aspecto da associação da física com a matemática reside no fato de que mesmo as partes da matemática que foram desenvolvidas sem a menor referência a qualquer coisa no mundo real apresentaram-se, muitas vezes, como sendo sob medida para uma perfeita descrição de alguma situação física. Eugene Wigner, o famoso físico teórico da Universidade de Princeton, chamou esse fenômeno de "irrazoável eficácia da matemática nas ciências naturais".

Grande parte da matemática nunca chega a ser usada na física ou em qualquer outra coisa. Mas até agora – e houve muito poucas exceções –, quando os físicos precisaram de novas ferramentas matemáticas para desenvolver novas teorias físicas, encontraram essas ferramentas prontas e esperando em algum trabalho matemático anterior. Em outras palavras, essas ferramentas foram desenvolvidas em contextos que nada tinham a ver com o problema ao qual foram mais tarde aplicadas. A mecânica quântica, por exemplo, não poderia ter sido desenvolvida sem o uso, entre outras coisas, da teoria de certos espaços dimensionais infinitos. Essa teoria foi desenvolvida justamente na matemática nas duas décadas que precederam o advento da mecânica quântica. A teoria geral da relatividade não poderia ter sido formulada sem um detalhado método matemático capaz de tratar a geometria dos espaços curvos de Riemann. Tal método foi desenvolvido de 1880 em diante por matemáticos italianos que, por sua vez, nunca imaginaram que o que eles estavam fazendo poderia ter alguma relevância para o problema da gravitação. Ou veja-se o exemplo das partículas elementares, a maior parte das quais foi descoberta nos últimos 30 anos. Essas partículas mostravam alguns padrões abstratos na maneira pela qual se distribuíam suas massas, cargas e algumas outras propriedades. Esses padrões só fizeram sentido quando se invocou a teoria do grupo – ramo abstrato da matemática que evoluiu durante os últimos 200 a 300 anos até atingir um alto grau de perfeição sem ter qualquer contato com a física.

Poder-se-iam encontrar muitos outros exemplos como esses. Todos mostrariam que a chamada matemática pura, embora motivada exclusivamente, como coloca Wigner, pela "engenhosidade e o sentido da beleza formal", apresenta uma fantástica habilidade para descrever propriedades precisas do mundo real que estavam escondidas e desconhecidas na época em que as ferramentas matemáticas foram realmente elaboradas. E há uma coisa ainda mais incrível. Em profundo contraste com as próprias ciências naturais, quanto mais a matemática abandonou as impressões sensoriais e os modelos mentais intuitivos, mais adequada, eficiente e poderosa se tornou como ferramenta para descrever a natureza. Achamos tudo isso difícil de explicar. Teremos que saber muito mais a respeito das sutis interações entre os padrões exteriores que o mundo real impõe ao nosso sistema nervoso e os padrões internos que o nosso sistema nervoso impõe ao mundo real. Faltando esse conhecimento, teremos de nos satisfazer com a metáfora de Galileu.

9
Criando Novas Realidades

(Espaço e tempo nas artes)

Se a natureza não fosse bonita,
não seria digna de ser conhecida
e a vida não seria digna de viver (...)
HENRI POINCARÉ

A súbita compreensão das impropriedades da cosmologia com que nascemos e a crise que essa compreensão causou no início do século não ficaram confinadas à física. Nos dois últimos capítulos, quando só consideramos a evolução da física, parecia uma conclusão óbvia que o fracasso de nossas expectativas intuitivas de ajustar o mundo exterior se devia exclusivamente às nossas explorações dentro das imperceptíveis dimensões extremas do grande, do pequeno e do rápido. Mas os processos mentais e históricos reais que conduziram à morte da estrutura mamífera da nossa visão de mundo parecem ser muito mais complexos.

No exato momento em que a física moderna estava se encontrando e pela primeira vez atuando com conceitos até então inimagináveis, as formas expressivas das artes, a pintura e a música em particular, estavam também abandonando o molde clássico – estrutura de tempo e espaço, de movimento e ordem. No princípio do século XX, os modelos perceptuais "normais" da realidade, que durante séculos haviam servido tão bem às artes, não pareciam mais suficientes.

Embora idéias radicalmente novas sobre a natureza do mundo tenham emergido simultaneamente nas ciências e nas artes, esses processos foram completamente independentes um do outro. Foram motivados por diferentes preocupações e conduzidos através de métodos diferentes por pessoas que não sabiam coisa alguma a respeito dos problemas ou soluções das outras. No entanto pode haver algumas relações entre esses eventos, mesmo que não as possamos apontar. Tanto a ciência como as artes são, afinal, expressões da imaginação humana; o mundo exterior, ademais, tal como o nosso cérebro, parece conter certos padrões, e tanto o artista quanto o cientista procuram esses padrões que sejam significativos; procuram padrões que ajudem a dar sentido ao mundo. Visto sob esse ponto de vista, o simultâneo fracasso da cosmologia mamífera em ser útil na física, na música e nas artes visuais parece menos estranho, mas não menos interessante. No que segue, depois de breves desvios pela história passada, discutirei as mudanças nas noções de espaço incorporadas na arte do princípio do século XX e as mudanças na representação de tempo e movimento na música.

Vimos anteriormente, ao descrever a diferença dos conceitos espaciais da escultura egípcia e grega, que as concepções de espaço em determinada sociedade se refletem nas artes e provavelmente são influenciadas por elas. Notamos isso também quando discutimos a Renascença italiana, vendo como a descoberta das regras matemáticas que serviam de base para nosso sentido de visão introduziu a era do espaço clássico. Vemos agora, em retrospecto, que a Renascença foi apenas o começo de uma evolução longa, fértil e de amplo alcance nas artes visuais que durou quase cinco séculos. Uma vez dominada a técnica da perspectiva para representar a profundidade, o foco da pintura transferiu-se para uma exatidão cada vez maior em representar o mundo que nossos sentidos nos mostravam. Isso incluiu as variedades de textura e os matizes de cor, os inexauríveis efeitos de luz e sombra, figuras e faces humanas refletindo uma infinita variedade de sentimentos, de estados mentais e emocionais. No correr dessa evolução, virtualmente cada década, cada país e cada artista influente desenvolveram novas maneiras de representar a experiência humana da visão, do espaço, da forma e das emoções a eles associadas. Cada era, cada artista, usou meios característicos, e os resultados muitas vezes apresentavam pouca semelhança com os trabalhos de outros artistas. Mas, por mais diferentes que tenham sido, todos tinham uma característica em comum: eram todos representantes do conceito espacial dominante da sociedade ocidental, o espaço clássico. Do século XV ao século XIX, cada pintura, cada escultura, representava o mundo, real ou imaginário, como consistindo em figuras distintas, bem definidas e reconhecíveis em um espaço tridimensional ampliado.

Essa estrutura perceptual básica permaneceu a mesma durante cinco séculos, e somente ela proporcionou a continuidade entre os trabalhos desses artistas, totalmente diferentes, como por exemplo Diego Velásquez no século XVII e o pintor impressionista Claude Monet no século XIX. (Comparem-se as Figuras 9-1 e 9-2.) Nem essa estrutura perceptual mudou fundamentalmente com as preocupações artísticas do pintor. Rembrandt van Rijn, por exemplo, no século XVII, para citar a amplamente conhecida *Arte através das idades*, de Gardner, "tornou a pintura um método para investigar os estados da alma humana". Paul Cézanne, por outro lado, no fim do século XIX, estava preocupado em procurar o que ele pensava serem

Figura 9-1

Figura 9-2

as estruturas espaciais essenciais que serviam de base a uma impressão visual sempre mutável. No entanto, nem Rembrandt nem Cézanne jamais pintaram algo que não representasse senão o espaço tridimensional, contendo objetos reconhecíveis, individuais em lugares bem definidos. Por todos esses séculos, de um modo ou de outro, os símbolos dos artistas, não menos que os dos físicos, eram essencialmente compatíveis com a visão de mundo dos mamíferos.

Foi precisamente essa estrutura sensorial básica, a representação do mundo de forma reconhecível, que, no princípio do século XX, mudou de modo tão abrupto e completo na pintura como ocorreu na física. Nos anos de 1906-8, o primeiro dos modernos movimentos artísticos, a chamada escola cubista de pintura, passou a existir. O método foi criado por Georges Braque e Pablo Picasso, e posteriormente desenvolvido por Juan Gris e outros. Embora a maneira de pintar estritamente cubista não tenha durado muito tempo (permaneceu influente até cerca de 1920), a influência do movimento cubista na teoria e na prática da pintura permaneceu grande e irreversível.

O cubismo devotava-se à criação de um mundo visual que era não só novo na pintura, mas também muito diferente daquilo que percebe a visão normal. Esses artistas estavam interessados em analisar os componentes permanentes do mundo visível. Como a visão humana não pode realmente perceber a profundidade, apenas indícios dela, os cubistas rejeitavam as ilusões tridimensionais das pinturas anteriores e se concentravam nas superfícies bidimensionais. Criaram uma nova ordem visual em suas pinturas. Diferentemente de alguns pintores anteriores, cujas principais preocupações eram a representação da emoção humana, o foco dos cubistas estava inteiramente nos elementos da visão. Eles decompunham as aparências dos objetos em superfícies visuais e as reorganizavam de várias maneiras; dividiam as impressões visuais e depois as reagrupavam em novas formas. Como resultado, suas figuras muitas vezes pareciam, como escreve o teórico de arte John Golding, como se o pintor "tivesse andado 180 graus em torno de seu tema e sintetizado suas impressões em uma simples imagem (...)". As Figuras 9-3 e 9-4 mostram célebres pinturas cubistas de Georges Braque e Pablo Picasso.

O cubismo foi o primeiro rompimento total com as tradições da Renascença na pintura ocidental e, por essa razão apenas, os cubistas foram alguns dos revolucionários mais radicais na história da arte. O cubismo foi a primeira escola artística a estabelecer a independência da pintura em relação ao que era imediatamente visível. E, o que é paradoxal, foi precisamente por ignorar as aparências visuais que o cubismo abriu novas possibilidades de representar a realidade visual. As teorias atuais sobre a visão declaram, com base na evidência experimental da pesquisa cerebral, que uma parte importante do processamento da informação visual consiste especificamente em fragmentar a entrada sensorial direta em componentes como arestas, ângulos e linhas retas em várias direções, e reagrupá-los em uma representação interna daquilo que finalmente "vemos". Alguns componentes básicos do *input* sensorial, em outras palavras, não são os que estamos conscientes de estar vendo. A representação final é o resultado de um processo mental altamente complexo. Em sua pesquisa de leis visuais que servissem de base para as aparências, os cubistas parecem ter percebido isso intuitivamente antes de quaisquer outros.

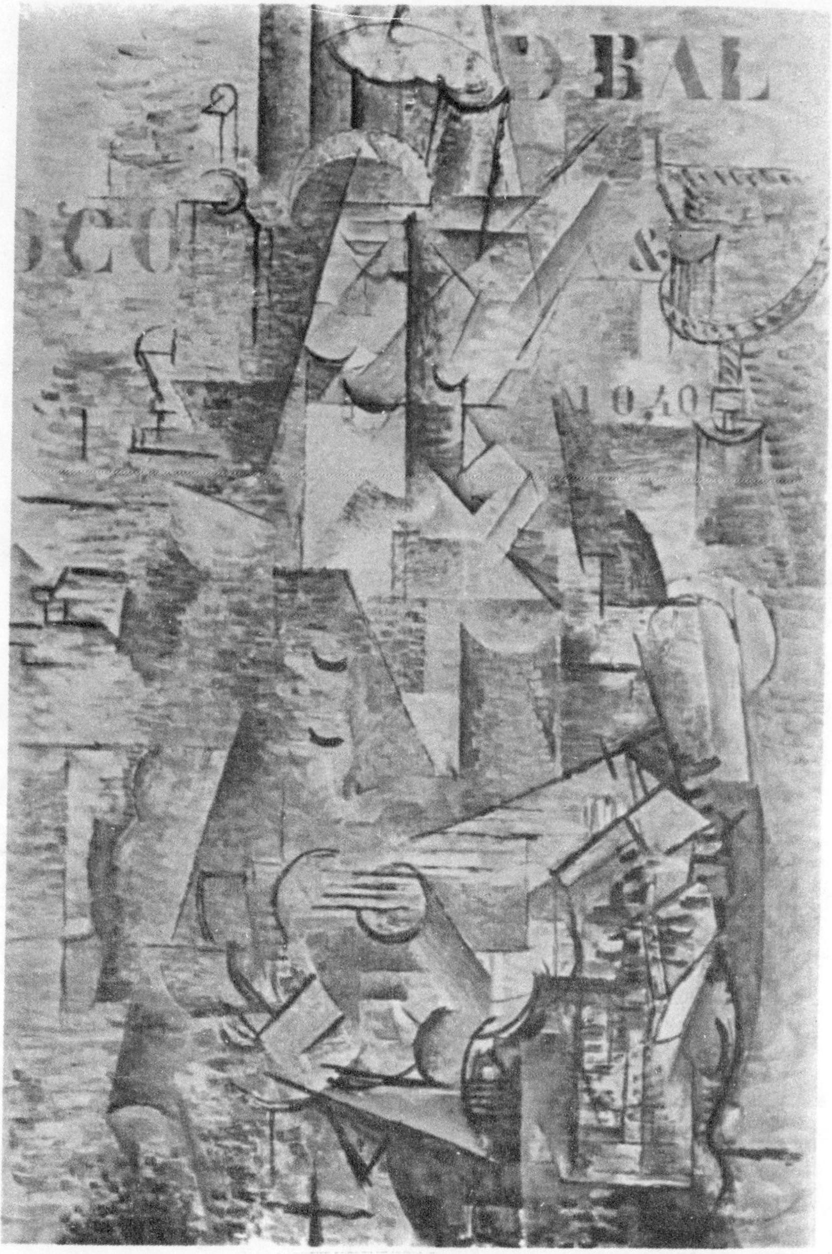

Figura 9-3

Figura 9-4

Mas o cubismo foi apenas o detonador de uma explosão: seguiu-se um período extremamente rico em pesquisa e experimentação nas artes visuais, todas preocupadas em questionar os modos perceptuais previamente aceitos. A arte do século XX ramificou-se em várias direções importantes; uma série de novas escolas começou a desafiar com agressividade praticamente todos os aspectos visuais da cosmologia humana. Algumas dessas escolas foram particularmente interessantes. O chamado movimento "surrealista", por exemplo, passou a existir no princípio da década de 20 e teve importantes adesões até a década de 60. Diferentes manifestações desse movimento eram encontradas em várias formas artísticas, inclusive a literatura, e todas foram fortemente influenciadas pelas descobertas psicológicas de Sigmund Freud. O surrealismo usava uma variedade de técnicas, mas foi mantido coeso pela crença básica de que certas partes da realidade só podem ser conhecidas se nos basearmos em nossas experiências subconscientes. Pintores dessa escola, entre os quais o artista francês, nascido na Alemanha, Max Ernst e o espanhol Salvador Dali foram particularmente influentes, tentaram tornar visíveis nossas fantasias subconscientes, tais como os sonhos.

A fim de desafiar a confiança que depositamos apenas em nossas experiências sensoriais e voltar nossa atenção para uma espécie de visão "interior", um pintor surrealista pode, por exemplo, usar a seguinte técnica: representar de modo cuidadoso, realista e com grande precisão objetos ou aspectos individuais, mas justapor esses objetos de formas ilógicas, muitas vezes deliberadamente irritantes, confundindo e questionando o significado daquilo que vemos. O deslocamento e a falta de lógica visual chocam o observador e produzem um sentimento de irrealidade que contrasta profundamente com os elementos e o fundo realistas da figura. O resultado é que, muitas vezes, sentimos que as cenas de uma pintura surrealista são semelhantes às que vemos ou pensamos que vemos em nossos sonhos. Tais efeitos já são evidentes em trabalhos de um precursor dos surrealistas, o pintor italiano Giorgio de Chirico.

Muitos dos trabalhos surrealistas eram também destinados a apoiar a afirmação de uma espécie de filosofia visual. Vimos, no capítulo anterior, no exemplo do cubo de Necker, como as analogias visuais podem ajudar a iluminar problemas perceptuais. Dois artistas da escola surrealista cujo trabalho mostrava as dificuldades inerentes à separação do mundo estritamente em "externo" e "interno" e que usaram ambigüidades visuais para questionar a função da visão na percepção humana foram o pintor belga René Magritte e o popular artista gráfico que muitas vezes usou idéias matemáticas para criar figuras surrealistas – Maurits Escher, da Holanda. Um expressivo exemplo desse tipo da pintura surrealista mais recente pode ser visto no trabalho de Magritte de 1961 mostrado na Figura 9-5.

Figura 9-5

Mas o movimento artístico que foi o líder em rejeitar nossa confiança na experiência sensorial direta – e que, a esse respeito, foi análogo à matemática pura no reino das ciências – foi o mal denominado arte "abstrata". O termo é mal empregado, uma vez que toda arte é abstrata, simbólica. Mas, outra vez, o nome pegou e vivemos com ele. Essa arte é, talvez, a mais característica do século XX. Na arte abstrata, o artista despreza completamente o mundo visual "preexistente" e cria formas visuais totalmente novas, formas que, em outras palavras, não existiam antes e que não têm qualquer referência e qualquer informação sobre coisa alguma no mundo fora da obra. Essa é a espécie de trabalho a que o escultor francês Raymond Duchamp-Villon se refere dizendo: "A única finalidade das artes não é nem a descrição nem a imitação, mas a criação de seres desconhecidos por meio de elementos que estão sempre presentes, mas não evidentes."

Nesse tipo de arte, a pintura e a escultura adquiriram a mesma independência radical do mundo exterior que o pensamento matemático tinha conseguido muito antes. Ambas eram menos os reflexos da realidade externa do que as tentativas criativas da mente. Em 1973, o crítico de arte Patrick Heron assim descreveu a pintura abstrata e seu papel:

> O papel da pintura na civilização é o de laboratório do homem para a exploração desinteressada das aparências visuais como tais; uma exploração realizada de forma desinibida de quaisquer exigências práticas. O pintor está e sempre esteve à procura de uma coisa apenas, que é uma nova configuração abstrata, um novo mas puramente formal significado, um novo padrão que emerge da própria mecânica da visão física em si (...).

Mudando-se alguns nomes nessa frase, substituindo-se "pintura" por "matemática", "visual" por "lógica" e assim por diante, ela poderia servir perfeitamente bem como definição da matemática pura. E como se avaliam as pinturas abstratas? "Beleza e seriedade seriam os critérios com os quais seus padrões deveriam ser julgados." Isso talvez pareça um pouco acadêmico, mas serviria como instrução aos pretensos críticos de arte. Foi escrito pelo matemático inglês G. H. Hardy, que estava meramente explicando como se julgaria um trabalho de matemática pura.

A arte abstrata adotou uma série de diferentes características formais. Uma escola, algumas vezes chamada de "construtivismo" ou "abstração geométrica", usou quase que exclusivamente formas geométricas bem definidas, muito regulares, tais como linhas retas, ângulos, formas coloridas com limites retos, para formular suas idéias. Trabalhos desse tipo podem muito bem ter sido estimulados pelas primeiras idéias cubistas. Esses artistas não tinham o objetivo de expressar emoções profundamente sentidas ou de representar os mundos do subconsciente. Sua finalidade era, antes, estimular e educar a percepção humana. Os pintores e escultores dessa escola também pensavam que a simplicidade e a clareza de suas construções iriam torná-las mais objetivas, mais acessíveis e, assim, mais universais. A Figura 9-6 mostra uma famosa pintura do pintor holandês Piet Mondrian, um dos pioneiros no uso de abstração geométrica. Os principais artistas desse movimento, entre os quais estavam o pintor Kasimir Malevich, da Rússia, o escultor russo-americano Naum Gabo e o versátil artista húngaro-americano László Moholy-Nagy, exerceram poderosa influência não apenas sobre outros artistas, mas sobre todo o caráter visual de nosso mundo contemporâneo.

Figura 9-6

A influência de suas idéias estendeu-se por toda parte – da arquitetura e do planejamento de cidades ao desenho de artigos domésticos.

Outra escola influente da arte abstrata tornou-se conhecida como "abstração expressiva". Os artistas desse movimento talvez tivessem mais em comum com os surrealistas do que com os cubistas. Em vez de simples formas geométricas universais, criaram formas complexas, coloridas e irregulares. Essas formas evocavam as aparências muitas vezes desordenadas dos seres vivos quando se prestava pouca atenção às imagens de ordem simples. As formas, as cores, as linhas, os planos e os materiais eram todos escolhidos, não por sua estrutura ordenada, mas por seu potencial expressivo. Esses trabalhos muitas vezes possuíam qualidades orgânicas ou sensuais, algumas vezes eróticas; tinham o objetivo de expressar o único, o subjetivo, o individual – o inconsciente mais que o consciente da mente humana. O russo de nascimento Wassily Kandinsky e o pintor espanhol Joan Miró estiveram entre os mais célebres artistas dessa escola. Um ramo posterior (década de 40) influente dessa escola foi o movimento americano conhecido como "expressionismo abstrato", que se originou em Nova York. O expressionismo abstrato levou a impulsiva espontaneidade da abstração expressiva à sua conclusão lógica. O mais conhecido dos expressionistas abstratos foi o americano Jackson Pollock, que criou suas mais famosas pinturas de maneira intuitiva e improvisada, derramando tinta em uma tela colocada no chão. Essas pinturas parecem caóticas, contudo conseguem comunicar uma excitação e uma pulsação interior. Estão longe de ser realistas, mas também não são acidentais. Um exemplo de uma imagem dessa desordem inspirada e cheia de significado é mostrado na Figura 9-7.

Uma questão surge muito naturalmente neste ponto. Vimos antes que os conceitos espaciais da física clássica e o espaço visual da pintura, como evoluiu a partir da Renascença, eram espaços simbólicos compatíveis. Caracterizavam-se pelas mesmas propriedades e pareciam compatíveis com o que a maioria dos seres humanos julgava ser, então, o espaço perceptual "normal". Poderíamos chamá-los pelo nome comum de espaço clássico. Mas que dizer do "espaço" da física e da arte do século XX? Podemos dizer que o espaço da relatividade ou da teoria quântica corresponde, de certa forma, ao espaço de uma pintura cubista ou de uma escultura construtivista?

A resposta parece ser um restrito "não". As noções de espaço do século XX, como vimos anteriormente, não se desenvolveram a partir de percepções sensoriais diretas, imediatas, seja na ciência ou nas artes visuais. Essas noções foram resultado de pesquisas no que podia estar oculto além das aparências superficiais ou impressões

Figura 9-7

imediatas. Esse foi, talvez, o único elemento comum em todas as mudanças revolucionárias ocorridas na passagem do século. Os problemas enfrentados eram muito diferentes na física e nas artes, e também eram diferentes os espaços simbólicos recentemente inventados e as respostas a esses problemas. Houve várias sugestões na literatura mais antiga, datada das décadas de 30 e 40, de que a relatividade especial e o cubismo realmente empregavam noções semelhantes de espaço. Isso dificilmente pode (como o próprio Einstein apontou uma vez) ser o caso. As noções espaciais (ou melhor, as espaço-temporais) da relatividade evoluíram logicamente das necessidades apresentadas pela constância da velocidade da luz. Os problemas dos artistas cubistas nada tinham a ver com esse problema ou com a lógica matematicamente formulada. O espaço cubista, por exemplo, tendia a ser uma superfície bidimensional que excluía a terceira; a matemática da relatividade trabalha em um espaço-tempo quadridimensional. E podemos continuar indefinidamente – procurar semelhanças nesses dois empreendimentos é deveras inútil.

Será que isso tudo significa que o sistema contemporâneo de espaço e tempo simbólicos, que emolduraria a visão geral do mundo em nossa sociedade, está agora inevitavelmente dividido em um sistema artístico e um sistema científico mutuamente estranhos? Superficialmente, isso parece de fato ser o caso. No entanto, de acordo com o teórico de arte Leo Steinberg, esse ponto de vista, que supõe ser possível uma estrita separação das funções da "mente" e do "olho", está completamente errado. "O olho é parte da mente", escreveu Steinberg em um estudo muitas vezes citado, no qual argumenta que a pintura moderna em geral e a arte abstrata em particular não deixaram de explorar a natureza, mas, em vez disso, passaram a estudar e representar suas características fundamentais, muitas vezes ocultas. Steinberg argumentou ainda que, embora fosse verdade que a ciência não mais estudava o que era diretamente visível, a visão continuaria, contudo, a desempenhar um papel fundamental na totalidade da cosmologia humana. Discutindo com aqueles que declaram que o papel da arte em explorar o mundo se tornou destituído de importância no mundo moderno, Steinberg mostrou que os argumentos deles

> (...) contêm uma suposição injustificada, ou seja, de que, enquanto a capacidade humana de abstração intelectual está sempre aumentando, a imaginação visual está fixa e circunscrita. Nisso os filósofos estão calculando mal, uma vez que nosso poder de visualizar nos é determinado, não por eles, mas pelos homens que pintam. E essa nossa imaginação visual, graças

àqueles em que é criativa, está também em perpétuo crescimento, tão imprevisível quanto a extensão do pensamento.

Em 1958, George Schmidt, historiador da arte suíço e diretor do notável Kunstmuseum, em Basiléia, organizou uma exposição intitulada Forma na Arte e na Natureza, que pode ser considerada uma interessante e específica ilustração da opinião de Steinberg. A exposição apresentou uma série de pinturas, algumas puramente abstratas e todas do século XX. Penduradas ao lado das pinturas havia fotografias de imagens microscópicas – algumas tomadas com microscópio eletrônico – de uma série de formas orgânicas e inorgânicas. Grandes semelhanças entre as pinturas e as fotografias eram imediatamente evidentes, embora as fotografias tenham sido tiradas muito depois de as pinturas terem sido feitas. Isso pode parecer, a princípio, uma coincidência trivial. E obviamente não quero dizer aqui que os artistas em questão tenham tido alguma premonição profética das formas particulares que apareceriam em fotografias posteriores. Presumivelmente, para cada fotografia escolhida para a exibição, havia milhares de outras com formas não representadas nas pinturas. Mas a aparência visual dos objetos microscópicos, como células coloridas dos órgãos humanos ou estruturas cristalinas de materiais inorgânicos, é muito diferente das encontradas em nosso ambiente diário. Portanto, nenhuma seleção de pinturas do século XIX (para não mencionar anteriores), que sempre recriavam, de uma forma ou de outra, o diretamente visível, poderia ter mostrado semelhanças com figuras submicroscópicas. Os pintores abstratos, em outras palavras, aumentaram o vocabulário visual da arte a tal ponto que somente formas extraordinárias e previamente inacessíveis puderam corresponder às pinturas.

Mais que quaisquer exemplos específicos, porém, o mundo inteiro testemunha o fato de que os poderes de visualização de nosso cérebro certamente não pararam de crescer, que a exploração visual do desconhecido não terminou. Ao contrário, as novas maneiras de pintar abriram um novo mundo de visão, anteriormente nunca visto e até então desconhecido. Mas esse mundo não é o clássico. É genuinamente novo, jamais visto antes. Não apenas o nosso mundo mental em geral foi enriquecido, mas há razões para imaginar que cada aspecto de nosso pensamento, inclusive o cognitivo, foi profundamente influenciado. O pensamento espacial em geral e o visual em particular, por exemplo, parecem ser da maior importância nos processos do pensamento de cientistas e matemáticos ativos e criadores. Essa observação foi tornada convincente pelo célebre matemático Jacques Hadamard, com estudo detalhado da psicologia da criatividade do tipo matemático, e tem recebido apoio da pesquisa psicológica em andamento. Além disso, temos também os testemunhos pessoais de grandes físicos como Einstein, Dirac e Feynman, todos enfatizando a importância das imagens visuais em seu pensamento.

Há também evidência de que o desenvolvimento da imaginação e da capacidade visual é amplamente influenciado pelo ambiente visual em que vivemos, pela sofisticação visual da sociedade de que somos membros. Ora, a arte do século XX evidencia um grau de sofisticação visual que nunca existiu antes. Uma vez que ela influencia o pensamento cognitivo, mesmo que através do subconsciente, pode-se mesmo especular se a freqüência e a finalidade das descobertas nas ciências básicas, que marcaram época, teriam sido as mesmas se a imaginação visual de nossa sociedade, por alguma razão, não se pudesse igualar, em sofisticação, à capacidade de abstrair e de generalizar com nossos processos cognitivos. A resposta a isso é provavelmente "não". Nossa mente é um conjunto integrado, e não parece possível imaginar uma sociedade que evolua naturalmente, que pense em termos da relatividade e da mecânica quântica e, contudo, ao mesmo tempo, olhe o mundo dentro de uma moldura visual do século XIX.

Como vimos antes, assim como as artes visuais dão forma e refletem o espaço em que os seres humanos imaginam o mundo, a música tende a formar e espelhar suas noções de tempo. Esse foi o caso, pelo menos, nas últimas várias centenas de anos de evolução da cultura ocidental. Como sabemos, a polifonia e suas notações literalmente criaram o tempo métrico na Europa. A música do século XVII ao fim do século XIX, como veremos depois, refletiu as noções clássicas de tempo, movimento e causalidade. E, novamente, nos primeiros anos do século XX, quando nossa cosmologia congênita estava sendo desafiada na física e nas artes visuais, mudanças radicais semelhantes em nossos sentimentos sobre o tempo estavam sendo refletidas na música.

A música parece ser necessária à vida humana. Não conhecemos nenhuma sociedade sem alguma espécie de música. Pensadores tão diferentes quanto o biólogo americano Lewis Thomas e o antropólogo francês Claude Lévi-Strauss sugeriram que os elementos chaves no funcionamento da mente humana e, portanto, na cosmologia humana só podem ser entendidos através da compreensão de como a mente cria a música e reage a ela. A música também tem sido muitas coisas para muita gente. Em muitas sociedades, supunha-se que ela possuísse um poder mágico. Mas foi também na música que a ordem matemática foi descoberta repetidamente em muitas civilizações. Hoje o universo é muitas vezes considerado uma espécie de supercomputador, onde as leis da física constituem o *software*. De modo semelhante, desde o tempo dos pitagóricos e através da linha evolutiva greco-romana-ocidental, o universo foi considerado um gigantesco instrumento musical tocando suas próprias melodias, nas quais as secretas leis matemáticas do mundo deviam ser encontradas. Boécio, estadista e filósofo romano do século V, afirmou que havia três espécies de música, cada qual com seu papel de manter a ordem e a harmonia no universo. A primeira, a *musica mundana*, semelhante à "música das esferas" de Pitágoras, era responsável pela ordem e coerência em larga escala do universo. Essa música, embora inaudível aos ouvidos humanos, estava incorporada ao movimento do céu; organizava o tempo e regulava as estações e fenômenos semelhantes. A segunda, a igualmente inaudível *musica humana*, era necessária para manter o corpo e a alma humanos trabalhando juntos em harmonia. Finalmente, a *musica instrumentalis*, isto é, a música audível, embora não fosse tão importante quanto qualquer uma das outras, era, contudo, capaz de expressar ordem e estrutura e, além disso, de dar prazer ao ouvinte.

Durante todo o período medieval e renascentista, a teoria e a prática da música eram consideradas uma ciência cujo estudo era necessário para uma compreensão da estrutura e funcionamento do universo. As leis da música da época eram consideradas as leis básicas da natureza, e essa idéia sobreviveu até o início da ciência moderna. Johannes Kepler, por exemplo, estava convencido de que o movimento dos planetas obedecia a regras musicais expressas pela matemática, e foi essa suposição que o motivou a buscar as leis do movimento planetário em primeiro lugar. Os sentimentos dos cientistas eram refletidos dos músicos e dos teóricos de música. Se as regras matemáticas da natureza eram derivadas da música, então as regras da música deviam ser consideradas matemática aplicada. Quando o mais influente de todos os teóricos de música da Renascença, Gioseffe Zarlino, discutia polifonia, não se preocupava com a "auto-expressão" do compositor, mas delineava o caráter de seu assunto desde o princípio: "Toda ciência matemática repousa mais na demonstração do que na argumentação e na opinião." Ele não tinha dúvida de que a música era uma ciência matemática. Cerca de 200 anos depois, quando o compositor francês Jean-Philippe Rameau codificou as regras da harmonia e estabeleceu as regras da teoria musical que deveriam manter-se em vigor por mais dois séculos, o título que escolheu para o seu trabalho, *Tratado sobre a harmonia reduzida aos seus princípios naturais*, tinha claramente a finalidade de evocar um outro livro influente, de Newton, o qual já existia havia 40 anos,

Princípios matemáticos da filosofia natural. Mais 200 anos depois (em 1971), mas muito dentro do mesmo espírito, o pianista-musicólogo Charles Rosen resumiu a função percebida da música na história ocidental:

> Desde a Renascença, pelo menos, as artes têm sido concebidas como maneiras de explorar o universo, como complementos das ciências. Até certo ponto, elas criaram seus próprios campos de pesquisa: seu universo é a linguagem que formaram, cuja natureza e limites exploram, e, explorando, transformam. Beethoven talvez tenha sido o primeiro compositor para quem essa função exploratória da música tinha precedência sobre qualquer outra: prazer, instrução e até mesmo, algumas vezes, expressão. Uma obra como as Variações "Diabelli" é, acima de tudo, uma descoberta da natureza dos elementos musicais mais simples, uma investigação da linguagem da tonalidade clássica com todas as suas implicações de ritmo e textura, assim como de melodia e harmonia.

Ainda mais radical foi a opinião de Igor Stravinsky. Ele negou que a música pudesse jamais expressar realmente alguma coisa e disse que sua *função exclusiva era estruturar o fluxo de tempo e manter a ordem nele.*[1] Seja como for, a declaração de Stravinsky reflete o que talvez seja a mais profunda e crucial das muitas funções da música na cosmologia humana: espelhar e afetar nossos sentimentos com a passagem do tempo.

Anteriormente, quando mencionei a polifonia e seus efeitos sobre as noções de tempo de toda uma civilização, estava citando um exemplo específico – aquele em que a relação entre música e tempo estava em sua posição mais óbvia. Mas a influência da música sobre a percepção do tempo é provavelmente muito mais geral, pois a música representa uma imagem abstrata de movimento muito importante. Isso parece ser uma propriedade geral de toda música. Os seres humanos sempre sentem que a música se move: pode mover-se rápida ou lentamente, acelerar ou retardar-se, ou até mesmo "acompanhar o passo". As pessoas falam mesmo da música como progredindo e pensam nela como se elevando ou caindo e assim por diante. Esse movimento é, porém, puramente simbólico. Não é um movimento mais real do que o espaço em uma pintura realista representando o espaço tridimensional real. É "movimento" apenas para a

[1] Os sentimentos e emoções que a música desperta são, em outras palavras, os do ouvinte, e não da música ou de seu compositor.

mente humana. Na realidade, nada há na música que realmente se movimente (a vibração do ar que acompanha qualquer som não tem relação com o intrínseco movimento musical dos tons). O movimento real sempre envolve tempo e espaço. O movimento simbólico da música não tem componentes espaciais nem dimensões espaciais em absoluto. É um fenômeno puramente temporal. É um "movimento" que ocorre somente na dimensão do tempo.

O movimento na música foi sempre considerado misterioso e muitos perguntaram, no passado, "o que" era que realmente se movia. Victor Zuckerkandl mostrou que, em cada período histórico, o movimento musical refletia o que aquele período considerava importante. Nos séculos XVII e XVIII, quando o objetivo da arte era considerado como sendo a verdadeira imitação da natureza, a música era vista como imitando o movimento dos sentimentos (qualquer que seja o significado dessa expressão). A era romântica associou o movimento da música a algum misterioso fluxo de vida. No fim do último século, o crítico musical austríaco Eduard Hanslick definiu a música de maneira menos misteriosa como sendo "formas de som em movimento". Considerando o movimento, devemos lembrar-nos de que ele também é parte de nossa constituição nervosa, que só podemos perceber movimento em relação a alguma coisa fixa, seja ela um ponto ou um objeto, todo um fundo ou qualquer outra coisa. Não podemos perceber nem imaginar movimento sem lhe agregar um estado de repouso. Isso tanto se aplica ao movimento musical simbólico quanto ao movimento físico real. Para que o movimento musical se desenvolva, também é necessária uma representação de repouso. Tal representação pode ser encontrada em toda a música conhecida em todas as sociedades conhecidas.

Toda música expressa repouso por meio daquilo que se chama de "lealdade ao tom central". O princípio de lealdade ao tom central parece ter sido obedecido por todas as espécies de música em todo lugar do mundo. Foi observado nas civilizações não-ocidentais, nos cantos gregorianos, na música polifônica, em todas as formas musicais clássicas e não-clássicas. Os Beatles obedeciam a ele, assim como J. S. Bach. Não há nada mais simples do que demonstrar o princípio de lealdade ao tom central e sua relação com o sentimento de repouso no movimento musical se considerarmos a escala básica (desde o século XVIII) da música européia. Basta começar a cantar o "dó-ré-mi-fá-sol-lá-si-dó" que todos aprendemos na escola. Nenhuma teoria musical é necessária para que se sinta, ao atingir o "si", uma necessidade de ir até o "dó" e acabar lá. Parar no "si" ou no "lá" cria um sentimento de movimento incompleto, uma tensão que quer ser resolvida. O mesmo efeito pode ser sentido se seguimos a escala para baixo, e é possível demonstrá-lo em qualquer número de canções ou melodias. A cada vez, há um sentimento intuitivo de que o movimento musical tem de encontrar um ponto de repouso natural e um sentido de que o tom central literalmente atrai para si a linha melódica. Essa atração simbólica é também uma força motriz por trás do progresso de qualquer melodia. "Toda música nada mais é que uma sucessão de impulsos convergindo para um ponto de repouso definido", escreveu Igor Stravinsky.

A intensidade da atração do tom central depende do tipo de música de que estejamos tratando. Na música ocidental homofônica, que começou a se tornar o tipo dominante de música na Europa por volta do princípio do século XVII e continuou a ser a mais importante forma de música durante os séculos XVIII e XIX, a atração do tom central é muito forte; talvez seja o tipo mais forte de atração ao tom central existente em qualquer tipo de música. O tom central na música homofônica é conhecido como a "tônica". A música homofônica é derivada da polifônica, mas os dois tipos de música são, em muitos aspectos, bem diferentes. A diferença está, antes de tudo, no fato de a estrutura básica da música polifônica consistir em melodias que progridem simultaneamente, enquanto que a música homofônica consiste em tons soando simultaneamente. Depois da polifonia e, na realidade, como conseqüência dela, a música ocidental se tornou homofônica, ou música de acorde harmônico.

Há muitas razões históricas para esse desenvolvimento. À altura do fim do século XVI, a música polifônica tornou-se tão complexa que não podia mais suportar refinamentos posteriores e se havia realmente exaurido. A música instrumental tornava-se cada vez mais importante, e com ela vieram novos problemas teóricos e práticos referentes à afinação, já que diferentes instrumentos tinham que ser obrigados a soar bem juntos. Além disso, o desejo de imitar a música da Grécia antiga levara ao aparecimento do canto com acompanhamento, e assim novamente ao problema de diferentes tons soando juntos.[2] Todas essas modificações estavam conduzindo a uma nova percepção da música, distante da percepção de melodias soando simultaneamente, na direção de uma percepção dos efeitos de tons in-

[2]Esse desenvolvimento originou-se na errada crença de que os gregos conheciam as regras de tons soando simultaneamente. Eles na verdade não sabiam coisa alguma sobre eles, e sua música, como a de todas as outras civilizações, exceto a civilização européia ocidental tardia, nunca usou simultaneamente tons essencialmente diferentes de maneira organizada. Para os ouvidos europeus, porém, cuja percepção já fora amplamente educada pela polifonia, tons soando simultaneamente não pareciam estranhos em absoluto. E assim a aceitação da música de acorde baseado na harmonia foi um processo relativamente suave.

dividuais soando simultaneamente e desse modo, por fim, ao aparecimento dos acordes.

A nova percepção evoluiu inicialmente na Itália. Entre seus primeiros teóricos e defensores estava Vincenzo Galilei, pai de Galileu. O novo estilo em breve encontrou seu primeiro grande compositor: Claudio Monteverdi. Nesse ponto, uma nova teoria musical também tinha evoluído. Essa teoria consistia em se concentrar nas relações de tons, nos problemas de afinação uniforme, todos os quais exigiam a racionalização de escalas e intervalos em base matemática. A nova teoria foi resumida em várias obras, das quais a de Jean-Phillipe Rameau se tornou a mais famosa. Nessas obras, as regras básicas que governam as relações entre os acordes foram estabelecidas, tornando-se conhecidas como a teoria da harmonia. A partir dessa época o movimento simbólico intrínseco na música foi representado grandemente pelo movimento dos acordes. Esse movimento era também dotado de uma forma clara de representar a pausa musical.

Na harmonia clássica ocidental, há, essencialmente, um acorde que caracteriza a pausa, e é a tríade básica: a raiz e a terça e a quinta acima dela. Se a primeira terça é maior e a segunda é menor, temos uma tríade maior; se a primeira é menor e a segunda é maior, temos uma tríade menor (por exemplo, a tríade maior em "dó" é "dó-mi-sol"). É sempre um desses dois acordes que representa pausa na harmonia ocidental e em torno do qual os outros acordes tendem a gravitar. Esses acordes básicos são chamados de consonâncias, enquanto os outros são chamados de dissonâncias. Apesar de suas conotações no uso diário, a palavra dissonância na teoria musical não significa algo desagradável de ouvir. Ao contrário, significa que tal acorde não pode ser usado para terminar uma composição ou mesmo uma frase musical – ou, para colocar de maneira diferente, as dissonâncias não podem representar pausa na harmonia clássica.

Outro modo importante de caracterizar acordes consonantes e dissonantes é dizer que os dissonantes representam tensão, instabilidade ou transição e as consonâncias, resolução, finalidade e pausa. Enquanto na música real a lealdade ao tom central parece sempre haver existido, o que exatamente constitui consonâncias e dissonâncias é função da linguagem musical de determinada sociedade em um período dado.

Enquanto o contraste entre movimento e pausa musicais, entre tensão e resolução existe em todas as espécies de música, esse contraste é mais marcado na música de acorde harmônico. É mais marcado nela do que, por exemplo, na música polifônica ou monofônica porque a "atração" do acorde consoante baseado na nota tônica pode ser muito mais forte do que a atração de uma simples tônica. Obviamente, em um acorde se sente (supondo-se novamente que o ouvido do ouvinte tenha sido educado nessa tradição) a atração de várias direções e de diferentes componentes simultaneamente. Do imediatamente abaixo, como no intervalo "si-dó", e acima (ré-dó) e de muitos outros intervalos. Ouvir vários desses intervalos simultaneamente causa uma forte necessidade de resolução da tensão pela chegada ao ponto de pausa. É por isso que, na tradição ocidental, tanto a dominante ("sol-si-ré" na escala acima) quanto os sétimos acordes dominantes ("sol-si-ré-lá"), por exemplo, criam a forte antecipação de uma resolução através do acorde tônico. Alguns belos exemplos de resoluções são as cadências harmônicas, isto é, as terminações de frases ou movimentos ou das próprias composições musicais em obras do período clássico – nas sinfonias de Haydn, Mozart e Beethoven, por exemplo.

A conclusão a se tirar é óbvia: a imagem intuitiva do movimento musical simbólico na música clássica ocidental era perfeitamente compatível com as noções fundamentais de movimento na física clássica. Todo movimento real na física clássica, como podemos recordar, foi imaginado como sendo um movimento relativo a um repouso absoluto, fosse este representado pelo "centro imóvel" do universo de Newton ou, mais tarde, pelo éter. Cada espécie de movimento físico, além disso, realizou-se e pôde ser regulada por um tempo métrico absoluto e uniforme. O movimento dos corpos, como também sabemos, foi sempre suposto e percebido como contínuo, obedecendo a leis estritamente causais.

O movimento musical na era do tempo e do espaço clássicos também podia ser descrito nos mesmos termos. O movimento simbólico de "formas de som" também se realizava em relação àquele "centro imóvel" do universo musical, representado pelo acorde tônico, símbolo da pausa absoluta. A progressão básica do tempo, fundo do movimento musical, era também um tempo métrico exatamente medido, manifestado por medidas musicais. O movimento dos acordes era constantemente desenvolvido e obedecia a leis lógicas e causais.

Tal como na física e nas artes visuais, o início do século XX assistiu a um colapso na música de conceitos clássicos de espaço-tempo. Nesse caso, o que acabou foram as noções de tempo clássico, e com elas um mundo de movimento contínuo e pausa absoluta, de suavidade e predição. E, tal como na física e nas artes visuais, esse colapso não foi causado por eventos rápidos e inesperados. O solapamento do espaço e do tempo clássicos começou realmente no século XIX em todos os campos. A teoria da eletrodinâmica de Maxwell foi, afinal, a primeira teoria a obedecer à relatividade especial de Einstein, mesmo que Maxwell nunca tenha sabido disso. E foi Paul Cézanne quem primeiro sugeriu o abandono das tradições de pintura renascentista e tentou decompor os objetos visuais em simples formas geométricas, mesmo enquanto continuava a fazer pinturas realistas. E, de modo semelhante, foi durante o século XIX que a função do centro tonal nas obras musicais começou a enfraquecer.

Foram os chamados compositores românticos do último século que ampliaram as regras da harmonia (em música, pelo menos no período entre 1600 e 1900, o compositor inovava e, se a inovação mostrasse ter valor, tornava-se parte da teoria), modularam em claves distantes e reduziram de modo constante a função organizadora do acorde tônico. À altura do final do século passado, compositores como Richard Wagner e Claude Debussy chegaram muito perto de uma rejeição prática da tonalidade. Mas foi novamente no século XX, tanto nas composições como nos trabalhos teóricos de Arnold Schoenberg, que praticamente todas as tradições da música clássica foram conscientemente destruídas. A partir de 1908, Schoenberg começou a defender o desenvolvimento de uma nova linguagem musical, na qual os tons seriam organizados segundo princípios diferentes da tonalidade. Seu método mais tarde se tornou conhecido como "atonalidade".

A importância desse desenvolvimento é que o movimento musical em composições atonais não mais se realizava em relação a um centro tônico, não podia mais ser percebido como progredindo em relação a uma pausa simbólica. Quando, em seus últimos trabalhos, Schoenberg defendia a equivalência de todos os tons e intervalos, abolindo todas as distinções entre consonâncias, estava tornando o movimento musical completamente "relativo". A distinção entre movimento e pausa – e, portanto, o próprio movimento absoluto – também foi abolida na música.

Mas na realidade houve mais de uma forma pela qual a música do século XX abandonou as imagens de um tempo clássico, desenrolando-se de modo suave e contínuo. O rompimento com a antiga percepção do tempo, em outras palavras, é evidente, mesmo se não considerarmos Schoenberg e sua escola. O uso de polirritmos, por exemplo, técnica usada pelos maiores compositores de nosso século, Béla Bartók e Igor Stravinsky sendo os mais proeminentes dentre eles, é um exemplo dessas mudanças radicais. O polirritmo é um método musicalmente poderoso e eficaz, com o uso de ritmos contrastando fortemente, e mesmo de métricas musicais contraditórias simultaneamente. A imagem de movimento temporal nessas obras não é uma imagem de tempo métrico suave e desenrolando-se de maneira uniforme – na verdade está muito longe disso. É interessante que essa técnica expressiva fosse virtualmente inexistente durante o período em que a Europa mantinha as noções clássicas de tempo – isto é, de cerca de 1400 a 1900. Ao contrário, foi usada antes de 1400 e encontrada novamente depois de 1900 na Europa, e tem sido utilizada continuamente em civilizações não-ocidentais na África e na Ásia.

Uma forma de igual interesse e definitivamente não-clássica é a *politonalidade*. Parece que Bartók foi o primeiro a usá-la e o método foi posteriormente desenvolvido por Darius Milhaud, na França, e Serguei Prokofiev, na Rússia. Em vez de usar um único centro tonal ou um simples sistema de repouso, o compositor usaria dois ou três desses sistemas simultaneamente. Os efeitos musicais são diferentes dos de uma peça tonal facilmente compreensível, mas não são tão surpreendentes como na música sem qualquer centro tonal em absoluto.

As idéias de Schoenberg foram, porém, decididamente as mais influentes na formação da linguagem musical do século XX. A aplicação de seus princípios tornou a música atonal muito diferente de qualquer outra espécie de música, clássica, popular, folclórica ou artística, ocidental ou não-ocidental. Como não existe nessa música nenhum fundo em repouso, acha-se difícil perceber o movimento musical. Por essa razão, talvez, muitas pessoas acham difícil concordar que a sucessão de tons e acordes na música atonal possa ser de alguma forma caracterizada como música. Se um movimento musical é desprovido de tonalidade, parece deixar de corresponder a qualquer modelo mental intuitivo de movimento que tenhamos em nosso sistema nervoso. Instintivamente, percebemos que tal movimento musical é arbitrário, descontínuo, convulsivo e difícil de fazer sentido. As estranhas leis a que obedece podem ser formal e intelectualmente compreendidas, mas o produto final não corresponde às nossas intuições congênitas nem "se ajusta" às nossas percepções normais.

Há poucos compositores da segunda metade deste século cuja música não tenha sido influenciada pelas idéias de Schoenberg. Ao mesmo tempo, porém, a influência dessas mesmas idéias permanece relativamente pequena nas salas de concerto. A música sem um centro tonal não parece ter sido tão aceita pelo público educado em geral como, digamos, as pinturas sem conteúdo literal. Há muitas explicações possíveis para esse fato. É possível que esse tipo de música simplesmente não faça sentido para a maioria dos ouvintes, mesmo depois de ouvida muitas vezes. Pode, simplesmente, ser demasiado abstrata. É também possível que esse tipo de música ainda esteja esperando por algum compositor genial que a possa tornar mais significativa.[3] O tempo dirá.

[3]Ou alguém pode argumentar mais maliciosamente que as pinturas abstratas foram consideradas menos passíveis de objeção pelo público em geral porque é sempre mais fácil passar por uma pintura fazendo barulhos aprovadores do que sentar em uma sala de concerto e realmente ter de ouvir uma música difícil durante um longo período de tempo.

10
O Presente
(Nada senão espaço-tempo?)

O último degrau na escada do saber
é o mais abstrato e sutil de todos.
SAADIA GAON

Unificar e integrar diversas informações – para isso serve o cérebro. Sem essa capacidade mental particular, viveríamos em um mundo de impressões desconexas e respostas reflexas, um mundo sem espaço e tempo ampliados. Tal como a história do cérebro, a da física também é uma história de unificações. Newton unificou a mecânica do céu com a dos objetos na Terra. Maxwell unificou a eletricidade, o magnetismo e a luz. Einstein unificou o espaço, o tempo, a matéria e o movimento. Estudos recentes têm como objetivo unificar todas as interações conhecidas da natureza, assim como as leis do muito pequeno com as do universo em larga escala. Dou aqui um resumo de algumas novas idéias sobre esses assuntos. Se essas idéias forem corretas, elas novamente mudarão o que pensamos a respeito da natureza e função do espaço-tempo.

Para começar, existem agora evidências bastante convincentes de que o fenômeno que chamamos de expansão do universo – isto é, o fato de todas as galáxias do universo estarem se afastando umas das outras – é conseqüência de um único evento: uma explosão inicial, comumente conhecida como o *Big Bang*, que deu início à expansão do espaço e da matéria tridimensionais. A evidência mais importante apareceu da seguinte maneira: desde a descoberta de Hubble, em 1924, de que o universo está se expandindo, os astrônomos têm sido capazes de determinar, com crescente precisão, a lei que descreve a velocidade com que as galáxias estão se afastando umas das outras. Conhecendo esses dados e supondo que o processo de expansão começou realmente com uma explosão e que a lei que determina seu ritmo não mudou, tornou-se possível calcular quando a explosão ocorreu. Esse cálculo forneceu o valor aproximado de 15 bilhões de anos, número que é usualmente mencionado como "a idade do universo".

Falando em explosão inicial, é plausível supor que, entre outras características, o estado da matéria, na época desse acontecimento, fosse inimaginavelmente denso e quente. Denso porque um espaço relativamente pequeno tinha de conter toda a matéria hoje existente no universo, e quente porque tinha de fornecer toda a energia hoje existente no universo. A expansão cósmica começou, portanto, com uma explosão de matéria densa e quente. Para aprender o que aconteceu após a explosão, é útil relembrar uma lei da natureza, estabelecida há muito tempo, que diz que, quando um gás quente se expande no espaço, ele sempre esfria. Conseqüentemente, quando a matéria do universo se expandiu, sua temperatura deve ter caído.

Entre os vários constituintes do atual universo, os fótons perambulam pelo espaço cósmico relativamente livres, e são também relativamente fáceis de detectar. Constituem um "gás" que começou a cruzar o universo logo depois da explosão inicial, em uma época em que o universo ainda estava muito quente. Usando a física normal, pode-se calcular que em cerca de 15 bilhões de anos o gás de fótons tenha esfriado a uma temperatura de alguns graus Kelvin, isto é, alguns graus acima do zero absoluto.

Em 1964, dois cientistas dos Bell Telephone Laboratories, de Nova Jersey, Arno Penzias e Robert Wilson, descobriram, no curso da preparação de um trabalho completamente não-relacionado em radioastronomia que o universo estava literalmente banhado em radiação a uma temperatura de 3 K.[1] Essa radiação vem de todas as direções, atravessa o espaço por todos os lados e pertence à parte do espectro da radiação eletromagnética que chamamos de microondas. A inesperada descoberta dessa radiação, apresentando justamente as propriedades necessárias, originou um forte argumento em defesa da teoria de que o universo realmente começara cerca de 15 bilhões de anos atrás, com o que se imagina grosseiramente ter sido explosão de matéria densa e quente.[2]

---

[1] A radiação, para ser mais exato, é a mesma que é emitida por um corpo negro a uma temperatura de 3 K. Em nosso caso, o corpo negro é o universo inteiro.

[2] A primeira teoria propondo a expansão inicial de matéria quente apareceu em 1948, em um artigo de pesquisa ostensivamente elaborado por R. Alpher, H. Bethe e G. Gamow. O segundo autor, Hans Bethe, físico eminente agora aposentado pela Universidade Cornell, na verdade não realizou trabalho algum no artigo. Este foi escrito inteiramente pelo

Tendo estabelecido isso, também podemos ver que deveríamos ser capazes de aprender a história do universo e os processos pelos quais ele chegou ao estado atual se pudéssemos aprender como a matéria se comporta no tipo de condições extremas que prevaleceram durante e logo depois da explosão inicial. Em outras palavras, se pudéssemos aprender o comportamento e a interação mútua de partículas dotadas de muita energia. Essas partículas, contudo, não podem ser encontradas na Terra e no sistema solar em condições normais. Para estudá-las, temos de literalmente criá-las e, para isso, precisamos de máquinas capazes de acelerar partículas, dotando-as, assim, de energias muito grandes. Podemos então investigar o modo como tais partículas interagem entre si. Nesses aceleradores muito possantes, podemos estudar os processos que eram importantes quando o universo era muito jovem.

É por intermédio dos dados fornecidos por tais experimentos que os físicos esperam reconstruir com alguma confiança a história inicial do universo recém-nascido: a seqüência temporal dos acontecimentos iniciais que determinaram o modo como o universo hoje se apresenta. A mera coleta desses dados não seria suficiente, contudo. Teorias que os liguem e deles extraiam sentido também são necessárias. Entre as ferramentas teóricas que nos ajudam a deslindar a história do universo estão as equações da teoria geral da relatividade. Essas equações nos dão, entre outras coisas, a relação matemática entre a idade do universo e a densidade da matéria que ele contém. Uma vez que a densidade e a temperatura da matéria e da radiação em grande parte determinam que tipo de partículas podem existir permanentemente e que espécie de processos físicos se realizam em um sistema, a relação acima permite reconstituir a seqüência daqueles acontecimentos iniciais. Aprendemos, para dar um exemplo interessante, que até se passarem algumas centenas de milhares de anos desde o princípio a energia do universo não estava concentrada na matéria comum, como hoje, mas na radiação. Assim, a luz, esse símbolo final da "transparência" era, durante os primeiros 300 mil anos ou mais, muito densa em toda parte do universo. Mais densa, digamos, que o óleo pesado.

físico russo-americano G. Gamow e seu discípulo R. Alpher. Gamow, porém, era um famoso brincalhão e tinha ótimo sentido de simbolismo. Ele argumentava que um artigo tratando do início de todos os elementos químicos deveria ter três autores cujos nomes lembrassem as três primeiras letras do alfabeto grego. Para realizar isso, simplesmente colocou o nome de Bethe no artigo.

A reconstituição mental – com base na teoria do Big Bang – dos passos pelos quais o universo evoluiu, funcionou muito satisfatoriamente no sentido de ter tornado compreensíveis algumas das mais cruciais características observadas do universo. Ela explicou, como sabemos, o fato da própria expansão, assim como o de que o universo está sendo banhado no frio crepúsculo da criação: a radiação de microondas. Além disso, a teoria do Big Bang também explicou a relativa abundância dos elementos mais leves: pode-se calcular, por exemplo, o excesso de hidrogênio em relação ao hélio existente no universo, e os números correspondem bem às observações. A amplitude de tempo em que a teoria do Big Bang parecia funcionar foi também surpreendente. A teoria foi capaz de reconstituir a história do universo desde a época em que este tinha menos de um segundo de idade até o presente; isto é, cerca de 15 bilhões de anos depois. Quando, em 1976, Steven Weinberg escreveu um livro popular sobre os três primeiros minutos do universo, com base na teoria do Big Bang, teve de deixar inexplorado apenas o primeiro centésimo de segundo.

Nenhuma teoria pode funcionar tão bem apenas acidentalmente. Seu próprio sucesso mostrou, de maneira muito convincente, que a teoria do Big Bang estava essencialmente no caminho certo. Apesar disso, porém, nem tudo estava bem com essa teoria tal como foi formulada antes de 1981. Embora explicasse uma série de importantes fenômenos observados, havia outros fatos também bastante fundamentais que a teoria não podia explicar de forma alguma. Sem entrar em detalhes, mencionarei aqui um simples exemplo:[3] o problema da *uniformidade* do universo. Até onde é possível saber, a distribuição de matéria, assim como de radiação, é extraordináriamente uniforme no universo visível. As galáxias e os aglomerados feitos de muitas galáxias distribuem-se de forma essencialmente semelhante, perto e longe, à esquerda e à direita, acima e abaixo. Se no início as condições fossem significativamente diferentes em diversas partes e direções do universo, isso não poderia ser assim. E também tais diferenças certamente teriam se mostrado na distribuição da radiação de microondas. Na verdade, todas as propriedades da radiação são as mesmas em todas as direções, com alto grau de precisão. Pode-se concluir de tudo isso que, não importa onde você

[3]Esse tópico é demasiadamente grande e complexo para o rápido resumo que posso dar nesta pequena revisão de encerramento. E também nossa preocupação neste capítulo continua a ser a natureza do espaço e do tempo, e não as teorias cosmológicas por si mesmas. Sobre estas últimas existem vários livros não-técnicos recentes que vale a pena ler.

possa estar situado no universo, observará sempre as mesmas características gerais como se estivesse na Terra. Em outras palavras, há uma espécie de uniformidade em larga escala no universo, como se ele tivesse sido moldado em todos os lugares por processos muito semelhantes.

É essa uniformidade em larga escala que não é possível entender a partir das premissas da teoria do Big Bang pelas seguintes razões: um dos pressupostos básicos dessa teoria é que a lei que descreve o ritmo da expansão não mudou desde o início do universo. Compreende-se, por esse fato, que há regiões no universo que nunca poderiam ter estado em qualquer contato causal entre si. O seguinte exemplo explica isso: considerem-se duas galáxias distantes que agora observamos em direções diferentes. A distância entre elas pode ser tão grande que o tempo que a luz levaria para atingir uma, vindo da outra, seria definitivamente maior do que a idade do universo. Uma vez que nada poderia ter viajado mais depressa do que a luz, nossas duas galáxias nunca poderiam ter estado em qualquer contato causal; isto é, o que aconteceu com uma nunca poderia ter influenciado a outra. Há, de fato, um número muito grande de regiões no universo observável que, pela mesma razão, não poderiam ter estado em qualquer espécie de contato causal. Como teria sido possível que todas essas regiões tivessem emergido do tremendo caos e turbulência do Big Bang exibindo a mesma ordem geral?

Para superar esse e uma série de outros problemas igualmente incômodos, Alan Guth (então na Universidade Stanford) propôs em 1981 um novo e mais detalhado modelo para descrever como o universo veio a existir. Suas idéias foram aperfeiçoadas em 1982 por Andre Linde, da Universidade de Moscou, e Andreas Albrecht e Paul Steinhardt, da Universidade da Pensilvânia. Esse novo modelo é baseado em idéias correntes na teoria das partículas elementares e no que essa teoria diz sobre o comportamento da matéria em circunstâncias que provavelmente existiram bem no início do universo. Uma das notáveis características do novo modelo proposto é o fato de ele sugerir que as propriedades do atual universo já estavam determinadas em tempos inimaginavelmente mais curtos do que um segundo. De acordo com essa teoria, o universo começou a partir de um estado em que sua extensão espacial era uma minúscula fração do tamanho de uma simples partícula elementar e cujo estado também continha muito pouca matéria. Em outras palavras, o universo em seu estado inicial era essencialmente vácuo e ocupava uma região do espaço fantasticamente pequena. A palavra "vácuo" – aqui e em qualquer outra parte desta discussão – significa o vácuo de Dirac: nada em absoluto, mas potencialmente uma grande reserva de matéria e de todas as suas propriedades. Agora, uma das novas revelações observadas nos recentes avanços da teoria das partículas elementares foi que o vácuo podia ter existido em diferentes "estados", significando que seu conteúdo de energia podia ter tido diferentes valores. Em outras palavras, o vácuo, de modo muito semelhante ao átomo, podia existir em vários estados de energia. Isso resultou ser um fato crucialmente importante.

Supõe-se em seguida, e as atuais teorias das partículas elementares tornam essa suposição muito plausível, que muito pouco tempo[4] depois de seu início o universo entrou em um estado de vácuo específico que, porém, não era o mais baixo estado de energia admitido para o vácuo. Esse estado é chamado de "falso vácuo". Os cálculos mostram que o falso vácuo tem propriedades extraordinárias. Entre outras coisas, exerce enorme efeito sobre o próprio espaço. Esse efeito é usualmente chamado, por falta de uma palavra melhor, de "repulsão". Mas não se trata de repulsão no sentido normal da palavra, como no caso de duas cargas elétricas iguais repelindo-se *no espaço*. A repulsão no falso vácuo age *sobre o próprio espaço* e o força a se expandir em um ritmo fantástico. Incrivelmente mais rápido do que o ritmo que se esperaria ao observar a atual expansão do universo. É, a propósito, por causa desse ritmo de expansão estupendo que essa fase inicial da evolução do universo foi apelidada de "inflacionária".

O período inflacionário teve duas importantes características. Uma é que a expansão foi tão rápida durante esse período que o "limite do espaço" se teria afastado de um observador (se imaginarmos ter havido um nesse ambiente fantástico) muito mais depressa que a velocidade da luz. Isso não contradiz as leis da física, uma vez que não associamos qualquer espécie de matéria ou energia com essa velocidade. É o próprio espaço vazio que expande seus limites por meio de um processo tão rápido. A outra propriedade também muito surpreendente do período inflacionário é que, de acordo com

[4]"Muito pouco tempo" parece ser uma indicação insuficiente. Significa, mais precisamente, cerca de 10^{-34} segundos após o início do processo cujo produto final foi o nosso universo. 10^{-34} segundos é um intervalo de tempo incrivelmente pequeno. A idade do universo é de cerca de 10^{17} segundos. Imagine-se agora o intervalo de tempo que cabe em um segundo, tantas vezes quanto os segundos cabem na idade do universo; isto é, 10^{-17} segundos. Chame-se esse intervalo de tempo muito pequeno, digamos, de um "quase nada". Divida-se agora esse quase nada novamente em 10^{17} partes iguais e o que se obtém é o intervalo de tempo incrivelmente pequeno de 10^{-34} segundos. Tudo isso parece muito fantástico, mas neste caso os números extremos da cosmologia e da física das partículas combinam-se para dar tais intervalos de tempo incrivelmente pequenos.

os cálculos, o falso vácuo realmente *aumentou* seu conteúdo de energia durante a expansão. Isso é muito estranho, pois não se pode imaginar qualquer sistema físico normal em que acontecesse o mesmo. Normalmente, uma expansão iria diminuir a energia do sistema, não aumentá-la. O falso vácuo é um estado físico estranho que provavelmente não existe mais em parte alguma do universo, que começou a existir quando o universo tinha 10^{-34} segundos de idade e que durou ao todo cerca de 10^{-30} segundos. Mas durante esse tempo muito pequeno o processo inflacionário aumentou tremendamente tanto o tamanho do universo quanto seu conteúdo de energia.

O fim do período inflacionário chega quando o falso vácuo espontaneamente decai para o estado de menor energia chamado de "vácuo verdadeiro", que é essencialmente o vácuo do atual universo. Em outras palavras, da mesma forma que um fóton é criado quando um elétron decai de um estado com energia mais alta para um outro com energia mais baixa, também o universo foi criado quando o vácuo decaiu do estado "falso" para o "verdadeiro". A energia que o falso vácuo adquiriu durante sua expansão foi liberada nesse decaimento e existe agora como a massa e a energia totais do universo inteiro. O decaimento do falso vácuo, em outras palavras, foi o ato do qual se originou o universo – em sua forma atual – e esse decaimento, a transição do estado de falso vácuo para o de verdadeiro, foi o que anteriormente chamamos de Big Bang. Mas, em vez de considerá-lo o início absoluto, pensamos agora que o Big Bang veio depois dos primeiros 10^{-30} segundos, mais ou menos, do início do universo, e que durante esse tempo praticamente todas as propriedades importantes de nosso universo já tinham sido determinadas. O decaimento do falso vácuo anterior ao Big Bang forneceu todas as formas de matéria e energia dentro do universo, inclusive a energia cinética da matéria que se manifestou em sua expansão. Essa expansão, de acordo com tal teoria, é a continuação muito mais lenta da inflação inicial. De modo interessante, também se segue da teoria inflacionária que a região que chamamos de "universo" é provavelmente apenas uma fração de todo o sistema que veio a existir pelo mesmo processo.

Uma vez que a teoria inflacionária incorpora o modelo original do Big Bang, as duas teorias tornam-se idênticas dentro de um período de tempo muito curto. Está claro então que a teoria inflacionária explica tudo aquilo que a do Big Bang pode explicar. Essa teoria é, em outras palavras, pelo menos tão boa quanto a do Big Bang original. Mas a teoria inflacionária também é capaz de considerar fenômenos que eram inexplicáveis pela teoria original. Tomemos o exemplo mencionado anteriormente: o da uniformidade do universo. Uma vez que, de acordo com a teoria inflacionária, o universo originou-se de uma região espacial excessivamente pequena e se expandiu muito mais depressa do que se poderia imaginar na base da teoria do Big Bang, todas as partes do atual universo poderiam ter estado em contato causal no início, e poderiam, portanto, adquirir propriedades essencialmente semelhantes.

À luz dessa teoria, é tentador pensar sobre a "causa" de todo o processo. Por que aconteceu? As tentativas de responder tais questões são altamente especulativas e assim provavelmente permanecerão ainda por longo tempo. Uma possibilidade é que a criação do universo foi um acontecimento estatístico, aleatório, como o decaimento de um núcleo radioativo ou a transição de um elétron de um estado para outro. Não tem "causa" no sentido usual dessa palavra. Se assim foi realmente, então as palavras de Edward Tryon, da Universidade da Cidade de Nova York, descreveram muito bem a criação. Tryon observou enquanto discutia outra idéia de "universo originado do vácuo": "Para responder à pergunta do por que isso aconteceu, ofereço a modesta proposta de que nosso universo é simplesmente uma dessas coisas que acontecem de tempos em tempos." Pode ser. Mas não aposte alto nisso. É concebível, da mesma forma, que o universo seja um evento que só poderia acontecer uma vez. Então, como vemos, o antigo problema do tempo periódico contra o linear ainda está conosco.

Uma importante característica da cosmologia contemporânea é que o universo, e com ele muito provavelmente o espaço e o tempo, veio a existir por meio de processos físicos que, embora inobserváveis em si mesmos, foram extrapolados de maneira racional de processos observáveis muito conhecidos. O que é muito curioso, então, é que todo o sistema do mundo – espaço, tempo, matéria – tudo parece ter surgido do nada. "Já ouvi muitas vezes dizerem que não existe tal coisa como um almoço grátis. Parece possível, agora, que o próprio universo seja uma refeição grátis", disse Alan Guth, o criador da teoria inflacionária. O universo realmente parece ter vindo do vácuo, isto é, do nada. De alguma forma, o vácuo inicial era o nada; pode ser definido como nada: nem matéria, nem espaço, nem tempo. Por outro lado, era também a fonte e o reservatório aparentemente inexaurível de tudo que existe – justamente o oposto do nada. Talvez fosse melhor esquecer a palavra "nada". Pode ser um desses muitos símbolos humanos que, uma vez criados, continuam a nos assombrar. Pode não haver nenhum nada.

Além de nos ajudar a compreender as dores do parto do universo, as atuais teorias das partículas elementares estão lançando novas luzes sobre a própria natureza do tempo e do espaço. Essa pesquisa fascinante começou na década de 30, quando se ficou sabendo que há essencialmente quatro forças ou interações diferentes na natureza. Tudo que acontece no universo é resultado da ação de uma ou mais dessas forças. A gravitação é a força que conhecemos há mais tempo, mas é também uma força que não é mais tida como força ou interação, tendo, em vez disso, sido transformada pelas mãos de Einstein na estrutura do espaço-tempo. A segunda força ou interação é o eletromagnetismo. É a interação que cria a luz, movimenta todas as nossas máquinas elétricas e mantém unidos os átomos, assim como nossos próprios corpos, entre outras coisas. Tanto a gravitação quanto o eletromagnetismo têm "longo" alcance – isto é, suas ações se estendem a distâncias perceptíveis (ao infinito, falando matematicamente) – e, portanto, ambos foram "descobertos" há muito tempo. As outras duas interações, por outro lado, as chamadas interações forte e fraca, respectivamente, têm curto alcance (menos que um trilhionésimo de centímetro) e seus efeitos não são diretamente observáveis. (As forças que mantêm unido o núcleo atômico são manifestações da interação forte, enquanto a força fraca é responsável por algumas formas de radioatividade e determina a estabilidade dos núcleos atômicos no universo.)

Talvez o mais importante resultado obtido na física durante as duas últimas décadas tenha sido a descoberta de que duas dessas forças são, de fato, diferentes manifestações de uma única interação. Na década de 60 desenvolveu-se uma teoria altamente imaginativa, a qual unificava as interações fraca e eletromagnética.[5] Em 1982, experimentos realizados com enormes aceleradores no Centro Europeu de Pesquisa em Partículas, em Genebra, confirmaram todas as importantes predições dessa nova teoria, entre elas a existência de uma partícula neutra (chamada de "bóson Z"), prima pesada do fóton na mecânica quântica, algumas vezes apelidada de "luz pesada". Essa interação unificada é chamada pelo nome pouco melódico ou inventivo de *eletrofraca*.

O sucesso da teoria eletrofraca despertou novamente uma antiga idéia, a idéia de mais unificação, mais simplificação, nas mentes de muitos físicos. Einstein usou as últimas décadas de sua vida ten-

[5] A forma final, possível de ser testada, dessa teoria foi construída independentemente por Steven Weinberg, então na Universidade Harvard, e Abdus Salam, no Imperial College, em Londres.

tando construir uma teoria unificada das duas forças de longo alcance, a gravitação e o eletromagnetismo, na estrutura da física não-quântica. Nenhuma de suas tentativas se mostrou relevante. Parece que a unificação das três interações conhecidas (gravitação, forte e eletrofraca) deve ser conseguida por meio das idéias da teoria quântica. Isso torna o problema mais desafiador, assim como mais convidativo. De fato, parece que, com a tentativa de unificar todas as forças ou interações da natureza, a física iniciou o mais ambicioso projeto de toda a sua história.

As questões que agora estão sendo apresentadas são estas: será possível que todas as variadas interações da natureza sejam justamente diferentes manifestações de uma única interação fundamental, e será possível que uma única força governe e determine tudo aquilo que acontece no universo? As implicações de uma resposta afirmativa são gigantescas. Tudo que existe no universo resulta de interações. Conseqüentemente, se uma única interação for responsável por tudo no universo, então todas as partículas devem ser apenas diferentes estados de *uma única partícula*; toda a matéria no universo poderia ser reduzida a um único componente. O edifício do cosmo seria então apresentado como a última palavra em simplicidade.

As teorias voltadas para encontrar a chave para essa unificação aparentemente final são chamadas de teorias supersimétricas (em breve se tornará evidente qual a importância da simetria nesse contexto). Uma teoria supersimétrica bem-sucedida seria a definitiva em termos de generalidade, simplicidade e poder de explanação. É também muito possível, como veremos adiante, que tal teoria venha a dizer coisas totalmente novas e inesperadas sobre a própria natureza do espaço-tempo.

A questão que surge imediatamente em relação a uma teoria unificadora é a seguinte: se o plano básico do universo é realmente a última palavra em simplicidade, então o que torna a aparência real do universo relativamente complicada? É crença agora generalizada que a resposta a essa questão está em um processo natural chamado (principalmente por motivos históricos) "quebra espontânea da simetria". A credibilidade dessa suposição tem-se aumentado em grande parte devido ao sucesso da teoria eletrofraca. Nessa teoria está o processo de quebra espontânea da simetria, que explica como duas interações aparentemente muito diferentes podem ter uma origem comum e, de fato, ser a mesma interação em altas energias.

A idéia de simetria é fundamental na física moderna e provavelmente também continuará a ser nas futuras teorias de espaço e tempo. Que queremos dizer com "simetria"? O significado surge quando notamos que objetos reais ou imaginários podem reter certas propriedades após serem manipulados. Podemos considerar uma esfera branca como um objeto altamente simétrico, pois podemos girá-la em torno de seu centro da forma que quisermos e ela sempre parecerá a mesma ou, em outras palavras, reterá todas as suas propriedades visuais. Podemos rodar um cilindro uniformemente negro em torno de seu eixo horizontal e ele ainda parecerá o mesmo. Podemos olhar para um arco gótico em um espelho e ele se parecerá com o original. Esses objetos apresentam simetrias que são geométricas: a primeira é chamada de esférica e a segunda de cilíndrica, enquanto a terceira é simetria esquerda-direita. Mas não são só os objetos que podem ser simétricos. Há frases que também mostram uma simetria definida, que soam da mesma forma quer se leia a seqüência das palavras em um sentido ou no inverso. Compositores em toda a história executaram melodias que permaneciam imutáveis quando cantadas ou tocadas de trás para diante.

Algumas manipulações podem "quebrar" a simetria. Se pintarmos de preto a metade superior, ou "norte", da nossa esfera branca, somente as rotações em torno do eixo norte-sul manterão a aparência visual da esfera. A simetria esférica será quebrada e substituída por uma simetria cilíndrica. Se pintarmos figuras quaisquer em nossa esfera, a simetria poderá ser completamente quebrada. Poderemos ver um aspecto diferente a cada rotação. A simetria visual essencial da forma esférica está, nesse caso, escondida pelas figuras adicionadas aleatoriamente.

Pode acontecer que sistemas materiais exibam uma simetria em um estado de alta energia, mas que essa simetria seja quebrada e fique escondida quando os sistemas perderem parte de sua energia. O comportamento magnético do ferro é um exemplo padrão. As moléculas dessa substância sempre se comportam como minúsculos ímãs. Enquanto o ferro está quente, a energia do movimento das moléculas domina as pequenas energias de sua interação magnética. Conseqüentemente, os eixos norte-sul dos minúsculos ímãs estão orientados aleatoriamente e não há direção preferida no sistema. Qualquer que fosse a direção para a qual olhasse um observador colocado dentro do metal, ele só veria o mesmo quadro: moléculas magnéticas orientadas aleatoriamente. O sistema apresenta simetria perfeita, que é como deveria ser, pois ocorre que as leis matemáticas básicas que descrevem tal sistema mostram essa simetria. No ferro frio, não há muito movimento molecular e a interação entre os ímãs individuais é, portanto, significativa. O estado físico normal do ferro magnético frio é determinado pelo fato de que, como qualquer sistema físico, as moléculas magnéticas também tendem a estar no estado que tenha a mais baixa energia. Acontece que, para o ferro magnético, o estado de mais baixa energia é aquele em que todas as moléculas se alinham em uma direção. A simetria do estado quente não existe nesse estado. Um observador dentro do ímã não verá mais o mesmo panorama em todas as direções. Essa chamada quebra espontânea da simetria esconde agora a simetria essencial das leis básicas do sistema. A simetria existe, mas está escondida da vista e só pode ser restabelecida caso se forneça energia ao sistema, pelo aquecimento.

As modernas teorias de unificação da física supõem que algo semelhante aconteceu uma vez na escala mais larga. Supõem que simetrias abstratas perfeitas caracterizam as leis definitivas do universo. Essas simetrias estavam todas presentes no início da evolução cósmica, quando toda a matéria estava muito quente e possuía muita energia. Quando o universo se expandiu e esfriou, algumas das simetrias foram quebradas e se tornaram escondidas. Para vê-las novamente, temos de estudar os processos que envolvem energias muito altas. Estudando processos dotados de muita energia em grandes aceleradores, esperamos colher uma visão de algumas das simetrias que existiram bem no início do universo.

Há muitíssimas simetrias associadas com as leis da física. Algumas são fáceis de visualizar, como as anteriormente mencionadas simetrias esférica e esquerda-direita. Outras são, de certa forma, mais abstratas. As leis do movimento na mecânica clássica, por exemplo, não mudariam se a direção do tempo fosse revertida. Se você visse um filme do movimento dos planetas ao redor do Sol, um conhecimento das leis do movimento planetário não o capacitaria a concluir se o filme estava sendo projetado para a frente ou para trás. O fato de os dois processos serem idênticos é uma manifestação da simetria temporal (uma simetria sob a reversão mental da direção do tempo) inerente às leis clássicas do movimento.

As leis da física muitas vezes possuem simetrias que não envolvem espaço ou tempo. São as simetrias abstratas ou "internas", que normalmente não podem ser visualizadas de maneira alguma. No entanto são muito importantes para um entendimento das leis da natureza. Para uma compreensão mais fácil e melhor visualização, essas simetrias são muitas vezes expressas por espaços simbólicos abstratos. Na física das partículas elementares, para dar um exemplo, o chamado espaço de spin isotópico desempenha uma função importante. O "espaço de spin isotópico" tem propriedades matemáticas bem definidas, sua geometria é fácil de entender, mas não tem absolutamente qualquer relação com o espaço normal. Em um "eixo" no espaço de spin isotópico, "acima" representa a possibilidade de que a partícula possa ser um próton, "abaixo", de que possa ser um nêutron. Os outros dois eixos são imaginados como matematicamente "perpendiculares" ao primeiro. Tal espaço é, naturalmente, uma construção puramente mental. Mas é também uma estrutura para um código muitas vezes útil, para uma representação simbólica específica de certos aspectos da realidade. Sua utilidade reside no fato de as propriedades geométricas desse espaço poderem ser traduzidas em características inteiramente não-geométricas do mundo real. Assim, a declaração geométrica que diz que as leis das interações fortes são simétricas sob rotações em seu espaço abstrato, quando traduzida em fatos físicos, significa que as interações fortes (nucleares) não são influenciadas por cargas elétricas. O uso de espaços abstratos torna a matemática mais simples de manejar e dá uma compreensão quanto à natureza dos fenômenos. Tais espaços tornaram-se indispensáveis na pesquisa.

Há toda espécie de simetrias interessantes na natureza. Algumas são mais básicas do que outras. A simetria hexagonal apresentada por uma molécula de benzeno é importante em termos teóricos e práticos, mas essa simetria é imprópria para representar uma característica básica da evolução do universo como, digamos, a simetria direcional da expansão do universo (isto é, o fato de a expansão ser a mesma em todas as direções).

No momento, os pesquisadores estão interessados principalmente nas simetrias matemáticas abstratas, aparentemente fundamentais, conhecidas como "simetrias de calibre". O nome apenas reflete o fato histórico de que a primeira teoria das simetrias de calibre era referente às simetrias manifestadas sob o "recalibramento" de distâncias e intervalos de tempo. De formas altamente generalizadas, essas simetrias desempenham uma função crucial na teoria eletrofraca, assim como nas atuais teorias das interações fortes. O que nos interessa aqui é que todas as quatro forças da natureza apresentam simetrias do tipo calibre e que muitos físicos pensam que esse fato pode ser um indício de alguma unidade subjacente das forças da natureza.

Nas teorias físicas, as simetrias abstratas em geral e as simetrias de calibre em particular fazem surgir fenômenos que podemos realmente observar e medir. No entanto essas simetrias em si não se referem ao mundo físico, não são simetrias de nada real. São puramente matemáticas. Surge então a questão: o que, na natureza, corresponde a essas simetrias abstratas? Como a natureza efetiva as propriedades que descobrimos em formas matemáticas abstratas? Será que há algumas propriedades escondidas da realidade, ainda não descobertas, que realmente façam surgir as simetrias de calibre? Atualmente, muitos físicos pensam que essas simetrias são não só reais como também manifestações de *simetrias espaciais reais*, existentes em *dimensões espaciais mais elevadas*.

A idéia de dimensões espaciais mais elevadas nos traz à mente figuras das modernas mitologias da ficção científica. No entanto há um raciocínio sóbrio por trás da idéia e da pesquisa das dimensões escondidas do espaço. Esses esforços representam uma direção ativamente seguida na busca de uma teoria unificada.

O início do século XX assistiu a uma unificação do espaço com o tempo na teoria especial da relatividade de Einstein. Dez anos mais tarde, outra unificação foi realizada na teoria geral, que deu um quadro unificado do espaço-tempo e da gravitação. Muito pouco tempo depois do aparecimento dessa teoria, as pessoas ficariam interessadas no que parecia então ser o próximo passo lógico: a unificação do espaço-tempo e da gravitação com o eletromagnetismo. Uma vez que a gravitação e o eletromagnetismo eram as únicas forças conhecidas na natureza naquela época, sua unificação parecia ser um passo lógico muito importante. Alguns até pensaram que fosse o último passo. Uma vez que a teoria geral da relatividade mostrou que a gravitação era essencialmente uma manifestação da estrutura geométrica do espaço-tempo, o objetivo dessas teorias unificadas era interpretar o eletromagnetismo da mesma forma. Deveria ser criada uma nova geometria do espaço-tempo para pôr a gravitação e o eletromagnetismo em situação de igualdade, uma geometria que tratasse a ambos como manifestações da estrutura do espaço-tempo. Como mencionei anteriormente, o próprio Einstein devotou os últimos 30 anos de sua vida a essa tarefa, mas nem suas tentativas nem as de outros tiveram sucesso, então ou mais tarde. E, quando as interações forte e fraca foram descobertas, nas décadas de 20 e 30, respectivamente, tornando claro que havia outras forças na natureza além da gravitação e do eletromagnetismo, o interesse pelo problema acabou morrendo.

Antes que tudo isso acontecesse, porém, em 1919 para ser mais exato, foram propostas duas teorias que, embora sem sucesso, continham, contudo, algumas idéias profundas que influenciaram o desenvolvimento da física meio século depois. Uma foi a teoria unificada da gravitação e do eletromagnetismo proposta pelo matemático suíço Hermann Weyl. A teoria não chegou a lugar algum, mas foi a primeira a sugerir e explorar o uso das simetrias de calibre. A outra foi o trabalho de um então jovem e desconhecido matemático polonês, Theodore Kaluza.

Kaluza provou um interessante fato matemático: se supusermos que o espaço tem uma *quarta* dimensão, isto é, que o espaço-tempo tem ao todo *cinco dimensões*, então tanto a gravitação quanto o eletromagnetismo podem ser interpretados como sendo nada mais que manifestações da geometria desse novo e ampliado espaço-tempo. Se, por exemplo, você considerasse a teoria de Einstein em cinco dimensões, então verificaria que uma partícula ainda se moveria seguindo o menor trajeto entre dois pontos, mas agora em um espaço-tempo qüinqüedimensional. Você então seria capaz de calcular como esse trajeto pareceria a um observador humano que vivesse em um espaço tridimensional e em um tempo unidimensional. Verificaria que o trajeto se apresenta exatamente como o de uma partícula movendo-se sob a influência combinada do eletromagnetismo e da gravitação. Não é de admirar que Einstein, assim como outros, tenha julgado essa teoria altamente interessante. Todos esses resultados, porém, mostraram-se puramente formais. Um dos grandes inconvenientes práticos da teoria de Kaluza foi ter falhado em responder uma questão crucial: se o espaço é realmente quadridimensional, por que só podemos perceber três dimensões? Onde está a quarta? Como a teoria não deu resposta a essa questão, foi considerada um exercício matemático interessante e engenhoso, mas não muito mais que isso.[6]

Cinco anos após a publicação da teoria de Kaluza, ela foi revivificada por Oscar Klein, da Universidade de Estocolmo. Klein aplicou a idéia de Kaluza à mecânica quântica, então nova em folha. Foi capaz de mostrar que os resultados de Kaluza podem ser estendidos ao domínio atômico e, igualmente importante, sugeriu a razão pela qual não podemos ver a quarta dimensão do espaço. Klein calculou que a quarta dimensão espacial era muito pequena, que ela não se estende, como as outras três, a vastos comprimentos, mas é "enrolada" em uma extensão mínima, e essa é a razão por que não a percebemos. Essa, pelo menos, é uma explicação racional e fácil de entender. Se você olhar um fio fino ou uma linha estreita em um papel, vai vê-los essencialmente como unidimensionais. Somente usando uma lente é que você revelará sua largura escondida, a segunda dimensão. Essa dimensão não lhe era perceptível, antes, por causa de sua pequenez. Klein calculou a extensão da quarta dimensão no espaço com base na mecânica quântica do elétron e encontrou o valor

---

[6]A primeira objeção natural e espontânea a essa teoria – de que somos totalmente incapazes de imaginar uma quarta dimensão espacial – pesa muito pouco. A experiência nos tem repetidamente ensinado que a natureza não se incomoda com o que podemos ou não imaginar. A matemática funciona bem em qualquer número de dimensões, e isso é tudo que é necessário para que elas façam sentido.

de cerca de 10^{-32} centímetros. Essa é uma distância incrivelmente pequena, muito, muitíssimo menor do que, por exemplo, o diâmetro de um núcleo atômico. Não é de admirar que não possamos percebê-la e que nosso sistema nervoso não tenha um modelo para ela. A princípio parece espantoso que uma pequena extensão como essa na quinta dimensão seria suficiente para produzir todos esses grandes efeitos do eletromagnetismo. Mas devemos lembrar-nos de que uma extensão para a quarta dimensão espacial existiria em cada ponto do espaço tridimensional. Assim, a totalidade da extensão para a quarta dimensão espacial poderia ser significativa.

Mas, apesar dos interessantes resultados do artigo de Klein, a teoria de Kaluza-Klein, como passou a ser chamada, fracassou relativamente cedo. Não podia provocar novas investigações na época; seus proponentes não puderam sugerir novos experimentos para testar as afirmações da teoria de encontro ao mundo real. Como muitas outras teorias físicas bem pensadas, bem construídas, ela ficou pelo caminho por não poder ser relacionada a novas observações. Ela não explicou fatos previamente inexplicáveis.

Durante a última década, as idéias básicas dessa teoria ressurgiram e foram ampliadas. Não estamos mais interessados apenas na unificação das interações gravitacional e eletromagnética. Quando falamos agora sobre unificação, estamos interessados na teoria unificada de todas as interações da natureza. Como mencionei anteriormente, uma propriedade comum a todas as interações é que apresentam as simetrias matemáticas abstratas conhecidas sob o nome de simetrias de calibre. Uma hipótese de trabalho, que está sendo ativamente explorada agora, é que os aspectos da realidade que se manifestam nessas simetrias abstratas são realmente *simetrias geométricas de várias dimensões espaciais escondidas*. Em outras palavras, as simetrias de calibre do espaço mental abstrato realmente expressam as simetrias do espaço físico real em dimensões que não podemos perceber diretamente.

É plausível que uma dimensão espacial extra da teoria de Kaluza-Klein, que unificou a gravitação com o eletromagnetismo, não seja mais suficiente. São necessárias mais dimensões para acomodar todas as simetrias de calibre das interações gravitacional, forte e eletrofraca. Quantas? Isso depende da versão particular da idéia básica, da teoria matemática particular. Atualmente, alguns pesquisadores estão trabalhando na suposição de que há sete dimensões espaciais extras. Isso significaria que o mundo real tem realmente 11 dimensões, quatro delas extensas (as três espaciais e uma dimensão do tempo de nosso mundo normal), e sete que são espiraladas ou enroladas e têm apenas extensões mínimas.

Por que essa divisão de quatro mais sete ou algum outro número de dimensões neste assunto? Talvez haja para isso alguma razão profunda que não compreendemos agora. Mas também pode ter sido um acidente. O universo poderia ter começado com dez dimensões espaciais e uma temporal, todas num mesmo plano de igualdade. Alguma turbulência inicial (a inflação, talvez) poderia então ter feito com que três dimensões espaciais se expandissem e deixado sete outras imutáveis ou mesmo encolhendo. Talvez encolhendo na mesma razão em que as três se expandiam. Um dia poderemos aprender todos os detalhes.

Essas teorias estão todas na infância, longe de terem sido provadas, e há muitas teorias competindo com o mesmo objetivo. Algumas exploram idéias semelhantes, outras trabalham seguindo linhas inteiramente diferentes. O tempo dirá qual delas, se existir, se mostrará como sendo a coisa verdadeira. Mas a possibilidade de que todas as forças que agem no universo possam vir a ser manifestações da estrutura do espaço-tempo qualquer que seja a dimensionalidade mexe com a mente. Pois *essas forças incluem tudo que existe no universo*. Cada partícula, cada forma de energia, cada parcela da realidade, é produto dessas forças. Não há mais nada no universo. A teoria geral da relatividade estabeleceu que é a estrutura do espaço-tempo quadridimensional que se manifesta como gravitação. Com lógica semelhante, uma teoria do espaço-tempo de todas as interações estabeleceria decisivamente que não existe nada no mundo senão o espaço-tempo estruturado. Certas estruturas se manifestariam como galáxias, outras como *quarks* ou buracos negros, flores ou bactérias, e ainda outras seriam você e eu. Se isso é realmente assim, então seguramente teria sido um acontecimento de significação cósmica o momento em que o espaço-tempo se tornou consciente de si mesmo. Saberíamos então que isso aconteceu pelo menos uma vez em um pequeno planeta girando em torno de uma estrela média.

Bibliografia

Abraham, G. *The Concise Oxford History of Music*. Londres, Oxford University Press, 1979.

Apel, Willi. *Harvard Dictionary of Music*. Cambridge, Mass., Harvard University Press, 2ª ed., 1972.

Arnheim, R. *Art and Visual Perception*. Berkeley, University of California Press, 1969.

Arons, A.B., e Peppard, M.B. "The English Translation of Einstein's Photon Paper", *American Journal of Physics*, 3:3 (1965), p. 367.

Asimov, I. *The Universe from Flat Earth to Black Holes and Beyond*. Nova York, Walker and Co., 1980.

Bartschi, Willy A. *Linear Perspective*. Nova York, Van Nostrand Reinhold, 1976.

Bedini, Silvio A. "The Scent of Time". Transcrito da American Philosophical Society, 5:3, (1963), p. 5.

Bergman, Peter G. *The Riddle of Gravitation*. Nova York, Charles Scribner's Sons, 1968.

Bernstein, J. *Einstein*. Nova York, Viking Press, 1973.

Blakemore, C., e Cooper, G. F. "Development of the Brain Depends on the Visual Environment", *Nature*, 228, (1970), p. 477.

Bloom, A. (trad.). *Plato: The Republic*. Nova York, Basic Books, 1968.

Bondi, H. *Relativity and Common Sense*. Nova York, Doubleday Anchor Books, 1964.

Born, Max. *Einstein's Theory of Relativity*. Nova York, Dover Publications, 1964.

Boulding, Kenneth E. *The Image*, Ann Harbor, University of Michigan Press, 1956.

Boyer, Carl B. *A History of Mathematics*. Nova York, John Wiley & Sons, 1968.

Brady, John. *Biological Clocks*. Londres, Edward Arnold, 1979.

Brady, John (org.). *Biological Timekeeping*. Cambridge, Cambridge University Press, 1982.

Bukofzer, M. *Studies in Medieval and Rennaisance Music*. Nova York, W. W. Norton, 1950.

Bunning, E. *The Physiological Clock*. Nova York, Springer-Verlag, 1973.

Butterfield, Herbert. *The Origins of Modern Science, 1300-1800*. Toronto, Clarke, Irwin, 1957.

Caldwell, John. *Medieval Music*. Bloomington, Indiana University Press, 1978.

Campbell, Joseph. *Myths to Live By*. Toronto, Bantam Books, 1972.

Chandrasekhar, S. "Beauty and the Quest for Beauty in Science", *Physics Today*, julho de 1979, p. 25.

Chew, G.F., Gell-Mann, M., e Rosenfeld, A.H. "Strongly Interacting Particles", *Scientific American*, vol. 210, nº 2, p. 74, 1964.

Clagett, Marshall. *The Science of Mechanics in the Middle Ages*. Madison, University of Wisconsin Press, 1959.

Claudsley-Thompson, J. *Biological Clocks*. Londres, Weidenfeld and Nicolson, 1980.

Cold Spring Harbor Symposia. "Biological Clocks", vol. 25, 1960.

Copland, Aaron. *The New Music 1900-1960*. Nova York, W. W. Norton, 1968.

Copland, Aaron. *What to Listen for in Music*. Nova York, The New American Library, 1957.

Cornford, Francis M. *Plato's Cosmology: The "Timaeus" of Plato Translated with a Running Commentary*. Londres, Routledge & Kegan Paul, 1948.

Cornford, Francis M. (trad.) *The Republic of Plato*. Oxford, Oxford University Press, 1968.

Craik, K. J. W. *The Nature of Explanation*. Cambridge, Cambridge University Press, 1952.

Davies, Paul. *The Forces of Nature*. Cambridge, Cambridge University Press, 1979.

Davies, Paul. *Other Worlds: Space, Superspace and the Quantum Universe*. Londres, J. M. Dent & Sons, 1980.

Davies, Paul. *The Runaway Universe*. Harmondsworth, Penguin Books, 1978.

Davies, Paul. *Space and Time in the Modern Universe*. Cambridge, Cambridge University Press, 1977.

Davies, Paul. *Superforce: The Search for a Grand Unified Theory of Nature*. Nova York, Simon & Schuster, 1984.

Davis, Philip J., e Hersh, Reuben. *The Mathematical Experience*. Boston, Houghton Mifflin, 1981.

De la Croix, Horst, e Tansey, Richard G. *Gardner's Art Through the Ages*. Nova York, Harcourt, Brace & World, 5ª ed., 1970.

De Solla Price, Derek. *Science Since Babylon*. New Haven, Conn., Yale University Press, 1961.

Dillard, Annie. *Living by Fiction*. Nova York, Harper & Row, 1983.

Dittner, L. (trad.). *Anonymous IV*. Nova York, Institute of Medieval Music, 1959.

Drake, Stillman. *Galileo at Work*. Chicago, University of Chicago Press, 1978.

Edgerton. S. Y. *The Renaissance Rediscovery of Linear Perspective*. Nova York, Basic Books, 1975.

Einstein, Alfred. *A Short History of Music*. Nova York, Random House, 1937.

Eliade, Mircea. *A History of Religious Ideas*, vol. 1. Chicago, University of Chicago Press, 1978.

Eliade, Mircea. *Images and Symbols*. Kansas City., Sheed Andrews and McMeel, 1961.

Eliade, Mircea. *The Myth of the Eternal Return*. Londres, Routledge & Kegan Paul, 1955.

Ferris, T. *The Red Limit*. Toronto, Bantam Books, 1979.

Feynman, Richard. *The Character of Physical Law*. Boston, The MIT Press, 1967.

Frankfort, H., Frankford H. A., Wilson, John A., Jacobsen, Thorkild, e Irwin, William A. *Before Philosophy: The Intellectual Adventure of Ancient Man*. Chicago, University of Chicago Press, 1946.

Fraser, J. T. *The Genesis and Evolution of Time*. Amherst, University of Massachusetts Press, 1982.

Fraser, J. T. (org.). *The Voices of Time*. Nova York, George Braziller, 1966.

Frey, D. *Gotic und Renaissance als Grundlagen der Modernen Weltanschauung*. Filsberg, Augsburg, 1929.

Frisby, John P. *Seeing*. Oxford, Oxford University Press, 1980.

Frisch, K. V. *The Dance Language and Orientation of Bees*. Cambridge, Mass., Harvard University Press, 1967.

Gablik, Suzi. *Progress in Art*. Nova York, Rizzoli International Publications, 1976.

Gardner, H. *Frames of Mind*. Nova York, Basic Books, 1983.

Gardner, M. *The Relativity Explosion*. Nova York, Random House, 1976.

Geroch, Robert. *General Relativity from A to B*. Chicago, University of Chicago Press, 1978.

Geymonat, Ludovico. *Galileo Galilei* (traduzido por S. Drake). Nova York, McGraw-Hill, 1957.

Giedion, S. *Space, Time and Architecture*. Cambridge, Mass., Harvard University Press, 1962.

Gillispie, Charles Coulston. *The Edge of Objectivity*. Princeton, N.J., Princeton University Press, 1960.

Golding, John. *Cubism*. Londres, Faber and Faber, 2ª ed., 1968.

Gombrich. E. H. *Art and Illusion*. Londres, Phaidon Press, 1959.

Gombrich, E. H. *The Story of Art*. Londres, Phaidon Press, 12ª ed., 1972.

Grant, Edward (org.). *A Source Book in Medieval Science*. Cambridge, Mass., Harvard University Press, 1975.

Graves, Robert, e Patai, Raphael. *Hebrew Myths: The Book of Genesis*. Nova York, McGraw-Hill, 1963.

Gregory, R. L. *Concepts and Mechanisms of Perception*. Londres, Gerald Duckworth, 1974.

Gregory, R. L. *The Eye and the Brain*. Londres, Weidenfeld & Nicolson, 1972.

Gregory, R.L. *The Intelligent Eye*. Nova York, McGraw-Hill, 1970.

Gregory, R.L., e Gombrich, E. H. *Illusion in Nature and Art*. Londres, Gerald Duckworth, 1973.

Groenewegen, H. A., Frankfort, H., e Ashmole, Bernard. *Art of the Ancient World*. Nova York, Harry N. Abrams, 1972.

Grout, D. J. *A History of Western Music*. Nova York, W. W. Norton, 1973.

Hadamard, J. S. *An Essay on the Psychology of Invention in the Mathematical Field*. Nova York, Dover Publications, 1954.

Hafner, E. M. *The New Reality in Art and Science. Comparative Studies in Society and History*, vol. 11, pp. 385, 1969.

Hamner, K. C., Finnegan, J. C., Strohi, G. S., e Hoshizaki, T. "The Biological Clock at the South Pole", *Nature*, 195 (1962), p. 476.

Hardy, G. H. *A Mathematician's Apology*. Cambridge, Cambridge University Press, 1967.

Harrison, Edward R. *Cosmology: The Science of the Universe*. Cambridge, Cambridge University Press, 1981.

Hartmann, W.H. *Astronomy, the Cosmic Journey*. Belmont, Mass., Wadsworth, 1985.

Hartt, Frederick. *Art: A History of Painting, Sculpture, Architecture*, vols. 1 e 2. Nova York, Harry N. Abrams, 1976.

Hartt, Frederick. *Donatello*. Nova York, Harry N. Abrams, 1972.

Hawking, S. W. "The Quantum Mechanics of Black Holes", *Scientific American*, janeiro de 1977, p. 236.

Hearth, *sir* Thomas. *Euclid*. Nova York, Dover Publications, 1956.

Henderson, L.D. "A New Facet of Cubism". *The Art Quarterly* (1971), vol. 34, p. 410.

Herbert, Nick. *Quantum Reality*. Nova York, Anchor Press, 1985.

Hoffmann, Banesh. *The Strange Story of the Quantum*, Nova York, Dover Publications, 2ª ed., 1959.

Hoffmann, Banesh, com a colaboração de Helen Dukas. *Albert Einstein, Creator and Rebel*. Nova York, Viking Press, 1972.

Holton, Gerald, e Elkana, Yehuda (orgs.). *Albert Einstein: Historical and Cultural Perspectives*. Princeton, N.J., Princeton University Press, 1982.

Hoppin, R. H. *Medieval Music*. Nova York, W. W. Norton, 1978.

Howe, R. H. *Music Through Sources and Documents*. Englewood Cliffs, N. J., Prentice-Hall, 1978.

Huang, K. (org.). *Physics and Our World. A Symposium in Honor of Victor F. Weisskopf*. Nova York, American Institute of Physics, 1976.

Hubel, D. H. "Exploration of the Primary Visual Cortex, 1955-78", *Nature*, 299, 1982, p. 515.

Hughes, Robert. *The Shock of the New*. Nova York, Alfred A. Knopf, 1981.

Hull, L. W. H. *History and Philosophy of Science*. Londres, Longmans, Green, 1959.

Huxley, A. *After Many a Summer Dies the Swan*. Londres, Chatto & Windus, 1950.

Ivins, William Jr. *Art and Geometry*. Nova York, Dover Publications, 1964.

Jacob, François. *The Possible and the Actual*. Nova York, Pantheon Books, 1982.

Jacob, François. *The Logic of Life*. Nova York, Pantheon Books, 1974.

Jaki, Stanley L. *Science and Creation*. Nova York, Science History Publications, 1974.

Jammer, M. *Concepts of Space*. Nova York, Harper & Row, 1960.

Janson, H. W. *The History of Art*. Englewood Cliffs, N.J., Prentice-Hall, e Nova York, Harry N. Abrams, 1963.

Jastrow, R., e Thompson, M. H. *Astronomy*. Nova York, John Wiley & Sons, 1984.

Jerison, Harry. *Evolution of the Brain and Intelligence*. Nova York, Academic Press, 1973.

Jerison, Harry. "Paleoneurology and the Evolution of the Mind", *Scientific American*, janeiro de 1976, p. 90.

Jerison, Harry. "CA Book Review", *Current Anthropology* (1975): *16*, p. 416.

Julesz, B. *Foundation of Cyclopean Perception*. Chicago, University of Chicago Press, 1971.

Kohler, Ivo. *Psychological Issues*. (1964): vol. 3, parte 4, p. 19.

Koyre, A. *Galilean Studies*. Nova York, Humanities Press, 1978. (Traduzido por J. Mepham.)

Kramer, E. E. *The Nature and Growth of Modern Mathematics*. Princeton, N.J., Princeton University Press, 1981.

Kaufmann, William J. III. *Black Holes and Warped Spacetime*. Toronto, Bantam Books, 1980.

Kaufmann, William J. III. *Universe*. São Francisco, W. H. Freeman, 1985.

Keeton, William T. *Biological Science*. Nova York, W. W. Norton, 1967.

Kline, Morris. *Mathematics in Western Culture*. Londres, George Allen and Unwin, 1954.

Kramer, G. "Experiments on Bird Orientation", *Ibis 94* (1952), p. 265.

Kuh, Katharine. *The Artist's Voice*. Nova York, Harper & Row, 1960.

Lang, P. H. *Music in Western Civilization*. Nova York, W. W. Norton, 1941.

Langer, Susanne K. *Feeling and Form*. Nova York, Charles Scribner's Sons, 1953.

Langer, Susanne K. *Philosophy in a New Key*. Cambridge, Mass., Harvard University Press, 3ª ed., 1957.

Laporte, P. M. "Cubism and Relativity (With a Letter of Albert Einstein)", *Art Journal* 25. (1947), p. 246.

Lettvin, J. Y., *et al. What the Frog's Eye Tells the Frog's Brain*. Proc. Inst. Radio Engineers, 1959, vol. 47, p. 1940.

Lévi-Strauss, Claude. *Myth and Meaning*. Toronto, University of Toronto Press, 1978.

Lévi-Strauss, Claude. *The Raw and the Cooked*. Nova York, Harper & Row, 1969.

Livingston, D. M. *The Master of Light*. Nova York, Charles Scribner's Sons, 1973.

Luce, G. G. *Biological Rhythms in Human and Animal Physiology*. Nova York, Dover Publications, 1971.

Lynton, Norbert. *The Story of Modern Art*. Ithaca, Cornell University Press, 1980.

Machlis, Joseph. *The Enjoyment of Music*. Nova York, W. W. Norton, 5ª ed., 1984.

Margenaui, H. *The Nature of Physical Reality*. Nova York, McGraw-Hill, 1950.

Marr, David. *Vision*. São Francisco, W. H. Freeman, 1982.

Marshack, A. *The Roots of Civilization*. Nova York, McGraw-Hill, 1972.

Matthews, G. T. V. *Bird Navigation*. Cambridge, Cambridge University, Press, 2ª ed., 1968.

McCormmack, R. *Night Thoughts of a Classical Physicist*. Cambridge, Mass., Harvard University Press, 1982.

Miller, A. I. *Albert Einstein's Special Theory of Relativity*. Reading, Addison-Wesley, 1981.

Millikan, R. *The Physical Review*, vol. 7, p. 18, 1916 (citado in Pais).

Misner, C., Thorne, K., Wheeler, J. *Gravitation*. São Francisco, W.H. Freeman, 1973.

Monod, Jacques. *Change and Necessity*. Nova York, Alfred A. Knopf, 1971.

Moore-Ede, M. C., Sulzman, F. M., e Fuller, C. A. *The Clocks That Time Uses*. Cambridge, Mass., Harvard University Press, 1982.

Morris, Richard. *Time's Arrows*. Nova York, Simon & Schuster, 1983.

Mumford, Lewis. *Technics and Civilization*. Nova York, Harcourt, Brace, 1934.

Needham, J., Ling, W., e de Solla Price, D.J. *Heavenly Clockwork*. Cambridge, Cambridge University Press, 1960.

Newton, *sir* Isaac. *Principia* (traduzido por F. Cajori). Berkeley, University of California Press, 1962.

Onians, John. *Art and Thought in the Hellenistic Age*. Londres, Thames & Hudson, 1979.

Osborne, Harold. *Abstraction and Artifice in Twentieth Century Art*. Oxford, Oxford University Press, 1979.

Pagels, H. *Perfect Symmetry*. Nova York, Simon & Schuster, 1985.

Pagels, H. *The Cosmic Code*. Nova York, Simon & Schuster, 1982.

Pais, Abraham. *"Subtle is the Lord ...": The Science and the Life of Albert Einstein*. Oxford, Clarendon Press, 1982.

Park, Davis. *The Image of Eternity*. Amherst, University of Massachusetts Press, 1980.

Pascal, B. *The Pensées* (traduzido por J. M. Cohen). Harmondsworth., Penguin Books, 1961.

Pengelley, Eric T., e Asmundson, Sally J. "Annual Biological Clock", *Scientific American*, abril de 1971, p. 72.

Penrose, R. "Black Holes", *Scientific American*, maio de 1972, p. 38.

Peyser, Joan. *The New Music*. Nova York, Delacorte Press, 1971.

Pfeiffer, J. *The Creative Explosion*. Nova York, Harper & Row, 1982.

Philosophical Transactions of the Royal Society of London. *The Psychology of Vision* (1980), *290*, p. 1.

Piaget, Jean. *The Child and Reality*. Nova York, Grossman Publishers, 1973.

Piaget, Jean. *Genetic Epistemology*. Nova York, Columbia University Press, 1970.

Piaget, Jean. *The Principles of Genetic Epistemology*. Nova York, Basic Books, 1972.

Piaget, Jean. *Psychology and Epistemology*. Nova York, Grossman Publishers, 1971.

Pilkington, J. G., (trad.). *The Confessions of St. Augustine*. Nova York, Liveright, 1942.

Pirenne, M. H. *Optics, Painting, Photography*. Cambridge, Cambridge University Press, 1970.

Popper, Karl R. *Objective Knowledge*. Oxford, Clarendon Press, 1979.

Renoir, Jean. *Renoir, My Father*.Boston, Little, Brown, 1962.

Richardson, John A. *Modern Art and Scientific Thought*. Urbana, University of Illinois Press, 1971.

Rock, I., e Harris, C.S. *Scientific American*, maio de 1967, p. 96.

Rosen, Charles. *Arnold Schoenberg*. Nova York, The Viking Press, 1975.

Rosen, Charles. *The Classical Style: Haydn, Mozart, Beethoven*. Nova York, The Viking Press, 1971.

Rosen, J. *Symmetry Discovered*. Nova York, Cambridge University Press, 1975.

Rosenblatt, S. (trad.). *Saadia Gaon*. New Haven, Conn., Yale University Press, 1948 (citado in Davis e Hersh).

Russell, Bertrand. *A History of Western Philosophy*. Nova York, Simon & Schuster, 1945.

Russell, John. *The Meanings of Modern Art*. Nova York, Harper & Row, 1981.

Sambursky, S. *The Physical World of Late Antiquity*. Londres, Routledge & Kegan Paul, 1962.

Sambursky, S. *The Physical World of the Greeks*. Londres, Routledge & Kegan Paul, 1956.

Sapir, E. *Selected Writings in Language, Culture and Personality*. Berkeley, University of California Press, 1958.

Schmidt, George. *Form in Art and Nature*. Basiléia, Basilius Press, 1959.

Schoenberg, Arnold. *Style and Idea*. Londres, Faber & Faber, 1975.

Seelig, C. *Albert Einstein*. Londres, Staples Press, 1956.

Segall, M. H., Campbell, D.T., e Herskovits, M. J. "Cultural Differences in the Perception of Geometry Illusions", *Science* (1963) 139, p. 769.

Simpson, George Gaylord. *Biology and Man*. Nova York, Harcourt Brace Jovanovich, 1969.

Simpson, George Gaylord. *The Meaning of Evolution*. New Haven, Conn., Yale University Press, 1967.

Smith. B. (org.). *Concerning Contemporary Art*. Oxford, Clarendon Press, 1967.

Smith, J. Maynard. *The Theory of Evolution*. Harmondsworth, Penguin Books, 1976.

Sperry, R. W. *Scientific American*, maio de 1956, p. 48.

Steinberg, L. *Other Criteria*. Nova York, Oxford University Press, 1972.

Steiner, George. *Language and Silence*. Nova York, Atheneum, 1967.

Stravinsky, Igor. *Chronicle of My Life*. Londres, Victor Gollancz, 1936.

Stravinsky, Igor. *Poetics of Music*. Cambridge, Mass., Harvard University Press, 1977.

Stuckenschmidt, H. H. *Twentieth Century Music*. Nova York, McGraw-Hill, 1969.

Sullivan, W. *Black Holes*. Nova York, Warner Books, 1980.

Thomas, L. *The Medusa and the Snail*. Nova York, The Viking Press, 1970.

Toulmin, Stephen, e Goodfield, June. *The Discovery of Time*. Harmondsworth, Penguin Books, 1967.

Trefil, J. *From Atoms to Quarks*. Nova York, Charles Scribner's Sons, 1980.

Trefil, J. *The Moment of Creation*. Nova York, Collier Books, 1983.

Uttal, W. R. *The Psychobiology of Mind*. Hillsdale, Lawrence Eribaum Publishers, 1978.

Vallier, Dora. *Abstract Art*. Nova York, The Orion Press, 1970.

Van der Waerden, B. L. "The Great Year in Greek, Persian and Hindu Astronomy", *Archive for History of Exact Sciences*, 18 (1978), p. 359.

Vasari, G. *The Lives of Painters, Sculptors and Architects* (org. por William Gaunt). Londres, J. M. Dent & Sons, 1963.

Von Senden, M. *Space and Sight*. Glencoe, Ill., The Free Press, 1960.

Waddington, C. H. *Behind Appearance*. Cambridge, Mass., The MIT Press, 1970.

Waldrop, M. M. "Computer Vision", *Science*, vol. 224 (1984), p. 1225.

Warrington, John (trad. e org.). *Plato's "Timaeus"*. Londres, J. M. Dent & Sons, 1960.

Wax, M. *American Journal of Sociology*, 65 (1960), p. 449.

Webb, B. *Biological Rhythms, Sleep and Performance*. Nova York, John Wiley & Sons, 1982.

Wechsler, Judith (org.). *On Aesthetics in Science*. Cambridge, Mass., The MIT Press, 1981.

Weinberg, Steven. *The First Three Minutes*. Nova York, Basic Books, 1977.

Weiner, C. (org.). *History of Twentieth Century Physics*. Nova York, Academic Press, 1977.

White, John. *The Birth and Rebirth of Pictorial Space*. Boston, Boston Book and Art Shop, 1967.

Whitrow, G. J. *The Natural Philosophy of Time*, Oxford, Clarendon Press, 2ª ed., 1980.

Whorf, B. L. *Language, Thought and Reality*. Nova York, John Wiley & Sons, 1959.

Wiesel, T. N. "Postnatal development of the visual cortex and the influence of environment", *Nature*, 299, p. 583, 1982.

Wigner, E. *Symmetries and Reflections*. Bloomington, Indiana University Press, 1967.

Wilson, Richard Albert. *The Birth of Language*. Toronto, University of Toronto Press, 1980.

Young, J. Z. "Brains and Worlds: The Cerebral Cosmologies", *Journal of Experimental Biology*, 61 (1974), p. 5.

Young, J. Z. *Programs of the Brain*. Oxford, Oxford University Press, 1978.

Zammatio, Carlo, Marinoni, Augusto, e Brizio, Anna Maria. *Leonardo the Scientist*. Nova York, McGraw-Hill, 1980.

Zarlino, Gioseffo. *The Art of Counterpoint* (trad. por Guy A. Marco e Claude V. Palisca). New Haven, Conn., Yale University Press, 1968.

Zuckerkandl, Victor. *Sound and Symbol*. Princeton, N.J., Princeton University Press, 1969.

Notas, Fontes, Sugestões de Leitura

(Os nomes em maiúsculas referem-se a registros feitos na bibliografia)

CAPÍTULO II

P. 18 Os Capítulos II e III referem-se, em grande parte, à evolução biológica. As idéias básicas que descrevem esse processo foram desenvolvidas já no século XIX, principalmente (mas não exclusivamente) por Charles Darwin, Alfred Wallace e Gregor Mendel. As importantes descobertas do século XX em biologia – inclusive a descoberta da estrutura molecular do material genético por Francis Crick e James Watson – mostraram-se todas compatíveis com a teoria da evolução. Entre os muitos livros que tratam da forma moderna dessa teoria estão SIMPSON (1967), MONOD, SMITH e JACOB (1974).

Pp. 18-19 Pequenos resumos das propriedades de grande número de relógios biológicos são apresentados em BRADY (1982) e BRADY (1979), nas atas da conferência realizada em Cold Spring Harbor, COLD SPRING HARBOR SYMPOSIA, e em CLAUSLEY-THOMPSON. Os relógios circádios são discutidos em MOORE-EDE, SULZMAN e FULLER. Sobre seus efeitos na vida humana normal, ver LUCE e WEBB.

P. 21 Uma discussão não-técnica dos relógios com períodos de cerca de um ano pode ser encontrada em PENGELLEY e ASMUNDSON, e também em CLAUDSLEY-THOMPSON. Os experimentos no pólo Sul são relatados em *Nature* por HAMNER, FINNEGAN, STROHI e HOSHIZAKI.

P. 23 Os experimentos de W. W. Gardner e H. A. Allard são discutidos em muitos textos compreensíveis de introdução à biologia. Ver, por exemplo, KEETON.

Pp. 23-24 Detalhes sobre a natureza dos relógios fotoperiódicos podem ser encontrados em BUNNING.

P. 25 As observações de Karl von Frisch sobre relógios biológicos e outras propriedades das abelhas são descritas em FRISCH.

P. 25 Os experimentos que esclarecem alguns dos importantes indícios ambientais da migração das aves foram relatados pela primeira vez em 1950, na Alemanha. Um resumo deles em inglês pode ser encontrado em KRAMER (citado por BRADY, 1982). Mais detalhes e exemplos da navegação animal são apresentados em MATTHEWS e em CLAUDSLEY-THOMPSON.

P. 28 A citação de R. L. GREGORY é de seu livro de 1970. Alguns dos textos introdutórios não-técnicos mais úteis sobre os problemas da visão são GREGORY (1974), GREGORY (1972), GREGORY (1970), PIRENNE e FRISBY. Um tratamento mais técnico desse assunto foi escrito pelo pioneiro da teoria contemporânea da visão, o falecido DAVID MARR do MIT. A citação da conferência da Royal Society é das PHILOSOPHICAL TRANSACTIONS OF THE ROYAL SOCIETY OF LONDON. A pesquisa recente sobre a visão das máquinas é resumida em um curto relatório sobre a visão dos computadores por M. MITCHELL WALDROP.

P. 30 As Conferências Gifford de Z. J. Young dão um relato legível dos "modelos" do cérebro de YOUNG (1978).

Pp. 31-32 Os experimentos de R. W. Sperry são explicados em termos não-técnicos em SPERRY. Os experimentos do "mundo de cabeça para baixo" de Innsbruck são descritos em KOHLER.

P. 32 A expressão "cosmologias" para os modelos do mundo interior dos organismos foi sugerida por Z. J. Young em seu artigo de 1974.

As famosas experiências de LETTVIN *et al.* foram descritas originalmente em uma revista de engenharia.

P. 34 A citação é do diretor de cinema JEAN RENOIR, na biografia de seu pai pintor.

CAPÍTULO III

P. 35 A primeira citação é de POPPER.

Uma descrição detalhada da obra e das idéias de Jerison é apresentada em JERISON (1973); uma exposição mais popular está em JERISON (1976).

P. 35 A citação é de JERISON (1973).

P. 38 A citação é de JERISON (1973).

P. 39 A "máquina de reflexos complexos" é de JERISON (1975).

P. 40 Todas as citações de F. JACOB foram tiradas de seu livro de 1982.

Pp. 43-44 A obra de M. VON SENDEN é descrita em seu livro de 1960 e também em GREGORY (1974).

As experiências com gatinhos são descritas em BLAKEMORE e COOPER. Sobre o problema do treinamento visual, ver também o discurso de aceitação do Prêmio Nobel por WIESEL.

Algumas das idéias de Piaget sobre a evolução do conhecimento congênito e adquirido do mundo exterior são resumidas em seus trabalhos: PIAGET (1973), PIAGET (1972), PIAGET (1971) e PIAGET (1970).

P. 46 As idéias de K.J.W. Craik são descritas em seu livro de 1952.

P. 47 As especulações de Jerison referentes à linguagem são apresentadas em JERISON (1976) e JERISON (1973).

P. 49 A citação é de JERISON (1973).
A nota ao pé da página é de SAPIR.

P. 53 Todas as citações de S. Langer são de LANGER (1957).

P. 54 A citação é de SIMPSON (1969).

P. 54 A citação é de BOULDING.

Pp. 54-55 As observações de E. Sapir são de seu livro de 1958.
As idéias de B. Whorf são resumidas em WHORF (1959).
A citação de Wilson é de WILSON (1980).

CAPÍTULO IV

P. 61 MARSHACK contém interessantes dados referentes à evolução do simbolismo. PFEIFFER apresenta algumas especulações interessantes sobre as origens da arte.
Todas as citações de H. Frankfort estão em FRANKFORT *et al.*

Pp. 64-65 A observação de M. ELIADE é de seu livro de 1961.
Na década de 20, o historiador da arte austríaco DAGOBERT FREY estudou as ligações entre as noções de tempo e espaço e as formas de arte em diferentes civilizações.
Um levantamento geral da arte antiga, contendo literatura a mais, está em GROENEWEGEN.

P. 70 As palavras de M. ELIADE são de seu livro de 1978.
A citação de M. ELIADE é de seu livro de 1955.
O Grande Ano Babilônico é descrito, por exemplo, em CAMPBELL. Para maiores detalhes a respeito dos ciclos periódicos em várias civilizações, ver VAN DER WAERDEN.

P. 73 A conjectura de Max Weber é discutida em WAX. Para uma análise histórica legível da lenda do Gênesis, ver, por exemplo, GRAVES e PATAI.

P. 74 A cosmologia de Platão é descrita principalmente em seu "Timeu". É aí que ele define o tempo como a "semelhança móvel da eternidade" e diz que o próprio processo do tempo é causado pelo movimento dos corpos celestes WARRINGTON. O "Timeu" é discutido com grandes detalhes em CORNFORD (1948).

P. 75 Aprendi sobre as origens do Eclesiastes com o professor A. Kasher, da Universidade de Tel Aviv, que as resumiu em uma comunicação particular ao meu colega Dr. M. Schlesinger. Meus agradecimentos a ambos.

P. 76 A opinião de BERTRAND RUSSELL é tirada de seu livro de 1945.

P. 79 Sobre as observações de Platão a respeito da astronomia, ver CORNFORD (1968) ou BLOOM.

P. 79 A observação de Delbrück é de sua contribuição em HUANG.

P. 82 A opinião de Galeno sobre beleza é citada em DE LA CROIX e TANSEY.

Pp. 83-84 A base da geometria de Euclides encontra-se em uma tradução inglesa em HEATH.
Com referência à compatibilidade de tato e visão, ver ROCK e HARRIS.
A idéia de que os antigos gregos possuíam um sentido de tato mais desenvolvido é antiga. Ver, por exemplo, IVINS.

Pp. 84-85 As observações depreciativas de Platão sobre as pinturas está em seu *A república*. Ver CORNFORD (1968) e BLOOM.

Pp. 85-86 Os trabalhos dos matemáticos e cientistas gregos são descritos, por exemplo, em BOYER, HULL, SAMBURSKY (1962) e SAMBURSKY (1956). As idéias características da era helenística são discutidas em ONIANS.

P. 90 A citação de LEWIS MUMFORD é de seu livro de 1934.

CAPÍTULO V

P. 91 A citação de I. STRAVINSKY é de sua autobiografia de 1936.

P. 93 O texto citado de H. BUTTERFIELD é de seu livro de 1957.

Pp. 93-94 A definição de tempo absoluto de Newton é de NEWTON. É instrutivo ler todo o parágrafo:
"O tempo absoluto, verdadeiro e matemático, em si mesmo, e por sua própria natureza, flui igualmente, sem relação com qualquer coisa externa, e, com outro

nome, é chamado de duração: o tempo relativo, aparente e comum, é alguma medida de duração sensível e externa (precisa ou não) por intermédio do movimento, e que é normalmente usada em vez do tempo verdadeiro; tal como uma hora, um dia, um mês, um ano."

Pp. 94-95 Sobre a ilusão de Mueller-Lyell e outros tipos, ver, por exemplo, GREGORY (1970).

P. 99 Os relógios chineses são descritos em NEEDHAM, LING e DE SOLLA PRICE.

Pp. 99-100 As palavras de D. J. de Solla Price são de seu livro de 1961.
Sobre as velas como instrumentos de medição do tempo, ver BEDINI.

P. 100 As observações de PIAGET são de seu livro de 1971.

P. 101 Há muitos livros atuais oferecendo histórias mais detalhadas da evolução dos conceitos de tempo sob vários pontos de vista. Entre eles estão WHITROW, PARK, JAKI, MORRIS, FRASER (1982), FRASER (1966) e TOULMIN e GOODFIELD. Há também vários artigos interessantes na série "O estudo do tempo", publicada regularmente por Springer-Verlag.

As idéias de Sto. Agostinho sobre o tempo estão, em sua maioria, em sua *Confissões* PILKINGTON.

Uma obra monumental de M. CLAGETT, contendo traduções dos mais importantes trabalhos medievais sobre mecânica, não tem no índice o nome de Sto. Agostinho. Em outra rica coletânea de textos científicos medievais, de E. GRANT, as idéias de tempo de Sto. Agostinho são mencionadas apenas uma vez e, nesse caso, em um contexto que é irrelevante para o nosso problema. Esses fatos ilustram a extensão em que as idéias de Sto. Agostinho eram desprezadas na ciência medieval.

Logo depois de Galileu, Descartes também encontrou a lei da queda livre, expressando a distância coberta como função do tempo (KOYRE).

Pp. 102-03 Com referência ao trabalho experimental de Galileu, ver DRAKE.
Para mais detalhes sobre a história da polifonia, ver, por exemplo, CALDWELL, HOPPIN e APEL.

P. 105 As palavras sobre Perotin são de DITTNER. Sobre a execução da música polifônica, ver BUKOFZER.

P. 107 Novamente, as palavras são de DITTNER.
O livro de M. CLAGETT é o citado anteriormente.

P. 109 As citações de V. ZUCKERKANDL são de seu livro de 1969.

P. 111 As palavras do papa João XXI são citadas, por exemplo, em HOWE.

CAPÍTULO VI

P. 114 A citação de A. HUXLEY é de seu livro de 1950.

Sobre a percepção visual, ver, por exemplo, GREGORY (1974), GREGORY (1972), GREGORY (1970), PIRENNE, FRISBY e MARR; sobre a complexidade da visão binocular, JULESZ; enquanto a visão e a arte são discutidas em GOMBRICH (1959) e ARNHEIM.

P. 118 A citação de G. VASARI é da edição de 1963 de seu livro.

Pp. 118-19 Há muitas excelentes histórias da arte relatando a descoberta da perspectiva linear e suas conseqüências. Ver, por exemplo, DE LA CROIX e TANSEY, GOMBRICH (1972), JANSON, HARTT (1976), GABLIK, e EDGERTON.

P. 119 Os princípios da perspectiva são discutidos em BARTSCHI.

P. 120 As citações de F. HARTT são de seu livro de 1972.

P. 122 As palavras de Janson são de seu livro de 1963.

P. 122 A citação é de WHITE.

Pp. 124-25 A controvérsia sobre a perspectiva linear é discutida em EDGERTON, onde também são dadas mais referências. Sobre a percepção de indícios de perspectiva em não-ocidentais, ver, por exemplo, a contribuição de V. B. Deregowski em GREGORY e GOMBRICH ou SEGALL *et al.*

P. 126 A citação de Leonardo é tirada de ZAMMATIO, MARINONI, e BRIZIO.

P. 127 As citações são de WHITE.

P. 128 Sobre a relação da perspectiva linear com a geometria projetiva, ver, por exemplo, KLINE.

P. 129 A citação de Descartes foi tirada de GILLISPIE.

P. 130 As palavras de NEWTON são da tradução de Cajori.
A história das idéias de espaço são apresentadas em JAMMER.

P. 134 O texto de PASCAL foi tirado da tradução de Cohen.

P. 137 Sobre as leis de NEWTON da mecânica, ver a tradução de Cajori.
As palavras sobre o centro do mundo são de NEWTON.

P. 138 A tradução de Galileu é de GEYMONAT.

Pp. 144-45 A declaração de Michelson foi citada em LIVINGSTON.

CAPÍTULO VII

P. 146 A citação é de KUH.

P. 147 Há um grande número de livros não-técnicos sobre as teorias da relatividade, do espaço e do tempo do universo, dos buracos negros, etc. Alguns são mencionados aqui: BORN, BONDI, GARDNER, ASIMOV, BERGMANN, DAVIES (1978), DAVIES (1977), GEROCH, HARRISON, KAUFMANN e SULLIVAN. Uma quantidade de detalhes sobre essas teorias – a maioria dos quais eu não poderia discutir em tão pequeno espaço – pode ser encontrada em muitos desses livros.

Com relação à história da criação das teorias especial e geral, ver a excelente biografia científica de Einstein por A. PAIS. Partes desse livro são técnicas, mas, mesmo que se omitam essas partes, o livro ainda permanece altamente interessante. Uma história técnica mais detalhada da teoria especial é apresentada por MILLER. Sobre aspectos interessantes a respeito da vida criativa de Einstein, ver BERNSTEIN ou HOFFMANN (1972). Sobre a influência da relatividade em outras áreas do pensamento, ver HOLTON e ELKANA.

P. 157 O problema de PIAGET é relatado em seu livro de 1970.

P. 161 As palavras de Michelson são de LIVINGSTON.
O fundo psicológico que reforça a insistência na realidade do éter é representado em um romance de McCormmack.

P. 168 Uma pequena história da equação $E = mc^2$ é apresentada em PAIS; uma história mais detalhada, em MILLER. Uma discussão não-técnica sobre a gravitação e o espaço-tempo está em BERGMAN.

P. 175 A citação é de MISNER, THORNE e WHEELER.

P. 176 A expedição de Eddington é descrita em PAIS.

P. 180 Buracos negros e singularidades são discutidos sem matemática em PENROSE.
As idéias de HAWKING sobre a função dos efeitos quânticos nos buracos negros são descritas em termos não-técnicos em seu artigo de 1977.

CAPÍTULO VIII

P. 181 A citação de FEYNMAN é de seu livro de 1967.

Uma cuidadosa e facilmente legível introdução à história da mecânica quântica foi escrita por BANESH HOFFMANN (1959). Histórias mais detalhadas são apresentadas em PAIS e WEINER. As descobertas de Planck-Einstein são tratadas em WEINER por M. Klein.

P. 183 As citações de Einstein são de ARONS e PEPPARD.

P. 184 A citação de Planck foi tirada de SEELIG.

As observações de MILLIKAN são de seu artigo técnico.

O efeito Compton é descrito, por exemplo, em HOFFMANN (1959) e em WEINER.

P. 184 Sobre a história dos fenômenos atômicos, ver o artigo de J. L. Heilborn em WEINER.

P. 187 A controvérsia inicial entre os fundadores da mecânica quântica é descrita por A. I. Miller em WECHSLER.

P. 189 Para descrições não-técnicas do princípio da incerteza e problemas correlatos, ver, por exemplo, FEYNMAN, DAVIES (1980), PAGELS (1982), TREFIL (1980) e TREFIL (1983).

P. 197 Uma ilustração mais recente e deveras espetacular da impossibilidade de descrever o movimento das partículas elementares no espaço e no tempo em qualquer forma intuitiva familiar foi fornecida por uma série de experimentos de A. Aspect e seus colaboradores durante a primeira metade da década de 80. A idéia dessas experiências veio de uma famosa análise teórica, escrita em 1935 por Albert Einstein, Boris Podolsky e Nathan Rosen, no Instituto Princeton de Estudos Avançados. Subseqüentemente, em 1964, John Bell, então na Universidade de Wisconsin, vislumbrou uma conseqüência examinável da análise acima mencionada. O fenômeno, falando-se aproximadamente, é o seguinte: imaginem-se duas partículas que interagiram uma com a outra em algum tempo no passado e agora estão longe uma da outra – longe o bastante para que mais nenhuma interação possa realizar-se entre elas. Apesar disso, a mecânica quântica prediz que, em certos casos, uma medida realizada em uma das partículas modificará instantaneamente o estado da outra, não importando a distância que as separe. Embora intuitivamente essa predição pareça deveras absurda, ela foi verificada pelos experimentos de Paris. Sobre detalhes (não-técnicos) e mais referências, ver os artigos de B. d'Espagnat e D. Mermin, ou os livros de PAGELS (1982) ou HERBERT.

P. 199 Um exame filosófico mais detalhado do princípio de Pauli é apresentado em MARGENAU.

P. 201 A teoria do vácuo de Dirac é descrita com detalhes em DAVIES (1980), PAGELS (1982), TREFIL (1980) e DAVIES (1984).

P. 208 A crescente impropriedade da linguagem comum em algumas áreas da vida e da cultura contemporânea é discutida em STEINER.

Idéias interessantes sobre a matemática em geral são discutidas em DAVIS e HERSH e em E. E. KRAMER.

P. 209 As citações de WIGNER são tiradas de seu livro de 1967.

A primeira teoria bem-sucedida sobre partículas interagindo fortemente foi sugerida em 1961 por M. Gell-Mann, do Instituto de Tecnologia da Califórnia, e pelo físico israelense Y. Neeman, então no Imperial College, em Londres. Seus trabalhos usaram a teoria do grupo abstrato sem referência a propriedades em espaço e tempo. Sobre exposições não-técnicas das idéias subjacentes, ver CHEW *et al.* ou DAVIES (1979).

CAPÍTULO IX

P. 211 A citação de Poincaré é tirada de CHANDRASEKHAR.

Alguns dos livros que descrevem a arte moderna são RUSSELL, GABLIK, LYNTON, HUGHES, e VALLIER.

P. 213 A citação é de DE LA CROIX e TANSEY.

P. 215 A citação de GOLDING é da edição de 1968 de seu livro.

P. 216 De acordo com os novos experimentos clássicos de D. Hubel e T. Wiesel, parece que temos células em nosso cérebro que detectam formas visuais bem definidas, tais como arestas e ângulos. FRISBY descreve esses efeitos. Para informação adicional, ver UTTAL, ou, para uma breve revisão, o discurso de aceitação do Prêmio Nobel em HUBEL.

P. 220 A primeira citação é tirada de OSBORNE.
A citação de Heron é de sua contribuição em SMITH.
As palavras de HARDY são de seu livro de 1967.

P. 222 As supostas semelhanças entre os espaços cubista e relativista foram propostas em GIEDION e LAPORTE. A refutação de Einstein está em LAPORTE. Um estudo recente e mais rigoroso do problema é apresentado em HENDERSON.

P. 224 O artigo de STEINBERG está em sua coletânea de artigos.
O catálogo da exposição em Basiléia é encontrado em inglês (SCHMIDT).

P. 225 WADDINGTON é um interessante estudo das relações entre a pintura e as ciências naturais neste século pelo famoso geneticista C. H. Waddington. Sobre outros aspectos desse problema, ver RICHARDSON.
Os resultados de HADAMARD são apresentados em seu livro de 1954.
As capacidades visual e matemática são também discutidas em GARDNER.

P. 226 A evolução da literatura do século XX, ao longo de linhas de condução, longe da continuidade e da predição causal, pela "fragmentação da linha narrativa", foi descrita recentemente pela crítica ANNIE DILLARD.

As observações de Lewis Thomas e C. Lévi-Strauss são de THOMAS, LÉVI-STRAUSS (1969) e LÉVI-STRAUSS (1978), respectivamente.

P. 227 Para uma história geral da música, ver, por exemplo, LANG, EINSTEIN, ABRAHAM e GROUT. As idéias básicas da teoria musical são explicadas em COPLAND e MACHLIS.

As palavras de ZARLINO são da tradução de 1968 de seu livro.

A citação de CHARLES ROSEN é de seu livro de 1971.

Pp. 229-30 As propriedades do movimento musical são descritas, por exemplo, em LANGER (1953) ou em ZUCKERKANDL.

As palavras de STRAVINSKY são de seu livro de 1977.

P. 230 Sobre a evolução da homofonia, ver qualquer história musical padrão, tal como LANG ou EINSTEIN.

P. 233 A atonalidade e seus desenvolvimentos posteriores são discutidos em C. ROSEN (1975). Idéias mais técnicas podem ser encontradas em SCHOENBERG. A música moderna em geral é discutida, por exemplo, em STUCKENSCHMIDT, PEYSER e COPLAND (1968).

P. 234 As semelhanças entre o ponto de vista do leigo em arte moderna e a ciência moderna são discutidas em HAFNER. Outra opinião do historiador da ciência T. Kuhn está impressa no fim desse artigo.

CAPÍTULO X

P. 236 Saadia Gaon é considerado o mais importante filósofo judeu do século X. A citação é de ROSENBLATT.

Explicações mais detalhadas da maioria do material apresentado aqui podem ser encontradas em PAGELS (1985), TREFIL (1983) e DAVIES (1979). Entre os muitos livros não-técnicos atuais sobre cosmologia e astronomia, menciono apenas alguns: HARRISON, WEINBERG, FERRIS, KAUFMANN, JASTROW e THOMPSON, e HARTMANN.

P. 241 A forma atual do universo inflacionário é descrita em termos não-técnicos em um artigo do *Scientific American* de A. GUTH e P. J. STEINHARDT. Ver também livros de DAVIES (1984), PAGELS (1985) e TREFIL (1983). A citação sobre o universo como uma flutuação no vácuo é de TRYON.

P. 245 A idéia de simetria é tratada de maneira não-técnica em J. ROSEN.

Agradecimentos

Cobrindo uma variedade de assuntos, acumulei grandes dívidas. Tenho grande prazer em agradecer pelo menos algumas delas.

Yoram Avidor, John Dell, Amos Harpaz, Luc Longtin e Byron Rourke leram partes do manuscrito e deram conselhos valiosos. Rick Buzzeo auxiliou com alguns desenhos e Allison Price, com pesquisa de literatura. Sou também muito grato a Doreen Pullen e Petrona Parungo por datilografarem os primeiros rascunhos do manuscrito, e a Barbara Ridsdale por datilografar, corrigir e organizar o produto final.

Desde a sua concepção, este livro foi também uma realização familiar. Minha esposa ensinou-me muitas coisas sobre as artes e também leu o manuscrito com olhos críticos. Meu filho Michael e minha nora Elisabeth também foram generosos com seu tempo e conselhos. Aprendi muito sobre música e história musical com meu irmão Edwin e pude discutir meus problemas de biologia e quase tudo mais com meu irmão Alfred.

A contribuição mais importante, porém, foi dada por minha filha Annie. Ela me ajudou a focalizar e aperfeiçoar meus argumentos, e é principalmente devido ao seu duro trabalho que o texto agora expressa amplamente o que eu queria dizer.

Índice de Nomes e Assuntos